Sons et sens

Sons et sens

La prononciation du français en contexte

Student's Edition

Anne Violin-Wigent
Jessica Miller
Frédérique Grim

Georgetown University Press
Washington, DC

Library of Congress Cataloging-in-Publication Data

Violin-Wigent, Anne.
 Sons et sens : la prononciation du français en contexte / Anne Violin-Wigent, Jessica Miller,
Frédérique Grim.
     p. cm.

 Includes bibliographical references and index.
 ISBN 978-1-58901-971-3 (pbk. : alk. paper)

1. French language–Pronunciation.   I. Miller, Jessica   II. Grim, Frédérique.   III. Title.

PC2137.V56 2013   441'.52--dc23   2012042846

20 19   9 8 7 6 5

Dédicace

Je tiens à dédier ce livre à mon mari qui a soutenu ce projet avec un enthousiasme et une patience sans limite, à mes étudiants qui ont été des cobayes idéaux et à mes co-auteures pour une nouvelle amitié basée sur une collaboration extraordinaire.

Anne Violin-Wigent

Je dédie ce livre à tous les francophiles qui travaillent avec rigueur et patience pour bien parler notre langue, eux qui me motivent chaque jour à me surpasser pour améliorer la qualité de mon enseignement. Je pense en particulier à mes étudiants passés, présents, futurs (Caryn, Brianna, Laura, Noah, Megan, Julie, entre autres), à mes collègues et co-auteures, et à mes chers Joshua et Oriana.

Jessica Miller

Ce manuel est pour mon précieux mari, Joe, qui a toujours été présent pendant la création de ce travail, avec ses encouragements, sa patience et ses idées. Il est aussi dédié à ma belle petite Eloïse, qui rend mon monde plus joyeux. Et bien entendu, à mes collègues et amies, Anne et Jessica, qui sont les meilleures co-auteures avec qui travailler.

Frédérique Grim

Table des matières

Préface

Sons et sens, un manuel novateur

Ce manuel est le premier outil pédagogique de prononciation du français intégrant la phonétique dans un contenu culturel. Destiné aux étudiants anglophones, *Sons et sens* se base sur les principes de la méthode communicative, ancrant ainsi l'apprentissage de la perception et la production du français dans des activités authentiques et fonctionnelles. En même temps, ce manuel reflète le résultat des recherches phonétiques et sociolinguistiques actuelles en présentant une prononciation moderne d'un français dit « standard » et de ses variétés. Pour ces raisons, *Sons et sens* se démarque des autres manuels de prononciation. Voici ses caractéristiques principales.

• Chaque chapitre présente un point phonétique à travers un thème culturel propice à mettre en valeur certains sons clés. Tous les exercices sont contextualisés.

• L'intelligibilité et la fonctionnalité sont au cœur de chaque exercice pour que les apprenants saisissent les contrastes phonétiques qui peuvent interférer avec la communication s'ils sont mal acquis.

• Les enregistrements qui accompagnent le manuel permettent à l'enseignant ainsi qu'aux étudiants d'écouter le matériel à répéter ou à transcrire.

• Une structure inductive permet aux apprenants de découvrir eux-mêmes les règles phonologiques de chaque chapitre à partir d'exemples concrets et authentiques. Ce n'est qu'au milieu des chapitres que les règles sont énoncées formellement afin de renforcer les formulations des apprenants.

• De nombreux exercices de lecture phonétique sous forme de texte en API à transformer en orthographe offrent un modèle aux étudiants pour renforcer les correspondances entre lettres et sons.

• Le traitement des voyelles nasales, des voyelles moyennes et de la liaison est simplifié afin de refléter la réalité du français contemporain. Toutefois, de nombreux commentaires sur les variations francophones étayent les chapitres afin d'exposer les apprenants à la diversité de la langue française.

• L'organisation du livre suit une progression logique et optimale à l'apprentissage. Les chapitres sont conçus pour être couverts en une semaine, mais leur
usage est souple et ils peuvent ainsi se prêter à d'autres schémas. A l'intérieur
des chapitres, la progression se fait du son au mot, du mot à la phrase et de la
phrase au paragraphe. Là encore, la souplesse, la richesse et la variété des exercices permettent une adaptation propre à chaque cours.

Un manuel facile d'utilisation

La même organisation est rigoureusement suivie à l'intérieur de chaque chapitre, à
l'exception du premier chapitre (dû à son caractère introductif). Cette structure a
pour but de raccourcir le temps de préparation des cours, parce que chaque semaine
peut être structurée à l'identique si on le souhaite. En outre, les exercices faits à la
maison peuvent être corrigés soit en classe avec le professeur, soit à la maison par
les apprenants seuls grâce aux corrections mises à disposition des enseignants.
Chaque chapitre s'organise en dix grandes sections.

I. Introduction : les apprenants commencent à réfléchir sur le thème phonétique et le thème culturel du chapitre. L'activation des connaissances préa-
lables facilite ainsi l'apprentissage.

II. Compréhension orale : des textes d'écoute ancrent le thème phonétique dans
le thème culturel et fournissent les exemples nécessaires au processus de
déduction des règles.

III. Discrimination : l'écoute des sons et la distinction des fonctions grammaticales et sémantiques associées aident les apprenants à comprendre la valeur
communicative des sons étudiés tout en aiguisant leur aptitude à différencier
des sons similaires.

IV. Expansion : les règles nécessaires sont incluses avec de nombreux exemples.
Les mots clés sont mis en relief pour permettre un repérage plus aisé. Les
divers éléments sont visuellement différenciés pour aider à la reconnaissance
et donc à l'apprentissage.

V. Prononciation : une série d'exercices progressant de mots isolés vers des
phrases avant de passer aux textes permet aux étudiants de mettre en pratique les règles de la section précédente et d'apprendre à intégrer les sons
dans un contexte naturel.

VI. Transcription : afin de vérifier la compréhension des règles et leurs applica-
tions, divers exercices de transcription allant de mots à des textes donnent
l'occasion de pratiquer individuellement pour recevoir une évaluation personnalisée.

VII. Pour aller plus loin : pour en apprendre davantage et explorer les variations
de la langue, les informations dans cette section permettent d'ajuster la pro-
fondeur de l'apprentissage, que ce soit en classe ou en devoir.

VIII. Récapitulation : cette rétrospective englobe le chapitre dans une série d'activités pour tester ses connaissances : discrimination, questions théoriques, transcription et prononciation, lecture phonétique. C'est un outil idéal pour les révisions.

IX. Conversation : divers sujets de conversation sont donnés sous des formats différents. Ils peuvent servir de base à des enregistrements tels que des journaux oraux, ou à des tables de conversations. Leur but est de laisser les apprenants s'exprimer dans un contexte spontané, mais toujours basé sur le thème culturel du chapitre qui leur est familier.

X. Matériel supplémentaire : une liste de chansons et de films lient le thème culturel et le thème phonétique. Une incorporation guidée ajoutera encore de l'authenticité au cours. Les paroles et des extraits vidéo sont souvent disponibles sur internet.

La structure de ces sections fait que certaines peuvent être réalisées en classe et d'autres préparées en devoir, selon la préférence de l'enseignant. La section « Pour aller plus loin » n'est pas nécessaire pour réussir les exercices du chapitre, mais est utile pour approfondir si le temps le permet. La structure de ce livre est entièrement modulable, mais voici deux suggestions de configurations de cours parmi d'autres possibles.

3 cours par semaines
JOUR 1 : sections I (Introduction), II (Compréhension orale), III (Discrimination)
JOUR 2 : sections IV (Expansion), V (Prononciation), VI (Transcription)
JOUR 3 : sections VII (Pour aller plus loin), VIII (Récapitulation), IX (Conversation)

2 cours par semaines
JOUR 1 : sections I (Introduction), II (Compréhension orale), III (Discrimination), IV (Expansion), V (Prononciation)
JOUR 2 : sections VI (Transcription), VII (Pour aller plus loin), VIII (Récapitulation), IX (Conversation)

Certains enseignants pourront choisir de répartir les sections de façon un peu différente. On peut en effet finir une classe ou une semaine par l'introduction, la compréhension et/ou la discrimination afin de préparer les apprenants à la lecture de la section expansion donnée en devoirs. La classe ou la semaine d'après peut ainsi se concentrer sur la mise en pratique et l'introduction du chapitre suivant. On peut également choisir de donner la section d'expansion à lire exclusivement en devoirs et de n'y revenir en classe qu'à travers la pratique des exercices de prononciation et de transcription.

Le français, comme toutes les langues, est une langue riche que chaque individu utilise à sa façon et adapte selon le contexte de chaque situation. Notre manuel s'efforce de simplifier l'apprentissage de la prononciation du français en offrant des transcriptions du français dit "standard", c'est-à-dire une variété qui comporte des règles facilement généralisables et qui est comprise par tous les francophones du monde. Cependant, ce manuel souhaite aussi refléter et célébrer la richesse de la langue française. Bien que le français standard soit compris par tous, il est rarement parlé par les natifs. Ainsi, dans les exercices audio, vous entendrez des francophones natifs qui viennent de régions francophones diverses. Chacun a son propre accent, et cet accent ne coïncide pas toujours exactement aux transcriptions standard qui les accompagnent. Il est cependant à noter que ces variations n'affectent pas le thème phonétique du chapitre étudié. Par exemple, vous pouvez entendre des variations dans la prononciation des voyelles moyennes dans le chapitre sur les voyelles nasales (et vice-versa), mais pas dans le chapitre sur les voyelles moyennes. Les transcriptions phonétiques données doivent être considérées comme des outils de travail et non comme une fin en soi. Ce sont des motifs noirs sur des toiles blanches auxquelles vont être appliquées, lorsque vous les écouterez, les couleurs locales de nos locuteurs modèles.

Enregistrement audio et vidéo

Sons et sens est accompagné d'enregiostrements audio et vidéo nécessaires pour certains des exercices du livre. Les bandes audio sont disponibles pour des exercices dans tout le livre mais seuls les tableaux 1.1, 1.2 et 1.3 du chapitre 1 sont associés à des vidéos. Ces enregistrements sont indiqués par le symbol ▶ dans le livre et sont disponibles à **press.georgetown.edu.**

Les enregistrements audio sont disponibles en format MP3 et sont donc compatibles avec une variété de support gratuit, tels que Windows Media Player, RealPlayer ou VLC Media Player. Ils peuvent aussi être téléchargés et transférés à un lecteur MP3 ou autre appareil capable de reconnaître le format MP3.

Les enregistrements vidéo sont disponibles en format MP4 et sont compatibles avec tout logiciel reconnaissant ce format.

Remerciements

Nous tenons à remercier les personnes suivantes :

- Celles qui ont accepté d'enseigner avec un livre en cours d'écriture, qui nous ont donné des commentaires de grande valeur et qui nous ont encouragées avec cet outil pédagogique précieux : Dr. Julie Foss, Mme Marie-Jo Hofmann, Mme Sandhya Shanker et Dr. Jessica Sturm.

- Notre artiste, Ryan Kerr, pour sa création des profils du chapitre 1.

- Nos étudiants, pour leurs commentaires et leurs suggestions pendant le développement et les révisions de ce manuel.

- Les voix qui ont patiemment enregistré nos textes pour donner vie aux mots et symboles phonétiques : Talal Aït-Harmoun (Maroc), Laurent Assadian (France), Younes Badaoui (Maroc), Quentin Bretagnolle (France), Brie-Anne Breton (Canada, grâce à l'aide du Centre d'Etudes Canadiennes à Michigan State University), Vanessa Descout (France), Aurélien Etienne (France), Fatou Faye (Sénégal), Antoine Guibal (France), Solène Inceoglu (France), Sarah Mécheneau (France), Thao Nguyen (France), Virginie Périlhon (France), Kaitlin Pozlin (Etats-Unis), Sandrine Schirmacher (France), Brice-Henri Tribollet (Suisse), William Violin-Wigent (Etats-Unis).

- L'équipe de Georgetown University Press : Gail Grella, Hope LeGro, David Nicholls et les rédacteurs pour l'intérêt qu'ils nous ont porté, pour leur soutien et leur patience tout au long de ce projet et leurs commentaires inestimables.

Liste des tableaux
et des figures

Liste des symboles

⚠ Attention

💬 Français familier

▶ Enregistrement

1

La géographie de la France et du corps humain

I. Introduction

Dans ce chapitre, nous allons faire un peu de géographie en plaçant des éléments importants sur une carte. Nous allons faire cela avec des villes françaises, mais aussi avec les organes qu'on utilise pour parler. Avant tout, pensons un peu à quelques questions de base qui vont guider notre réflexion pour mieux comprendre comment on produit des sons. Vous n'avez pas besoin de déjà connaître les réponses à ces questions : elles sont là simplement pour vous aider à commencer à réfléchir à certains concepts.

Questions de réflexion

Les sons

1. À votre avis, quels sont les éléments nécessaires à la production d'un son ? Pensez à un instrument de musique comme une guitare ou une trompette. Dans quelle partie du corps humain trouve-t-on l'équivalent de ces éléments musicaux pour produire la parole ?

2. Quelles parties de la bouche est-ce que la pointe de votre langue peut toucher ? Si vous ne connaissez pas les noms, essayez de deviner en les décrivant.

3. Combien y a-t-il de consonnes dans l'alphabet orthographique français ? Et de voyelles ?

4. À votre avis, est-ce que l'orthographe du français reflète bien la prononciation du français ?

5. Donnez des exemples de mots qui se prononcent de la même façon qu'ils s'écrivent, c'est-à-dire pour lesquels l'orthographe reflète la prononciation.

(*suite*)

6. Donnez deux homophones français, c'est-à-dire deux mots qui s'écrivent différemment mais qui se prononcent de la même façon, et deux homographes, c'est-à-dire des mots qui s'écrivent de la même façon mais qui se prononcent différemment.

La géographie

1. Nommez cinq villes de France, autres que Paris.

2. Où sont-elles par rapport à Paris ?

3. Dans quel département et quelle région sont-elles situées ?

II. Compréhension orale

Dans chaque chapitre, un texte oral sur un thème culturel donné va attirer votre attention sur des aspects précis de la langue française. À travers des questions de réflexion et d'identification de caractéristiques propres au français, vous commencerez à comprendre et à formuler les règles à suivre pour bien prononcer le français. Tous les exercices précédés du symbole ▶ sont accompagnés d'un enregistrement.

▶ Exercice A

Vous allez écouter un texte sur les villes que les Français choisissent souvent pour leurs vacances. Remplissez la carte suivante avec les noms des villes nommées dans le texte (qui correspondent à un point sur la carte) puis répondez aux questions.

1. Pourquoi les Parisiens quittent-ils Paris ?

_____

2. Pourquoi vont-ils dans l'Est ?

_____

3. Pourquoi vont-ils dans le Sud ?

_____

4. Comment se sentent les Parisiens qui reviennent du Sud ?

_____

▶ Exercice B

Écoutez maintenant le texte suivant sur la « géographie » du corps humain en relation avec les organes qu'on utilise pour parler. Placez les organes suivants sur le diagramme en correspondance avec une des lettres.

1. les cordes vocales   _____

2. la pomme d'Adam   _____

3. le pharynx   _____

4. le nez   _____

5. la bouche   _____

Figure 1.1
Identifiez ces organes

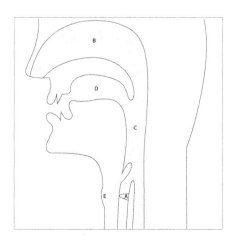

▶ **Exercice C**

Écoutez maintenant le texte suivant sur l'alphabet orthographique que vous connaissez bien et un nouvel alphabet que vous allez apprendre dans cette classe. Puis répondez aux questions suivantes.

1. Combien de consonnes orthographiques y a-t-il en français ?

   _____

2. Combien de voyelles orthographiques y a-t-il en français ? Lesquelles ?

   _____

3. Donnez les trois raisons pour lesquelles l'alphabet orthographique n'est pas adapté à la prononciation.

   _____

   _____

   _____

4. Donnez des exemples pour chacune de ces raisons.

   _____

   _____

   _____

5. Quelle alternative utilise-t-on ?

   _____

   _____

III. Expansion

Après avoir exploré et réfléchi, les explications de la section « Expansion » apportent une connexion essentielle pour tout mettre en rapport. Vous y trouverez des définitions, des règles et des exemples. Les mots clés en gras vous permettront un repérage rapide lors de vos révisions.

1. La production des sons

A. La source de l'air et les cavités inférieures

Comme nous l'avons entendu dans le texte, la condition nécessaire à la parole est que l'air sorte des poumons. Après cela, l'air passe par les cordes vocales (10 dans le dessin de la figure 1.2), qui sont situées dans la gorge, plus précisément dans le larynx (13), derrière la pomme d'Adam (11). Les cordes vocales peuvent être séparées (dans ce cas, elles ne vibrent pas) ou elles peuvent être proches et vibrer. En français, les cordes vocales vibrent pour les voyelles et pour certaines consonnes. Par exemple, si vous mettez votre pouce et votre index de chaque côté de votre pomme d'Adam, et que vous prononcez le son [z], une consonne voisée, vous sentez une vibration que vous ne sentez pas si vous dites [s], une consonne non voisée.

B. Les cavités nasale et buccale

Après cela, l'air entre dans le pharynx (14) avant de s'introduire dans la cavité nasale (16) et/ou la cavité buccale (15) qu'on appelle aussi la bouche.

La luette (9) est une partie du palais, complètement à l'arrière de la bouche. La luette peut s'abaisser ou se relever. Lorsqu'elle est basse, comme dans le dessin, l'air qui vient des poumons peut passer par le nez et la bouche. On articule alors une voyelle nasale, comme dans les mots *bain*, *bon*, *banc*, ou une consonne nasale, comme la consonne initiale de *mes* et *nez*. Si la luette est haute, elle entre en contact avec l'arrière de la bouche et bloque la cavité nasale. Dans ce cas, l'air sort uniquement par la bouche ; on articule donc une voyelle orale, comme dans les mots *ma*, *mes*, *mou*, ou une consonne orale, comme dans la consonne initiale des mots *les*, *ses*, *des*, etc. Notez la présence de l'épiglotte (12), qui ferme le conduit allant aux poumons, empêchant ainsi la nourriture et les boissons d'entrer dans les poumons et les forçant à aller vers l'estomac.

C. La langue

Dans les deux cas, l'air venant des poumons doit être modifié en arrivant dans la bouche. Comme pour une clarinette ou un saxophone, on peut produire différents sons en modifiant le passage de l'air. L'organe le plus important pour ceci est la langue car elle peut bouger facilement. La langue

(suite)

est sous-divisée en plusieurs parties : la pointe de la langue (3), le dos de la langue (4) et l'arrière de la langue (5). Selon quelle partie de la langue bouge et à quel degré, on obtient des sons différents.

Pour l'articulation des voyelles, la langue n'entre jamais en contact avec une autre partie de la bouche. Il n'y a pas de blocage de l'air. Par contre, pour les consonnes, il doit y avoir un contact entre deux parties. On peut avoir une obstruction totale ou partielle de l'air. C'est ici la différence principale entre les voyelles (sans obstruction) et les consonnes (avec obstruction). Par exemple, l'arrière de la langue (5) peut toucher le palais mou (8) qu'on appelle aussi le voile du palais, comme pour le son [g]. Ou alors, le dos de la langue (4) peut toucher le palais dur (7), comme dans le son initial dans *chien*. Ou encore, la pointe de la langue (3) peut toucher les alvéoles (6) pour le son [z] ou les dents (2) pour le son [d]. Enfin, les deux lèvres (1) peuvent se fermer pour produire des consonnes comme [p] et [b].

Figure 1.2
Les organes de la parole

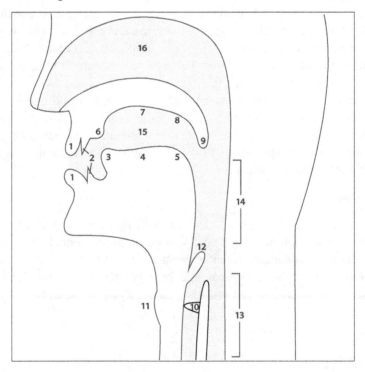

2. L'alphabet phonétique [lal.fa.be.fo.ne.tik]

Vous connaissez déjà l'alphabet utilisé pour écrire en français. Vous savez qu'il contient 26 lettres, 20 consonnes et 6 voyelles (a e i o u y). Cependant, cet alphabet n'est pas adéquat pour décrire la prononciation du français. L'orthographe traditionnelle contient beaucoup de lettres qui ne sont pas prononcées, comme dans *eau*, qui correspond à un seul son [o], ou comme le <t> dans *et*, qui n'est jamais prononcé. Notez que, dans ce livre, les mots écrits en orthographe sont entre des crochets triangulaires < >; on verra plus tard que les sons sont entre des crochets carrés [ ].

Une autre particularité de l'orthographe est que plusieurs lettres ou combinaisons de lettres peuvent représenter le même son. Par exemple, le son [o] peut être entre autres écrit <eau>, <au>, <aux>, <o> ou encore <ô>. A l'inverse, la même lettre peut représenter deux sons différents. Par exemple le <o> dans *mot* n'est pas le même son que le <o> dans *mort*. Ou encore, <ent> n'est pas prononcé pour la troisième personne du pluriel des verbes, comme dans *ils chantent*, mais il est prononcé dans *vent* ou *facilement*.

Au lieu d'utiliser l'alphabet orthographique, on utilise l'API, l'Alphabet phonétique international, qui a une correspondance exacte entre un son et le symbole associé. Il ne peut donc pas y avoir de confusion. Ceci nous donne une indication claire et fiable de la prononciation des lettres et des mots. Pour cette raison, vous devez maintenant apprendre les symboles pour les sons du français, qu'on groupe traditionnellement en trois catégories : les consonnes qui ont une obstruction plus ou moins importante (tableau 1.1), les voyelles qui sont prononcées sans aucune obstruction du passage de l'air (tableau 1.2) et les semi-voyelles qui sont des sons intermédiaires entre les consonnes et les voyelles (tableau 1.3). Comme vous le verrez plus tard, il existe ces trois catégories de sons en français, qui se distinguent par leur degré d'obstruction.

Un autre avantage de cet alphabet est qu'il est en mesure de décrire et représenter toutes les langues du monde. Bien sûr, il y a des symboles particuliers pour des sons différents, mais l'API a des symboles pour tous les sons, quelle que soit la représentation graphique d'une langue (alphabet romain, alphabet cyrillique comme le russe, l'alphabet arabe, symboles comme le chinois ou le japonais, etc.).

Les tableaux 1.1, 1.2 et 1.3 sont accompagnés d'enregistrements audio et vidéo qui contiennent chaque son individuel suivi d'exemples. Pour les enregistrements vidéo, vous pouvez aussi regarder les sons individuels et les exemples séparément (pour vous permettre de vous concentrer sur leur articulation).

▶ **Tableau 1.1**
Les consonnes et les villes de France

Symbole	COMME DANS LES MOTS (Exemples)		
	Position initiale	Position médiale	Position finale
1. [p]	Pointe-à-Pitre père, pire, peau	Quimper rapide, appelle, répéter	Gap stop, nappe, handicap
2. [b]	Bayeux boire, beau, bu	Cherbourg ambigu, embrasser	Tarbes club, web, snob
3. [t]	Toulouse temps, tout, thé	Poitiers matin, mouton, partir	Sète maths, chute, vite
4. [d]	Dunkerque deux, dans, doux	Verdun média, addition, lundi	Lourdes mode, parade, rapide
5. [k]	Carcassonne classe, croire, comme	Dunkerque paquet, record, ridicule	Mauriac truc, sac, musique
6. [g]	Grenoble garder, goûter, gris	Aigues-Mortes égal, régulier, second	Bergues langue, longue, gag
7. [f]	Fort-de-France faux, fille, pharmacie	Belfort enfant, offrir, alphabet	Châteauneuf chef, actif, carafe
8. [v]	Vannes vie, vent, veut	Nevers nouveau, lever, rivière	Megève mauve, élève, active
9. [s]	Saint-Étienne sœur, ces, sur	Valenciennes passer, dessert, poisson	Nice sens, maïs, basse
10. [z]	Zincourt zéro, zoo, zèbre	Azur poison, dixième, douzaine	Mulhouse rose, gaz, heureuse
11. [ʃ]	Chartres chanter, cher, chou	Le Mont Saint-Michel méchant, chercher, pêcher	Illkirch pêche, riche, blanche
12. [ʒ]	Jurançon je, jaune, gentil	Dijon magie, rejeter, ajouter	Limoges plage, sage, beige
13. [m]	Marseille mère, mon, mille	Colmar commande, demi, aimer	Angoulême comme, rhume, paume
14. [n]	Nouméa neuf, nouveau, nez	Epinal connaître, fenêtre, année	Saint-Étienne bonne, laine, automne
15. [ɲ]	gnangnan	Perpignan gagner, magnifique	Digne montagne, ligne
16. [ŋ]			camping, shopping, parking, marketing
17. [l]	Lille lire, lourd, lait	Melun alors, reculer, ballon	Albertville seul, parole, réel
18. [ʁ]	Rennes rire, roux, rond	Paris forêt, arriver, entrer	Tours barre, arbre, être

► Tableau 1.2
Les voyelles et les départements

Symbole	COMME DANS LES MOTS (Exemples)	
	Syllabe non finale	Syllabe finale
1. [i]	Isère cinéma, diriger, diction, final	Alpes-Maritimes mystique, musique, ami, samedi
2. [e]	Hérault été, élégant, étudiant, cinéma	Allier liberté, manger, papier, assez
3. [ɛ]	Cher lecture, perdu, mercredi, respect	Ardennes nouvelle, après, jamais, mère
4. [a]	Ardèche savon, maman, tartine, samedi	Var épinards, sénat, national, cathédrale
5. [y]	Jura lumière, bureau, surface, tunnel	Vaucluse architecture, aigu, ambigu, sur
6. [ø]	Deux-Sèvres heureuse, peut-être, jeudi, beurrer	Meuse menteuse, émeute, neveu, peu
7. [œ]	Meurthe-et-Moselle seulement, heurter, meurtrier, feuilleton	Eure meilleur, ailleurs, menteur, seule
8. [u]	Bouches-du-Rhône bouton, tourner, courir, nouveau	Doubs dessous, ressource, kangourou, bisou
9. [o]	Hautes-Alpes hôpital, moment, aussi, beaucoup	Rhône haricot, nouveau, nationaux, paume
10. [ɔ]	Corse-du-Sud sortir, porter, sonnerie	Nord horloge, méthode, parole, pomme
11. [ɛ̃]	Indre-et-Loire inclus, impossible, synthèse, lundi	Bas-Rhin éteindre, faim, matin, chacun, un
12. [õ]	Franche-Comté (une région) tombé, mondial, bonjour, compter	Gironde question, transcription, tombe, bon
13. [ɑ̃]	Cantal champagne, rempli, danger, gentil	Manche facilement, enfant, défense, blanc
14. [ə]	Val-de-Marne demain, première, neveu, mercredi	le, me, te, se, ce, ne, je, de, que

▶ Tableau 1.3
Les semi-voyelles et les DOM-COM

Symbole	COMME DANS LES MOTS (Exemples)		
	Position initiale	Position médiale	Position finale
[j]	hier, mondial, action yeux, yaourt	Réunion, Mayotte travailler, crayon	paille, travail, nouille fille, billet
[ɥ]	Guyane huit, fruit, nuage		
[w]	Guadeloupe, Wallis oui, oiseau, loin	kilowatt	

3. Les symboles phonétiques

Il est très important de bien écrire chaque symbole phonétique parce qu'il y a une correspondance exacte entre les sons et les symboles : si on change de symbole, on change de son. Par exemple, le son [a] français est obligatoirement transcrit avec ce symbole. Si vous utilisez le symbole [ɑ] il s'agit d'un autre son qui a presque disparu en français contemporain de France. De même, le symbole pour le son qui correspond au <r> français est [ʁ]. Le symbole [r] est le <r> de l'espagnol ou de l'italien, le symbole [ʀ] correspond à un son qui n'existe plus en français contemporain de France (mais qui était utilisé par Édith Piaf, par exemple) et le symbole [ɹ] correspond au <r> américain.

Pendant tout le reste du semestre, vous allez apprendre la prononciation précise de ces sons, mais aussi la correspondance entre l'orthographe et la prononciation. Grâce à ces règles et aux exercices d'application, vous allez savoir prononcer tous les mots nouveaux que vous allez rencontrer, même sans les avoir entendus préalablement.

4. Le français standard

Comme dans toutes les langues du monde, le français n'est pas parlé de la même façon par tous les francophones. Il existe beaucoup de variations en termes d'origine géographique, d'âge, de classe sociale, etc. Ainsi, un Québécois de 64 ans ne parle pas de la même façon qu'un Parisien de 15 ans, tout comme la Reine d'Angleterre ne parle pas exactement le même anglais que vous. Une question devient donc essentielle dans l'étude de la prononciation du français : sur quelle variété doit-on se baser ?

(*suite*)

Dans la prononciation du français, le point de référence qu'on utilise en général est le français que tout le monde peut comprendre, dit français international ou français de référence. C'est donc ce que nous allons étudier ensemble dans ce livre. Ceci n'implique pas que ce français ou cet accent soit meilleur que les autres. Il est simplement reconnu et accepté comme étant le standard et il est compris par la plupart des francophones quelle que soit leur région d'origine.

Il est cependant loin de représenter la majorité des francophones dans le monde. Par exemple, même si de nombreux Français ne font plus la distinction entre [ɛ̃] et [œ̃], une grande partie des francophones continuent à prononcer [œ̃] dans les mots *un, brun, lundi,* etc. Pour vous familiariser avec certains accents régionaux, nous allons aussi présenter et discuter certaines variétés, comme le français méridional, le français québécois, le français suisse, etc. Nous ne pouvons pas donner tous les détails de ces accents, car le but de ce livre est d'enseigner la prononciation du français international. Mais il est important de comprendre que tout le monde ne parle pas de la même façon et de développer une sensibilité pour ces différences.

IV. Discrimination

C'est en écoutant qu'on apprend à bien prononcer. En effet, si on n'entend pas les distinctions phonétiques, il est impossible de les reproduire soi-même. C'est pourquoi chaque chapitre vous propose une section de discrimination auditive qui va vous permettre de mieux entendre les différences pour ensuite mieux les produire.

▶ **Exercice D**

Voici une liste de régions et départements de France. Dans chaque nom, choisissez la voyelle que vous entendez parmi les trois symboles soulignés proposés.

1. [alz <u>a i ɑ̃</u> s]

2. [akit <u>œ ɛ̃ ɛ</u> n]

3. [<u>ø œ o</u> vɛʁɲ]

4. [nɔʁm <u>ɑ̃ õ a</u> di]

5. [b <u>u y o</u> ʁgɔɲ]

6. [bʁ <u>e ə o</u> taɲ]

7. [k <u>o ɔ ø</u> ʁs]

8. [kʁ <u>o ɔ ø</u> z]

9. [fʁɑ̃ʃk <u>ɑ̃ õ o</u> tc]

10. [limuz <u>ɛ ɛ̃ ɑ̃</u>]

11. [p <u>y e i</u> kaʁdi]

12. [pʁov <u>õ ɛ̃ ɑ̃</u> salpkotdaz <u>u y œ ʁ</u>]

13. [ʁ <u>o ø ɔ</u> nalp]

14. [<u>ɛ œ o ʁ</u>]

▶ **Exercice E**

Donnez le symbole phonétique qui correspond à chacune des consonnes que vous entendez et le nom d'une ville francophone qui contient ce son.

Symbole   Ville

1. [   ] _____

2. [   ] _____

3. [   ] _____

4. [   ] _____

5. [   ] _____

6. [   ] _____

7. [   ] _____

8. [   ] _____

9. [   ] _____

10. [   ] _____

▶ **Exercice F**

Donnez le symbole phonétique qui correspond à chacune des voyelles et semi-voyelles que vous entendez et le nom d'un pays francophone qui contient ce son.

Symbole   Pays

1. [   ] _____

2. [   ] _____

3. [   ] _____

4. [   ] _____

5. [   ] _____

6. [   ] _____

7. [   ] _____

8. [   ] _____

9. [   ] _____

10. [   ] _____

V. Prononciation

Dans cette section, vous allez mettre en pratique ce que vous avez observé et appris jusqu'à maintenant. Individuellement ou avec un partenaire, vous passerez de la prononciation des sons isolés à celle des mots.

▶ Exercice G

Répétez les noms de régions et départements suivants en vous concentrant sur les voyelles.

[i] comme Picardie   [u] comme Doubs

[e] comme Pyrénées   [o] comme Aube

[ɛ] comme Cher   [ɔ] comme Nord

[a] comme Alpes   [ɛ̃] comme Ain

[y] comme Corse-du-Sud   [õ] comme Gironde

[ø] comme Creuse   [ã] comme Manche

[œ] comme Eure

▶ Exercice H

Répétez la liste des régions de France.

1. Alsace
2. Aquitaine
3. Auvergne
4. Basse-Normandie
5. Bourgogne
6. Bretagne
7. Centre
8. Champagne-Ardenne
9. Corse
10. Franche-Comté
11. Haute-Normandie
12. Île-de-France
13. Languedoc-Roussillon
14. Limousin
15. Lorraine
16. Midi-Pyrénées
17. Nord-Pas-de-Calais
18. Pays de la Loire
19. Picardie
20. Poitou-Charentes
21. Provence-Alpes-Côte-d'Azur
22. Rhône-Alpes

▶ Exercice I

Répétez la liste des DOM (Départements d'Outre-Mer), des POM (Pays d'Outre-Mer, anciennement appelés Territoires d'Outre-Mer) et des COM (Collectivités d'Outre-Mer).

Les DOM	Les POM	Les COM
1. Guadeloupe	6. Polynésie française	8. Saint-Pierre-et-Miquelon
2. Martinique	7. Nouvelle-Calédonie	9. Saint-Martin
3. Guyane		10. Saint-Barthélemy
4. La Réunion		11. Wallis-et-Futuna
5. Mayotte		

VI. Transcription

Pour renforcer les informations apprises dans chaque chapitre, la section « transcription » vous aide à appliquer vos connaissances théoriques. Grâce aux symboles de l'Alphabet phonétique international (l'API), vous pouvez démontrer votre savoir, par écrit, de la prononciation du français, et facilement comparer vos réponses puis corriger vos erreurs. Vous alternerez entre la lecture de la transcription et son écriture afin de pouvoir suivre un modèle pour vous aider dans vos transcriptions.

Exercice J

En vous aidant des tableaux des consonnes et des voyelles, écrivez les noms suivants en utilisant l'orthographe du français. Indice : il s'agit de pays francophones. Chaque mot est découpé en syllabe, comme dans toutes les transcriptions à partir de maintenant.

1. [bɛl.ʒik]   _____

2. [be.nɛ̃]   _____

3. [ka.na.da]   _____

4. [ga.bõ]   _____

5. [mo.ʁi.ta.ni]   _____

6. [ni.ʒɛʁ]   _____

7. [li.bɑ̃]   _____

8. [a.i.ti]   _____

9. [al.ʒe.ʁi]   _____

10. [sɥis] _____

11. [kam.ʁun] _____

12. [se.ʃɛl] _____

13. [kot.di.vwaʁ] _____

14. [sɑ̃.tʁa.fʁik] _____

Exercice K

Pour mieux connaître vos camarades de classe, lisez les questions suivantes à haute voix à votre partenaire et demandez-lui de répondre. Avant de commencer, décidez qui est A et qui est B.

A : [ko.mɑ̃.sa.va.o.ʒuʁ.dɥi] ?

B : (Répondez à la question.) [e.twa] ?

A : (Répondez à la question.)

B : [də.kɛl.vil.vjɛ̃.ty] ?

A : (Répondez à la question.) [e.twa] ?

B : (Répondez à la question.) [u.ɛ.skə.ta.vil.sə.si.ty.paʁ.ʁa.pɔ.ʁo.kɑ̃.pys] ?

A : (Répondez à la question.) [e.la.tjɛn] ?

B : (Répondez à la question.)

A : [ɛ.skə.ty.ɛm.la.vil.dɑ̃.la.kɛl.ty.a.gʁɑ̃.di] ? [puʁ.kwa] ?

B : (Répondez à la question.) [e.twa] ?

A : (Répondez à la question.)

B : [a.ty.de.ʒa.vi.zi.te.yn.vil.fʁɑ̃.ko.fɔn] ? [la.kɛl] ?

A : (Répondez à la question.) [e.twa] ?

B : (Répondez à la question.)

▶ Exercice L

Donnez le(s) symbole(s) phonétique(s) correspondant(s) aux lettres soulignées dans les noms de villes suivants.

1. Lille	_____	6. Nantes	_____
2. Lunéville	_____	7. Bordeaux	_____
3. Amiens	_____	8. Perpignan	_____
4. Calais	_____	9. Toulon	_____
5. Chartres	_____	10. Saint-Tropez	_____

Exercice M

Voici une petite leçon de géographie sur les fleuves et les rivières de France. Écrivez les phrases en utilisant l'orthographe du français.

1. [ko.ne.se.vu.la.di.fe.ʁɑ̃.sɑ̃.tʁɛ̃.flœ.ve.yn.ʁi.vjɛʁ] ?

   _____

   _____

2. [ɛ̃.flœ.ve.yn.ʁi.vjɛʁ.ki.sə.ʒɛt.dɑ̃.zɛ̃.no.se.ɑ̃.u.dɑ̃.zyn.mɛʁ]

   _____

   _____

3. [paʁ.kɔ̃.tʁyn.ʁi.vjɛʁ.sə.ʒɛt.dɑ̃.zy.no.tʁə.ʁi.vjɛ.ʁu.ɛ̃.flœv]

   _____

   _____

4. [le.ka.tʁə.pʁɛ̃.si.po.flœv.də.fʁɑ̃s.sõ.la.sɛn.la.lwaʁ.la.ga.ʁɔ.ne.lə.ʁon]

   _____

   _____

5. [la.sɛn.sə.ʒɛt.dɑ̃.la.mɑ̃ʃ]

   _____

   _____

6. [la.lwa.ʁe.la.ga.ʁɔn.sə.ʒɛt.dɑ̃.lo.se.ɑ̃.at.lɑ̃.tik]

   _____

   _____

7. [lə.ʁon.sə.ʒɛt.dɑ̃.la.mɛʁ.me.di.te.ʁa.ne]

   _____

   _____

8. [lə.ʁɛ̃.ne.pa.kɔ̃.si.de.ʁe.kɔ.mɛ̃.flœv.fʁɑ̃.sɛ.mɛ.ply.to.ɛ̃.tɛʁ.na.sjo.nal]

   _____

   _____

VII. Récapitulation

Qu'avez-vous retenu du chapitre ? Cette section revient sur tous les thèmes à travers des exercices variés pour vous préparer aux examens.

▶ **Exercice N**

Voici la liste de toutes les voyelles du français. À côté de chaque symbole, écrivez le numéro du nom du cours d'eau (c'est-à-dire de la rivière ou du fleuve) dans lequel vous entendez la voyelle. Attention, la plupart des noms ont plus d'une voyelle.

Modèle : Vous entendez « 1. Seine » et vous écrivez 1 pour le son [ɛ].

Symbole	Numéros des cours d'eau	Symbole	Numéros des cours d'eau
[i]	_____	[u]	_____
[e]	_____	[o]	_____
[ɛ]	_____	[ɔ]	_____
[a]	_____	[ɛ̃]	_____
[y]	_____	[õ]	_____
[ø]	_____	[ɑ̃]	_____
[œ]	_____	[ə]	_____

Exercice O

Remplissez le dessin suivant, puis faites la transcription phonétique de chaque élément.

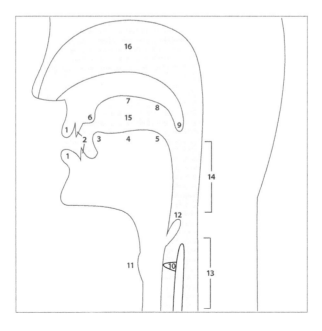

1. _____ _____
2. _____ _____
3. _____ _____
4. _____ _____
5. _____ _____
6. _____ _____
7. _____ _____
8. _____ _____
9. _____ _____
10. _____ _____
11. _____ _____
12. _____ _____
13. _____ _____
14. _____ _____
15. _____ _____
16. _____ _____

Exercice P

Répondez aux questions suivantes.

1. Quels sont les éléments mobiles parmi les organes de la parole ?

_____

_____

2. Quels sont les éléments immobiles ?

_____

_____

3. Quel est l'élément obligatoire pour produire un son ? D'où cet élément vient-il dans le corps humain ?

_____

_____

4. Comment est-ce que le son est modifié ? Citez au moins trois choses qui peuvent modifier le son.

_____

_____

_____

_____

_____

_____

5. Quels sont les deux endroits par lesquels l'air peut sortir de la tête ?

_____

6. Comment fait-on la distinction entre la transcription phonétique et l'écriture orthographique ?

_____

7. Combien y a-t-il de consonnes orthographiques en français ? _____

8. Combien y a-t-il de consonnes phonétiques en français ? _____

9. Quelles sont les trois catégories de sons ?

_____

10. Donnez des exemples personnels montrant pourquoi l'orthographe n'est pas un bon moyen de transcrire la prononciation.

11. Combien y a-t-il de voyelles orthographiques en français ? _____

12. Combien y a-t-il de voyelles phonétiques en français ? _____

13. Combien y a-t-il de semi-voyelles en français ? _____

14. Pourquoi est-ce qu'on ne peut pas écrire les symboles phonétiques comme on veut ?

_____

_____

15. Quels facteurs influencent la façon dont les gens parlent ?

_____

_____

16. Donnez des exemples de différences entre certaines régions de votre pays natal.

17. Quelle variété de français est enseignée dans ce livre ? Pourquoi l'a-t-on choisie ?

_____

_____

18. Donnez des exemples de régions du monde francophone avec des variétés différentes.

_____

_____

Exercice Q

Écrivez les mots suivants en utilisant l'orthographe du français. Puis décidez quel pays francophone ils décrivent. Tous les mots s'appliquent à un seul pays.

1. [bi.lɛ̃g]   _____

2. [nɛʒ]   _____

3. [pʁə.mje.mi.nistʁ]   _____

4. [ʒø.zo.lɛ̃.pik]   _____

5. [gʁɑ̃.nɔʁ]   _____

6. [ski]   _____

7. [pʁo.vɛ̃s]   _____

8. [te.ʁi.twaʁ]   _____

9. [fœj.de.ʁabl]   _____

   Le pays décrit est   _____

Exercice R

Lisez le texte suivant puis écrivez-le avec l'orthographe du français.

1. <Parlons> [mɛ̃t.nɑ̃] <de certaines autres> [vil.də.fʁɑ̃s].

_____

_____

2. <Lille est > [o.ʒuʁ.dyi] <un des> [gʁɑ̃] <centres> [e.ko.no.mik.də.fʁɑ̃s].

_____

_____

3. <La ville a connu> [yn.pe.ʁjɔd] <plus> [di.fi.sil] <due à> [la.dis.pa.ʁi.sjɔ̃] <de ses industries>.

_____

_____

4. [la.vil.də] <Chartres est> [tʁɛ.se.lɛ.bʁ] <en France pour> [sa.ka.te.dʁal] <gothique>.

_____

_____

5. <A-t-on> [bə.zwɛ̃.də.diʁ] <pourquoi> [bɔʁ.do.e.se.lɛbʁ] ?

_____

_____

6. [la.pə.tit.vil] <de Saint-Tropez est connue> [dɑ̃.lə.mɔ̃.dɑ̃.tje].

_____

_____

7. <Les stars et> [le.se.le.bʁi.te] <aiment venir y> [pa.se.le.te].

_____

_____

8. [il.sɔ̃.su.vɑ̃] <entourés par> [de.mi.lje] <de touristes et> [də.fo.to.gʁaf].

_____

_____

▶ **Exercice S**

Remplissez la grille suivante avec 25 symboles phonétiques différents pour jouer au bingo. Puis marquez celui que votre professeur prononce. Quand vous avez fait une ligne, dites [ʒe.ga.ɲe].

1.	6.	11.	16.	21.
2.	7.	12.	17.	22.
3.	8.	13.	18.	23.
4.	9.	14.	19.	24.
5.	10.	15.	20.	25.

▶ **Exercice T**

Transcrivez les phrases suivantes en français standard en utilisant l'API.

1. Tout le monde ne parle pas français de la même façon.

2. Un Québécois ne parle pas comme un Parisien.

_____

_____

3. Tout comme la Reine d'Angleterre ne parle pas exactement comme vous.

_____

_____

4. Le point de référence est le français parlé par les Parisiens éduqués.

_____

_____

5. Ceci n'implique pas que cet accent soit meilleur que les autres.

_____

_____

6. Il est simplement reconnu et accepté comme étant le standard.

_____

_____

7. Il est compris par la plupart des francophones.

_____

_____

8. C'est aussi le français qu'on enseigne aux étudiants étrangers.

_____

_____

VIII. Conversation

L'étape finale – et la plus difficile – est d'appliquer les règles de prononciation à la parole spontanée. Cette section vous propose des guides de conversations pour vous lancer, avec des questions en API pour vous distancer le plus possible du français écrit et vous immerger dans le français oral.

1. Y a-t-il une région de France que vous aimeriez visiter ? Pourquoi ?

2. Connaissez-vous des villes dans votre pays qui ont un nom français ? Quelle est leur origine ? Comment les prononcerait-on en français standard ?

3. [kɛl.pe.i.fʁɑ̃.ko.fɔn.vu.za.tiʁ.lə.plys] ? [puʁ.kwa] ?

IX. Matériel complémentaire

Cette section suggère des chansons, des films et parfois aussi d'autres ressources autour des thèmes du chapitre pour vous perfectionner en dehors des cours à travers des modèles divertissants.

Chansons
- *Sous le ciel de Paris* d'Yves Montand
- *Vesoul* de Jacques Brel
- *Toulouse* de Claude Nougaro
- *Marseille* de Patrick Fiori
- *Douce France* de Charles Trenet ou de Carte de séjour
- *Bons baisers de Fort-de-France* de La Compagnie créole
- *Made in Normandie* de Stone et Charden
- *Tonnerre de Brest* de Miossec ou de Nolwenn Leroy

Films liés à la géographie
- *Le Gendarme de Saint-Tropez* (1964), sur la Côte d'Azur
- *Vous n'aurez pas l'Alsace et la Lorraine* (1977)
- *Chouans!* (1988), sur la Bretagne et la Vendée
- *Ma vraie vie à Rouen* (2002), sur la Normandie
- *Camping* (2006) et *Camping 2* (2010), sur les Landes
- *Flandres* (2006)
- *Le Voyage aux Pyrénées* (2008), sur les Pyrénées
- *30°couleur* (2012), sur la Martinique

2
Syllabe et labsi

I. Introduction

Dans ce chapitre, nous allons identifier certaines caractéristiques du français familier et parler en particulier du verlan. Ceci va nous permettre d'apprendre à découper les mots en syllabes. Avant de commencer, comme dans tous les chapitres, nous allons travailler sur quelques questions de révision à la fois phonétique et culturelle.

Questions de réflexion

La syllabation

1. Avec vos propres mots, expliquez ce qu'est une syllabe.

2. Dans votre langue maternelle, comment détermine-t-on les frontières syllabiques, c'est-à-dire les endroits où les syllabes commencent et finissent ? Trouvez des exemples.

Le langage familier

1. Parlez-vous de la même façon à votre professeur qu'à vos parents ? à vos camarades de classe ? à votre meilleur(e) ami(e) ? Décrivez la façon dont vous adaptez votre parole à ces situations.

2. Dans des situations familières, on emploie « tu » pour parler à un ami. Connaissez-vous d'autres mots français appropriés dans ces contextes ? Quels seraient leurs équivalents dans un français plus soutenu ?

II. Compréhension orale

▶ **Exercice A**

Le texte que vous allez entendre explique l'origine et le fonctionnement du verlan, une forme de français parlé par les jeunes en France. Répondez aux questions de compréhension ci-dessous.

1. Pour verlaniser un mot, il faut en inverser les syllabes.   Vrai   Faux

2. Le mot « verlan » vient de la locution « à l'envers ».   Vrai   Faux

3. Il faut avoir trois opérations pour verlaniser un mot.   Vrai   Faux

4. On utilisait déjà le verlan avant la Seconde Guerre mondiale.   Vrai   Faux

5. Aujourd'hui, le verlan s'utilise souvent dans les SMS.   Vrai   Faux

▶ **Exercice B**

Maintenant réécoutez le texte en lisant la transcription phonétique, puis la transcription orthographique. Répondez ensuite aux questions suivantes.

1. Dans la transcription orthographique, entourez huit mots qui se terminent par une syllabe ouverte, c'est-à-dire une syllabe qui se termine par une voyelle prononcée.

2. Soulignez huit mots qui se terminent par une syllabe fermée, c'est-à-dire une syllabe qui se termine par une consonne prononcée.

[ləvɛʁlɑ̃eynfɔʁmdaʁgofʁɑ̃sɛkikõsistaɛ̃vɛʁselesilabdɛ̃mo]. [sedajœʁɑ̃nɛ̃vɛʁsɑ̃le silabdələkspʁesjõalɑ̃vɛʁkələtɛʁmdəvɛʁlɑ̃aetekʁee].

[õpaʁlədəfɔʁmvɛʁlanizepuʁkaʁaktɛʁizesemo].

[lafɔʁmasjõdɛ̃moɑ̃vɛʁlɑ̃eesɑ̃sjɛlmɑ̃fonetikkaʁləvɛʁlɑ̃eynlɑ̃goʁal].

[lagʁɑ̃dmaʒoʁitedefɔʁmasjõsədekõpozɑ̃katʁopeʁasjõ] :

[sepaʁasjõdesilabdymo]

[modifikasjõdəladɛʁnjɛʁvwajɛldɑ̃sɛʁtɛ̃ka]

[ɛ̃vɛʁsjõdesilab]

[eliminasjõdəladɛʁnjɛʁsilabdɑ̃sɛʁtɛ̃ka].

[lyzaʒdyvɛʁlɑ̃adebyteapaʁtiʁdəlasəgõdgɛʁmõdjal].

[lədebydezanemilnœfsɑ̃katʁəvɛ̃dis],

[maʁkepaʁlemɛʁʒɑ̃sdemuvmɑ̃ipɔpedyʁapɑ̃fʁɑ̃s],

[ʁəpʁezɑ̃tləkomɑ̃smɑ̃dynʁeɛ̃tʁodyksjõmasivdyvɛʁlɑ̃dɑ̃lələɑ̃gaʒpaʁleɑ̃fʁɑ̃s].

[lədevlɔpmɑ̃denuvomwajɛ̃dəkomynikasjõaʁɑ̃dyləvɛʁlɑ̃tʁɛpʁatik],

[notamɑ̃ɑ̃ʁezõdykaʁakteʁkuʁdefɔʁmvɛʁlanizekisõʁapidatapesyʁdeklavje].

Le « verlan » est une forme d'argot français qui consiste à inverser les syllabes d'un mot. C'est d'ailleurs en inversant les syllabes de l'expression « à l'envers » que le terme « verlan » a été créé. On parle de formes verlanisées pour caractériser ces mots. La formation d'un mot en verlan est essentiellement phonétique car le verlan est une langue orale. La grande majorité des formations se décompose en quatre opérations :

• Séparation des syllabes du mot

• Modification de la dernière voyelle dans certains cas

• Inversion des syllabes

• Élimination de la dernière syllabe dans certains cas.

L'usage du verlan a débuté à partir de la Seconde Guerre mondiale. Le début des années 1990, marqué par l'émergence des mouvements hip-hop et du rap en France, représente le commencement d'une réintroduction massive du verlan dans le langage parlé en France. Le développement des nouveaux moyens de communication a rendu le verlan très pratique, notamment en raison du caractère court des formes verlanisées qui sont rapides à taper sur des claviers.

▶ Exercice C

Écoutez maintenant les deux premières phrases du texte en suivant la transcription. Puis répondez aux questions suivantes.

1. Pouvez-vous entendre la frontière des mots ? Si oui, dans quels cas ?

_____

2. Recopiez les deux premières lignes de la transcription phonétique en marquant les frontières syllabiques avec un point. Faites de votre mieux : essayez, même si vous ne connaissez pas encore la réponse.

_____

_____

_____

_____

3. Écoutez maintenant la deuxième partie de l'enregistrement qui divise ces phrases en syllabe. Comparez cet enregistrement avec vos réponses à la question 2.

4. Dans quel(s) cas est-ce que la frontière entre les syllabes est différente de la frontière entre les mots ? Essayez d'expliquer pourquoi.

III. Discrimination

▶ Exercice D

Combien de syllabes contiennent les mots que vous entendez, tirés du texte sur le verlan ?

MOTS	NOMBRE DE SYLLABES				
1.	1	2	3	4	5
2.	1	2	3	4	5
3.	1	2	3	4	5
4.	1	2	3	4	5
5.	1	2	3	4	5
6.	1	2	3	4	5
7.	1	2	3	4	5

▶ Exercice E

Dites si les mots suivants contiennent une syllabe ouverte (qui se termine par une voyelle) ou une syllabe fermée (qui se finit avec une consonne). Ces mots sont tirés du texte sur le verlan.

MOTS	OUVERTE	FERMÉE
1.		
2.		
3.		
4.		
5.		
6.		
7.		

▶ **Exercice F**

Dites si les mots suivants finissent par une syllabe ouverte ou une syllabe fermée, puis écrivez le son qui termine la dernière syllabe de chaque mot. Ces mots sont tirés du texte sur le verlan.

MOTS	OUVERTE	FERMÉE	SON
1.			
2.			
3.			
4.			
5.			
6.			
7.			

IV. Expansion

Après avoir exploré, réfléchi et écouté, les explications de la section « Expansion » apportent une connexion essentielle pour tout mettre en rapport. Vous y trouverez des définitions, des règles et des exemples. Les mots clés en gras vous permettront un repérage rapide lors de vos révisions.

1. La syllabe française

A. Définition d'une syllabe

Une **syllabe** est une unité phonétique qui **contient obligatoirement une voyelle, mais pas plus**. On appelle cette voyelle le **noyau** de la syllabe. Parfois, une syllabe commence par une ou plusieurs consonnes qu'on appelle **l'attaque** de la syllabe, suivie évidemment d'une voyelle. Une syllabe peut aussi se terminer par une ou plusieurs consonnes qu'on appelle **la coda** de la syllabe. Les mots qui ont une seule syllabe sont des mots **monosyllabiques**. Les mots à plusieurs syllabes sont **plurisyllabiques**.

Exemples :

Le mot *a* [a] est une syllabe, le mot *est* [ɛ] est une syllabe, mais la séquence *bl* [bl] n'est pas une syllabe parce qu'elle ne contient pas de voyelle. Le mot *verlan*

(suite)

[vɛʁ.lɑ̃] a deux voyelles : il a par conséquent deux syllabes. Dans le mot *cas* [ka], l'attaque est [k]. Dans *grande* [gʁɑ̃d] l'attaque est [gʁ]. Dans *court* [kuʁ], il y a une seule consonne finale, c'est-à-dire une seule coda, ici la consonne [ʁ]. Dans *forme* [fɔʁm], il y a deux codas.

B. L'égalité syllabique

Pour les mots plurisyllabiques, il est important en français que chaque syllabe soit prononcée avec une longueur et une qualité à peu près égale. C'est ce qu'on appelle l'**égalité syllabique**. En d'autres termes, chaque syllabe en français est accentuée à niveau égal. On insiste avec la même force. Contrairement à l'anglais, les voyelles ne sont jamais réduites en français. Elles gardent toujours le même son quelle que soit leur position dans le mot.

Exemples :

Dans le mot *cinéma* [si.ne.ma], il faut préserver l'égalité syllabique et articuler chaque voyelle avec autant d'énergie que l'autre, et avec une durée à peu près identique. En anglais, les syllabes non accentuées sont plus courtes, et la qualité de leur voyelle change. Ainsi, dans les mots français *caractériser* [ka.ʁak.te.ʁi.ze] et *photographie* [fo.to.gʁa.fi], tous les <a> sont prononcés [a] et les <o> sont prononcés [o], parce qu'aucune syllabe n'est réduite. En anglais, les <o> de *photography* et les <a> de *characterize* sont différents.

C. Les types de syllabes

On appelle une **syllabe ouverte**, une syllabe qui se termine par une voyelle prononcée. On appelle une **syllabe fermée**, une syllabe qui se termine par une ou plusieurs consonne(s) prononcée(s). La différence entre les syllabes ouvertes et les syllabes fermées a une grande influence dans plusieurs domaines de la prononciation de la langue française : le choix des voyelles moyennes, la troncation de mots, l'attribution de surnom, la prononciation de la lettre <e>. Le français préfère les syllabes ouvertes.

Exemples :

Syllabes ouvertes : *du* [dy], *le* [lə], *et* [e], *les* [le], *mot* [mo], *en* [ɑ̃], *dans* [dɑ̃]

Syllabes fermées : *rap* [ʁap], *classe* [klas], *forme* [fɔʁm], *langue* [lɑ̃g]

2. La division syllabique

A. Importance

Le français et les autres langues romanes favorisent **les syllabes ouvertes**. Ceci est important à savoir pour comprendre d'autres phénomènes importants comme le choix des voyelles moyennes, la liaison, l'accentuation et la lecture de poèmes. Notez que dans les transcriptions, nous utilisons un point «.» pour montrer les divisions syllabiques, un «V» pour symboliser une voyelle, et un «C» pour symboliser une consonne ou une semi-voyelle. Les consonnes et les semi-voyelles sont en effet équivalentes quant à leur place dans la syllabe. Les règles suivantes vont vous permettre d'apprendre à découper les mots de plusieurs syllabes en syllabes individuelles. Gardez à l'esprit qu'une syllabe contient une et une seule voyelle.

B. Les règles

1. **Les syllabes avec une structure V :** Une syllabe doit obligatoirement contenir une voyelle, qu'on symbolise par V comme *eau* [o] (V), *aérer* [a.e.ʁe] (V.V.CV).

2. **Les syllabes avec une structure CV :** Une consonne ou une semi-voyelle (C) est toujours en position d'attaque quand elle est seule. Elle se rattache par conséquent à la voyelle (V) qui la suit pour former une syllabe avec une structure CV. La structure syllabique CV est la configuration typique des syllabes françaises. La langue française restructure même les syllabes entre les mots pour obtenir la structure CV autant que possible. Des exemples de structure typique CV sont *majorité* [ma.ʒo.ʁi.te] (CV.CV.CV.CV), *billet* [bi.je] (CV.CV), *d'ailleurs aussi* [da.jœ.ʁo.si] (CV.CV.CV.CV).

3. **Les syllabes avec une structure VC :** Une consonne ou une semi-voyelle (C) peut parfois se trouver en position de coda comme dans *mange* [mɑ̃ʒ], *pousse* [pus], *parlons* [paʁ.lõ], *calmez* [kal.me]. Quand il n'y a pas de voyelle suivante à laquelle la coda peut se rattacher, alors on conserve la structure VC comme *je mange* [ʒə.mɑ̃ʒ] (CV.CVC). Mais, dans la mesure du possible, la coda se rattache à la voyelle qui la suit et devient l'attaque de la syllabe suivante, comme dans *je mange une pomme* [ʒə.mɑ̃.ʒyn.pɔm] (CV. CV. CVC.CVC), *pour eux* [pu.ʁø] (CV. CV), *mon ami* [mõ.na.mi] (CV.CV), *une autre option* [y.no.tʁo.psjõ] (V.CV.CCV.CCCV). La structure VC est une structure syllabique moins typique et la langue française veut l'éviter autant que possible.

(*suite*)

4. **Les syllabes avec une structure CCV ou CCCV :** Les séquences de plusieurs consonnes et semi-voyelles sont acceptables ensemble dans l'attaque d'une syllabe si elles existent au début d'un mot français. Voici quelques exemples non exhaustifs.

   a. Comme il existe des mots en français qui commencent par [kl] comme *clair, clarinette, clou, clan*, etc., [kl] est une attaque acceptable. Ainsi, la division syllabique du mot *éclairer* est [e.kle.ʁe] (V.CCV.CV), *inclinaison* [ɛ̃.kli.ne.zɔ̃].

   b. Comme il existe des mots en français qui commencent par [stʁ] comme *strident, strophe, strict*, etc., [stʁ] est une attaque acceptable. Ainsi, la division syllabique du mot *astronomie* est [a.stʁo.no.mi] (V.CCCV.CV.CV), ou la division syllabique de la phrase *il illustre encore* est [i.li.ly.stʁɑ̃.kɔʁ] (V.CV.CV.CCCV.CVC).

   c. En revanche, des combinaisons comme [ʁm] [ʁl] [lʁ], entre autres, n'existent en début d'aucun mot français, et par conséquent ne constituent pas une bonne attaque. On doit alors mettre ces séquences soit en coda si elles sont suivies d'une autre consonne (comme le mot *forme* dans *forme courte* [fɔʁm.kuʁt]), ou les diviser entre deux syllabes quand elles sont suivies d'une voyelle (comme dans le mot *verlanisée* [vɛʁ.la.ni.ze]). Dans ce cas la première consonne reste la coda de la syllabe, et la seconde consonne devient l'attaque de la syllabe suivante comme dans *armure* [aʁ.myʁ] (VC.CVC), *parler* [paʁ.le] (CVC.CV), *Ulrich* [yl.ʁiʃ] (VC.CVC). Cette règle s'applique aussi entre les mots, comme dans *la forme étrange* [la.fɔʁ.me.tʁɑ̃ʒ] (CV.CVC.CV.CCV), ou *il parle aussi* [il.paʁ.lo.si] (VC.CVC.CV.CV).

5. **Variations :** Il faut noter que les règles qu'on vient de voir ne sont pas absolues. Parfois, il arrive que les opinions divergent à cause de préférences personnelles ou de variétés régionales. Ainsi, certaines personnes diviseront *exemple* comme [e.gzɑ̃pl] (V.CCVCC) et diront que [gz] est acceptable en attaque parce que les mots comme *xylophone* [gzi.lo.fɔn] existent en français. D'autres préfèrent [ɛg.zɑ̃pl] parce que les mots qui commencent par [gz] sont tout de même rares. De même, *épilepsie* pourrait se diviser en [e.pi.le.psi] car [ps] existe dans *psychologie* [psi.ko.lo.ʒi], ou aussi [e.pi.lɛp.si].

3. L'enchaînement

A. Définition

Dans la parole normale, les frontières syllabiques ne coïncident pas forcément avec la limite des mots. La syllabation en français se fait au niveau de la phrase et non pas des mots. On préserve le modèle de la syllabe CV autant que possible, même au-delà des frontières de mots. Ce phénomène s'appelle l'enchaînement. **L'enchaînement est la restructuration des syllabes du français,** de sorte que toute consonne finale prononcée d'un mot est rattachée au mot suivant si celui-ci commence par une voyelle. En d'autres termes, c'est quand une coda devient une attaque. Cela a pour effet de produire des syllabes ouvertes de type CV, la structure syllabique préférée en français.

Pour indiquer ce phénomène, nous utilisons le symbole « → » avant la consonne qui change de mot, c'est-à-dire avant la consonne qui est devenue l'attaque de la syllabe. Cela aide à voir que la division syllabique ne reflète pas la frontière des mots. La liaison, que nous étudierons en détails plus tard, est un type d'enchaînement particulier : quand la consonne finale d'un mot est normalement silencieuse, mais se prononce exceptionnellement si le mot suivant commence par une voyelle, c'est la liaison. La consonne de liaison, comme toutes les autres consonnes, sont enchaînées à la voyelle du mot suivant. Nous marquons les liaisons obligatoires avec le symbole « ‿ ».

Exemples :

Ici, les frontières syllabiques ne correspondent pas aux frontières de mots.

Le verlan est une forme d'argot français qui **consiste à** *inverser les syllabes d'un mot.*
[lə.vɛʁ.lɑ̃.e.yn.fɔʁm.daʁ.go.fʁɑ̃.sɛ.ki.kõ.si→sta.ɛ̃.vɛʁ.se.le.si.lab.dɛ̃.mo]

Le verlan est une **langue orale.**
[lə.vɛʁ.lɑ̃.e.yn.lɑ̃.→go.ʁal]

Les formes verlanisées sont **rapides à** *taper sur des claviers.*
[le.fɔʁm.vɛʁ.la.ni.ze.sõ.ʁa.pi.→da.ta.pe.syʁ.de.kla.vje]

Les adolescents les utilisent souvent.

[le.za.do.le.sɑ̃.le‿zy.ti.liz.su.vɑ̃]

(suite)

B. Variations

Il est possible de casser l'enchaînement pour isoler certains mots et ainsi les mettre en valeur dans la phrase.

Exemples :

Dans ce contexte, on ferait une petite pause entre *langue* et *orale*, ce qui soulignerait l'importance de cette information.

*Le verlan est une langue **orale**.*

[lə.vɛʁ.lɑ̃.e.yn.lɑ̃g.o.ʁal]

Par ailleurs, nous avons vu que les consonnes s'enchaînent aux mots suivants quand ces mots commencent par une voyelle. Il est également possible d'enchaîner des consonnes avec des mots qui commencent par une consonne, quand ces groupes consonantiques sont des attaques de syllabes acceptables.

Exemples :

Avec l'enchaînement des consonnes : *les langues régionales*
[le.lɑ̃.→gʁe.ʒjo.nal]

Sans l'enchaînement des consonnes : *les langues régionales*
[le.lɑ̃g.ʁe.ʒjo.nal]

V. Prononciation

Dans cette section, vous allez mettre en pratique ce que vous avez observé et appris jusqu'à maintenant. Individuellement ou avec un partenaire, vous passerez de la prononciation de mots, à celle de phrases puis de textes. Tous les exercices précédés du symbole « 💬 » sont à prononcer ou à transcrire dans un style informel, c'est-à-dire qu'ils reflètent une prononciation familière, naturelle et spontanée.

▶ 💬 Exercice G

Prononcez les mots suivants qui finissent par une syllabe ouverte dans leur forme standard et une syllabe fermée dans leur forme verlanisée. Faites attention à l'égalité syllabique.

Standard (Syllabes ouvertes)	Verlan (Syllabes fermées)
fou	ouf
ça	asse
énervé	vénère
toi	wate
chinois	noiche
chien	iench
pas	appe
comme ça	ça comme
n'importe quoi	port'nawak

▶ 💬 **Exercice H**

Prononcez les mots familiers suivants, tous synonymes du mot *argent*. Faites attention aux enchaînements entre les mots (pour vous aider, vous pouvez les indiquer avant de commencer) et, comme toujours, à l'égalité syllabique.

1. l'avoine et le blé

2. le fric et le beurre

3. la tune et l'osier

4. l'artiche et le pognon

5. les pépettes et les radis

▶ 💬 **Exercice I**

Le français et l'anglais ont des mots qui se ressemblent mais qui ne veulent pas dire la même chose : on les appelle des « faux amis ». Prononcez les phrases suivantes qui comportent ces faux amis, en respectant l'égalité syllabique dans le mot français (le premier de la phrase). Vérifiez leur signification dans un dictionnaire si vous ne la connaissez pas encore. Par ailleurs, notez que chaque phrase a une tournure familière telle que l'absence de « ne ».

1. « Actuellement », ça veut pas dire *actually*, mais plutôt « maintenant ».

2. « Collège », c'est pas exactement *college* car on y va avant le lycée.

3. Si un « crayon » c'est pas *crayon*, c'est quoi alors ?

4. « Eventuellement » et *eventually*, c'est pas pareil non plus.

5. Punaise ! J'y arriverai jamais … Ma « librairie », c'est pas *library*.

▶️ 😌 **Exercice J**

Lisez les phrases familières et les phrases du français standard en faisant attention à l'égalité syllabique et à l'enchaînement. Ensuite, dites quelles paires vont ensemble.

Français familier

1. J'hallucine, il est trop fort ce mec !

2. Bonjour l'ambiance … tout le monde tire la tronche aujourd'hui.

3. Elle arrache trop, cette zique ! C'est de la balle ! Je la kiffe.

4. Comme il se la pète, celui-là, avec sa bagnole tunée toute naze.

Français standard

1. Quelle atmosphère négative ! Tout le monde est déprimé.   _____

2. Je n'arrive pas à croire comme cet homme est doué.   _____

3. Cet homme est trop fier avec sa voiture personnalisée toute moche.   _____

4. Cette mélodie est vraiment bien. C'est génial. Je l'adore.   _____

VI. Transcription

😌 **Exercice K**

Divisez les mots suivants en syllabes à partir de leur transcription phonétique, puis verlanisez chaque mot.

Modèle : fumer   [fyme]   [fy.me]   [me.fy]

1. bizarre   [bizaʁ]   _____   _____

2. cité   [site]   _____   _____

3. copine   [kopin]   _____   _____

4. merci   [mɛʁsi]   _____   _____

5. tomber   [tõbe]   _____   _____

6. maison   [mezõ]   _____   _____

7. métro   [metʁo]   _____   _____

Exercice L

Voici des exemples de mots de verlan qui ont également été tronqués pour être plus courts. Transcrivez et découpez en syllabes les mots d'origine pour comprendre le procédé d'inversion. Notez que, dans certains mots, on ajoute une voyelle finale et/ou on élimine la syllabe finale.

MOT D'ORIGINE	SYLLABATION	INVERSION	TRONCATION
bizarre	[bi.zaʁ]	[zaʁbi]	zarb [zaʁb]
cigarette		[gaʁɛtsi]	garo [gaʁo]
énervé		[venɛʁe]	vénère [venɛʁ]
arabe		[bøʁø]	beur [bœʁ]
femme		[møfa]	meuf [mœf]
flic		[køfli]	keuf [kœf]
musique		[zikmy]	zik [zik]

⸂ **Exercice M**

Les phrases ici sont des exemples d'un langage plutôt jeune et de leur équivalent en français standard. Transcrivez-les.

1. Ton daron il est chanmé !

___

Ton père est génial !

___

2. Elle me kiffe pas. Elle m'a dit que je la gave.

___

Elle ne m'aime pas. Elle m'a dit que je la fatigue.

___

3. Cette meuf, c'est de la balle !

___

Cette fille est très jolie.

___

4. La prof d'anglais elle a des veuch tout chelous !

La prof d'anglais a une drôle de coupe de cheveux.

5. Comment on s'est trop tapé une barre !

Nous avons beaucoup ri.

6. J'ai trop la dale, je vais grailler.

J'ai très faim, je vais manger.

7. Tu te prends pour qui ? Je vais t'exploser la cheutron !

Tu te prends pour qui ? Je vais te mettre un coup de poing dans la figure.

Exercice N
Lisez ce texte sur les abréviations, puis transcrivez-le en orthographe conventionnelle.

[tul.mõd], [kɛl.kə.swa.sa.lɑ̃g], [ʃɛʁ.→ʃa.paʁ.le.lə.ply.ʁa.pid.mɑ̃.po.si.→ble.a.do.
ne.de.zɛ̃.fɔʁ.ma.sjõ.o.si.vit.kə.po.sibl].

[puʁ.sə.la], [il.ne.pa.ʁaʁ.da.bʁe.ʒe.le.mo], [se.ta.diʁ.də.le.ʁa.kuʁ.siʁ].

[pa.→ʁɛg.zɑ̃pl], [õ.di.ʁaʁ.mɑ̃.ɛ̃.fʁi.ʒi.dɛʁ], [õ.pʁe.fɛʁ.paʁ.le.dy.fʁi.go].
[õn.va.pa.vwaʁ.de.fil.→mo.si.ne.ma], [mɛ.o.si.ne].

[õ.na.si.→sta.ɛ̃.ku.ʁɑ̃.nɑ̃.fi], [e.nõ.ɑ̃.nɑ̃.fi.te.atʁ].

[õ.kõ.syl.tǝl.di.ko.ply.to.kǝl.dik.sjo.nɛʁ].

38

_____

_____

_____

_____

_____

_____

_____

▶ **Exercice O**

Transcrivez la fin du texte de l'exercice précédent sur les abréviations en utilisant l'alphabet phonétique.

Pour abréger les mots, on en laisse souvent tomber la fin. En général, le résultat finit par une syllabe ouverte comme on vient de le voir. On pourrait encore citer ado pour adolescent et labo pour laboratoire. Dans d'autres cas, les mots abrégés finissent par une syllabe fermée. C'est le cas dans des mots comme prof pour professeur, tram pour tramway ou cap pour capable.

_____

_____

_____

_____

_____

_____

_____

VII. Pour aller plus loin : diviser les syllabes pour insister

Une fois les notions phonétiques du français dit « standard » acquises, allez plus loin grâce à cette section en examinant des phénomènes plus rares liés au style ou à l'identité des locuteurs.

Savoir comment diviser la langue française en syllabes est important pour apprendre les règles de prononciation, comme nous le verrons au fil des chapitres.

Mais c'est aussi crucial pour utiliser un style de parole bien précis. En effet, quand un locuteur francophone veut insister sur un message, il le divise en syllabes en faisant une petite pause à chaque frontière syllabique. Par exemple, si un enfant veut ouvrir le four quand il est encore chaud, ses parents vont clairement lui dire que c'est IN-TER-DIT [ɛ̃.tɛʁ.di] avec une petite pause entre chaque syllabe. Quand on vous demande comment votre magnifique séjour en France s'est passé, vous pouvez répondre IN-CRO-YABLE [ɛ̃.kʁwa.jabl] ou I-NOU-BLI-ABLE [i.nu.bli.jabl] ou simplement GÉ-NIAL [ʒe.njal] avec des petits temps entre chaque syllabe pour montrer à quel point votre expérience était mémorable.

Un exemple célèbre de division syllabique d'insistance se trouve dans un discours de Ségolène Royal, candidate perdante à l'élection présidentielle française de 2007. L'année suivante, elle a voulu montrer qu'elle n'avait pas baissé les bras et a organisé une grande fête à Paris. Le mot clé de cet événement était « Fraternité ». Ségolène Royal a si bien insisté en le divisant en syllabes, que ce mot est maintenant associé à son identité politique.

Exercice P

Écoutez le discours de Ségolène Royal (http://tinyurl.com/royalfraternite) en faisant attention aux divisions syllabiques, surtout après la première minute. Transcrivez-en les extraits suivants en marquant chaque frontière syllabique par un point. Le moment où ces phrases apparaissent vous est donné entre parenthèses.

1. Les porte-flingues de l'Élysée (1:16)

_____

2. Elle est encore debout (1:42)

_____

3. Dans la cinquième puissance du monde (2:05)

_____

4. Fraternité ! (2:21)

_____

VIII. Récapitulation

Qu'avez-vous retenu du chapitre ? Cette section revient sur tous les thèmes à travers des exercices variés pour vous préparer aux examens.

▶ Exercice Q

Combien de syllabes contiennent les mots que vous entendez ? Est-ce qu'ils se terminent par une syllabe ouverte ou une syllabe fermée ?

MOTS	NOMBRE DE SYLLABES	TYPE DE SYLLABE FINALE
1.		
2.		
3.		
4.		
5.		
6.		
7.		

Exercice R

Répondez aux questions suivantes.

1. Quel est l'élément obligatoire dans une syllabe ?

2. Comment appelle-t-on la consonne initiale dans une syllabe ? la consonne finale ?

3. Qu'est-ce qu'une syllabe ouverte ? une syllabe fermée ? Illustrez ces concepts avec deux exemples personnels de chaque type de syllabe.

4. Quel type de syllabe est favorisé en français ? Donnez des exemples. Pourquoi est-ce important à savoir ?

5. Donnez trois exemples de mots qui contiennent des syllabes avec les structures suivantes : V, CV, CCV, CVC, CCVC, CCVCC, CCCV.

6. Qu'est-ce que l'égalité syllabique ? Pourquoi est-ce que les anglophones ont du mal à appliquer cette règle ?

_____

_____

_____

_____

7. Les frontières des syllabes coïncident-elles toujours avec les frontières des mots en français ? Expliquez.

_____

_____

_____

_____

8. Expliquez ce qu'est l'enchaînement et trouvez trois exemples personnels.

_____

_____

_____

☺ Exercice S

Lisez les mots de verlan ci-dessous en faisant attention à l'égalité syllabique et à l'enchaînement. Ensuite, transcrivez-les en marquant les divisions syllabiques, puis retrouvez le mot d'origine. Enfin, essayez de deviner leur signification. Attention, certains d'entre eux ont subi une légère modification au fil des ans.

VERLAN	TRANSCRIPTION	MOT D'ORIGINE
kéblo		
teillebou		
tessi		
vénère		
chelou		
chanmé		
tromé		
port'nawak		
zyva		

42

😀 Exercice T

Quand on envoie un texto sur un téléphone portable, on utilise une orthographe simplifiée. Le langage texto, aussi appelé langage SMS, correspond plus au français oral. En voici quelques exemples. Transcrivez-les avec l'alphabet phonétique et découpez-les en syllabes.

LANGAGE SMS	TRANSCRIPTION	ORTHOGRAPHE STANDARD
a2m1	a.dɛ.mɛ̃	à demain
abi1to	a.bi.jɛ̃.to	à bientôt
c pa 5pa	sɛ.pa.sɛ̃.pa	c'est pas sympa
koi29	kwa.də.nœf	quoi de neuf ?

Voici d'autres exemples. Transcrivez-les puis devinez ce qu'ils veulent dire.

LANGAGE SMS	TRANSCRIPTION	ORTHOGRAPHE STANDARD
d100	de.sã	
je t'M	ʒə.tɛm	
g 1 id	ʒe.y.→ni.de	
L le saV	el.lə.sa.sɛ	

Maintenant devinez la version texto des mots ci-dessous.

LANGAGE SMS	TRANSCRIPTION	ORTHOGRAPHE STANDARD
Kdo		cadeau
c cho		c'est chaud
a+		à plus (tard)

Exercice U

Voici un texte sur les petits noms. Certaines expressions sont transcrites en API. Mettez des points pour les diviser les syllabes et des flèches pour marquer les enchaînements. Attention : n'oubliez pas que les frontières de mots ne correspondent pas aux frontières syllabiques en français ! Ensuite, écrivez-les avec l'alphabet standard.

Quand on aime quelqu'un, on lui trouve souvent un [s y ʁ n õ] _____

affectueux, c'est-à-dire un [p ə t i n õ] _____ . Par exemple,

l'acteur [k o m i k] _____ français Louis de Funès disait à sa

femme dans la [p l y p a ʁ] _____ de ses films [m a b i ʃ]

_____ . En effet, [b o k u] _____ de ces petits

noms proviennent [d a n m o] _____ : [m õ ʃ a t õ]

_____ , [m õ k a n a ʁ] _____ , [m a p y s]

_____ , mon loulou. Il en existe encore d'autres plus classiques

comme : [m õ k œ ʁ] _____ , [m õ ʃ e ʁ i]

_____ , [m õ t ʁ e z ɔ ʁ] _____ , [m õ n ã ʒ]

_____ .

Et pour ceux qui préfèrent l'originalité : [m õ ʁ u d u .d u] _____ ,

[m õ n w a z o d e i l] _____ , [m õ ʃ ɛ ʃ i l a]

_____ .

▶ **Exercice V**

Transcrivez les mots soulignés dans le texte suivant sur les diminutifs en indiquant les divisions syllabiques. Ensuite transcrivez votre nom tel qu'il serait prononcé en français, et inventez votre surnom selon les explications du texte.

Pour montrer son affection envers certaines personnes, on utilise souvent des surnoms ou des diminutifs. En anglais, les noms sont parfois très différents, comme dans le cas de Jack pour John ou de Dick pour Richard. En français, il existe deux possibilités principales pour former les surnoms. On peut prendre la première syllabe et la répéter. Ainsi, Gérard devient Gégé ; Julie, Juliette et Julien deviennent Juju ; Laurent ou Laurence deviennent Lolo. L'autre option est simplement de garder les deux premières syllabes du prénom. Ainsi, Véronique se transforme en Véro ; Béatrice devient Béa ; Jean-Michel, Jean-Mi ; Lætitia, Læti ; et Grégory, Grégo. Et vous, quel serait votre surnom français ?

_____

_____

_____

_____

_____

_____

_____

_____

_____

_____

IX. Conversation

1. Qui, dans la société française, utilise le verlan ? Dans quel but, à votre avis ?

2. Partagez vos mots français familiers ou de verlan préférés. Avec un partenaire, inventez un petit dialogue en utilisant vos mots choisis.

3. Est-ce que vous pensez un jour utiliser du verlan ? Dans quelles situations ?

4. [kə.pɑ̃.se.vu.dy.lɑ̃.ga.→ʒɛ.→sɛ.→mɛs] ? [ly.ti.li.ze.vu] ?

5. [kɛl.pœ.→vɛ.tʁə.de.ze.fe.ne.ga.tif.dy.lɑ̃.ga.→ʒɛ.→sɛ.→mɛs.syʁ. lɔʁ.to.gʁa.→fa.le.kɔl] ?

X. Matériel complémentaire

Chansons

- *Laisse béton* de Renaud
- *Génération Tanguy* de Sniper
- *C'est chelou* de Zaho
- *Parle à ma main* de Fatal Bazooka
- *Marly-Gomont* de Kamini
- *Savoir aimer* de Florent Pagny

Films

- *Les Ripoux* (1984)
- *LOL* (2008)
- *Entre les murs* (2008)
- *Intouchables* (2011)

3

Vous trouvez que j'ai un accent ?
Moi ? ! Peut-être ...

I. Introduction

Nous allons explorer la variété de langues parlées en France. En même temps, pour mieux comprendre la construction du discours en français, nous étudierons l'accentuation et l'intonation des phrases.

Questions de réflexion

L'accentuation et l'intonation

1. Selon vous, qu'est-ce que c'est qu'un accent phonétique ?

2. Que comprenez-vous par le mot « intonation » ?

Les langues régionales

1. À votre avis, combien de langues, autres que le français, sont parlées en France ?

2. Nommez-en quelques-unes et indiquez dans quelles régions elles sont parlées.

3. Quelles sont leurs origines ?

II. Compréhension orale

▶ **Exercice A**

Écoutez le texte suivant qui décrit la situation des langues et des dialectes régionaux en France, puis répondez aux questions.

1. Quelle est la langue officielle en France ?

2. Quelles sont les familles de langues liées aux dialectes régionaux ?

3. Quelle est la langue, unique au monde, qui est parlée en France et en Espagne ?

4. Combien de dialectes peut-on encore trouver ?

5. Comment est-ce que ces dialectes sont préservés ?

▶ Exercice B

Maintenant réécoutez le texte en lisant la transcription phonétique, puis la transcription orthographique. Notez que les pauses sont désormais représentées par des doubles barres ‖ dans les transcriptions phonétiques. Répondez aux questions suivantes.

1. Dans la version orthographique, marquez une flèche descendante ↘ à la fin de trois phrases qui vous paraissent avoir une intonation descendante.

2. Marquez une flèche montante ↗ à la fin de trois phrases qui vous paraissent avoir une intonation montante.

3. Dans quels genres de phrases apparaissent les intonations descendantes ? et les intonations montantes ?

4. Entourez six mots qui contiennent, selon vous, une syllabe dotée d'un accent tonique (c'est-à-dire une syllabe plus proéminente que les autres).

5. Où se trouve l'accent tonique des mots en français ?

_____

_____

[nu.sa.võ.tus.kã.fʁãs↗‖ õ.paʁl.fʁã.sɛ↘‖ sɛ.la.lã.→go.fi.sjɛl.dy.pe.i↘‖ mɛ.sa.vje.vu. ki.→lja.ã.kɔʁ.de.di.zɛn.də.dja.lɛk.→te.də.lãg.paʁ.le.dã.sə.pe.i.ø.ʁo.pe.ɛ̃↗‖ kɛs.kɛ̃. dja.lɛkt↘‖ sɛ.yn.fɔʁm.də.lãg.ki.ɛ.paʁ.le.paʁ.le.za.bi.tã.dyn.ʁe.ʒjõ.paʁ.ti.ky.ljɛʁ↘‖ syʁ.lə.tɛ.ʁi.twaʁ.fʁã.sɛ↘‖ õ.tʁuv.de.lã.→ge.de.dja.lɛkt.ki.a.paʁ.tjɛ.→na.di.fe.ʁãt. fa.mij↘‖ le.lãg.sɛlt↘‖ kɔm.lə.bʁə.tõ↗‖ le.lãg.ʁo.man↘‖ kɔm.lə.kɔʁs↗‖ lə.ga.lo.e.lə. pi.kaʁ↗‖ e.le.lãg.ʒɛʁ.ma.nik↘‖ kɔm.lə.fla.mã.e.lal.za.sjɛ̃↘‖ ã.plys↗‖ i.→lja.yn. lã.→gã.fʁãs↘‖ e.ã.nɛ.spaɲ↗‖ ki.na.paʁ.tjɛ̃.a.o.kyn.də.se.fa.mij↘‖ sɛ.lə.bask↘‖ ki.ɛ.yn.lã.→gy.ni.→ko.mõd↘‖ o.ʒuʁ.dɥi↗‖ tʁɛz.lãg.ʁe.ʒjo.nal.sõ.ã.sɛ.ɲe.a.le.kɔl. py.bli.→ke.i.→lja.ɛ̃.muv.mã.so.sja.→le.po.li.ti.→ka.sə.ɛ̃.pɔʁ.tã.ki.ã.ku.ʁaʒ.lœʁ. pʁe.zɛʁ.va.sjõ↘‖ dã.sɛʁ.tɛ̃.ka↗‖ õ.pø.mɛm.pa.se.yn.paʁ.ti.dy.ba.ka.lo.ʁe.a.dã.zyn. də.se.lãg↘‖ e.õ.tʁu.→vo.si.de.tʁa.dyk.sjõ.də.sɛʁ.tɛn.bãd.dɛ.si.ne↘‖ kɔ.→ma.ste. ʁik.→se.o.be.liks↗‖ ã.nal.za.sjɛ̃↗‖ ã.kɔʁs↗‖ ã.bʁə.tõ.u.ã.pi.kaʁ↘‖ sɛ.ɛ̃.kʁwa.jabl ↘‖ nõ]

Nous savons tous qu'en France, on parle français. C'est la langue officielle du pays. Mais saviez-vous qu'il y a encore des dizaines de dialectes et de langues parlés dans ce pays européen ? Qu'est-ce qu'un dialecte ? C'est une forme de langue qui est parlée par les habitants d'une région particulière. Sur le territoire français, on trouve des langues et des dialectes qui appartiennent à différentes familles : les langues celtes, comme le breton, les langues romanes, comme le corse, le gallo et le picard, et les langues germaniques, comme le flamand et l'alsacien. En plus, il y a une langue en France (et en Espagne) qui n'appartient à aucune de ces familles. C'est le basque, qui est une langue unique au monde. Aujourd'hui, treize langues régionales sont enseignées à l'école publique, et il y a un mouvement social et politique assez important qui encourage leur préservation. Dans certains cas, on peut même passer une partie du baccalauréat dans une de ces langues ! Et on trouve aussi des traductions de certaines bandes dessinées, comme Astérix et Obélix, en alsacien, en corse, en breton ou en picard. C'est incroyable, non ?

III. Discrimination

▶ **Exercice C**

Écoutez les phrases suivantes et faites attention aux intonations différentes. Indiquez s'il s'agit d'une phrase déclarative, interrogative ou exclamative.

PHRASES	DÉCLARA- TION (.)	INTERRO- GATION (?)	EXCLAMA- TION (!)
1.			
2.			
3.			
4.			
5.			
6.			
7.			

▶ **Exercice D**

Écoutez les noms des langues qui ont été parlées sur le territoire de la France au cours de l'histoire et faites attention à l'accentuation des mots. Indiquez dans quelle syllabe l'accent du mot se trouve (première, deuxième, troisième, etc. ou dernière).

MOTS	POSITION DE LA SYLLABE
1.	
2.	
3.	
4.	
5.	
6.	

▶ **Exercice E**

Écoutez les phrases suivantes en anglais pour vous familiariser avec le placement de l'accent tonique. Dans les mots en caractères gras, entourez la syllabe accentuée. Quel est le rôle de l'accent en anglais ? Quelle influence le placement de l'accent en anglais a-t-il sur la prononciation des voyelles d'un mot ?

1. He keeps samples of regional dialects on old **records**.

   She **records** people for her linguistic research project.

2. Native French speakers can **produce** in least three different nasal vowels.

   I heard a lady with an interesting accent in the **produce** section at the store today.

3. She **subjects** her students to regular oral tests. It's good for them.

   The **subjects** of her phonetics papers are always interesting.

▶ **Exercice F**

Écoutez les phrases suivantes en français maintenant. Marquez l'emplacement de l'accent en soulignant la syllabe accentuée.

1. Un dialecte est une langue dite régionale.

2. Il y a encore beaucoup de dialectes parlés en France.

3. Le breton est un exemple de langue celte.

4. On peut apprendre certains dialectes dans les écoles.

Exercice G

Travaillez avec un partenaire. L'étudiant A va lire chacune des phrases suivantes en choisissant une des trois intonations proposées : déclaration, interrogation ou exclamation. L'étudiant B va marquer une croix dans la case appropriée. Vérifiez les réponses ensemble, puis inversez les rôles. N'hésitez pas à varier les intonations.

1. En Alsace, la plupart des personnes âgées parlent alsacien.

2. La langue et la culture bretonnes sont très à la mode.

3. Dans le Sud-Ouest, on peut maintenant apprendre le basque à l'école.

4. L'accent du Nord est très célèbre grâce au comédien Dany Boon.

5. Le dialecte corse ressemble beaucoup à l'italien.

PHRASES	DÉCLARATION (.)	INTERROGATION (?)	EXCLAMATION (!)
1.			
2.			
3.			
4.			
5.			

IV. Expansion

1. Les groupes prosodiques

A. Définition

Comme dans toutes les langues, quand on parle, notre énoncé n'est pas prononcé continuellement : on respire et on fait des pauses plus ou moins longues qui aident à faire comprendre le sens de la phrase ou à réfléchir. On regroupe les mots selon leur connexion grammaticale (par exemple : un nom et un adjectif qui le décrit, un verbe et son objet). Ce sont des groupes prosodiques, qui sont plus ou moins longs.

B. La phrase accentuelle

Les petits groupes à l'intérieur d'une phrase, comme un nom et un adjectif, par exemple, s'appellent des **phrases accentuelles**. C'est à l'intérieur de ces phrases que l'accent tonique (voir l'accent de base, plus bas) va être placé en français, il est donc essentiel de savoir les identifier. La frontière des phrases accentuelles est indiquée par le symbole d'une seule barre verticale | .

Exemple :

Le dialecte corse | ressemble | à l'italien.

La phrase ci-dessus est divisée en trois phrases accentuelles, c'est-à-dire trois petits groupes prosodiques. Souvent, comme ici, les phrases accentuelles correspondent aux groupes syntaxiques comme le sujet, le verbe et l'objet.

(*suite*)

C. La phrase intonative

Ensemble, les phrases accentuelles forment des **phrases intonatives**. Les phrases intonatives sont facilement identifiables parce qu'elles sont toujours séparées par des pauses, traduites à l'écrit par la ponctuation (point, virgule, deux points, etc.). Leur frontière est indiquée par le symbole d'une barre verticale double ‖.

Exemples :

Les immigrés | de l'Afrique du Nord | sont surtout arrivés | après la Seconde Guerre mondiale | pour travailler | et subvenir aux besoins | de leur famille. ‖

Les phrases accentuelles varient d'un locuteur à l'autre parce que la vitesse de l'énoncé joue un rôle important. Si on parle plus rapidement, on aura moins de groupes. Par contre, si on parle lentement, on en marquera plus.

Débit normal : *Un nouvel immigré en France | doit apprendre à parler français | pour vivre dans le pays.* ‖

Débit lent : *Un nouvel immigré | en France | doit apprendre | à parler français | pour vivre | dans le pays.* ‖

Lorsqu'on est apprenant de français, on a souvent tendance à parler plus lentement que les natifs. Entrainez-vous à faire des phrases accentuelles un peu plus longues, et donc à en limiter le nombre, afin que le rythme de vos phrases ressemble davantage à celui des natifs.

2. Les intonations

A. Définition

Lors d'un énoncé, une certaine mélodie se fait percevoir avec différentes hauteurs de tons. C'est un peu ce qui fait qu'une langue est considérée comme plus ou moins chantante. Cette **variation dans la mélodie de la phrase** est **l'intonation**.

B. L'intonation qui descend

En français, comme en anglais, l'intonation descend en général sur la dernière syllabe du dernier groupe prosodique de la phrase, c'est-à-dire juste avant une frontière prosodique majeure (phrase intonative) symbolisée par les doubles barres verticales ‖. Dans la ponctuation, la présence d'un point marque cette intonation descendante. Dans la prononciation, cela intervient

(suite)

en général juste avant une pause à la fin d'une phrase. On indique cette descente avec une flèche descendante à la fin du groupe prosodique : ↘. On trouve ce schéma intonatif descendant à la fin :

1. **des phrases déclaratives**

   Les immigrés ont influencé le paysage linguistique de la France. ↘ ‖

2. **des phrases impératives**

   Apprends une autre langue étrangère! ↘ ‖

3. **de la plupart des phrases exclamatives**

   Le Test de connaissance du français est très facile! ↘ ‖

4. **des phrases interrogatives qui commencent par un pronom interrogatif**

   (comme *pourquoi, comment, quand, où*)

   Depuis quand parle-t-on français en France? ↘ ‖

   Pourquoi les dialectes disparaissent-ils? ↘ ‖

   Comment faire pour promouvoir les langues régionales? ↘ ‖

5. **des questions à choix, qui ne sont ni exactement fermées ni ouvertes.**

   Est-ce que les Suisses parlent allemand ou français? ↘ ‖

C. L'intonation qui monte

L'intonation monte plus souvent en français qu'en anglais. On indique cela avec une flèche vers le haut : ↗. Ce schéma intonatif montant se trouve :

1. **à la fin des phrases accentuelles**, c'est-à-dire juste avant une frontière prosodique mineure (phrase accentuelle) symbolisée par une barre verticale simple |

   Je ne sais pas ↗ | *comment dynamiser* ↗ | *les langues régionales.* ↘ ‖

2. **avant des pauses intermédiaires indiquées par des marques de ponctuation**

   Sur le territoire français ↗ ‖, *on trouve des langues qui appartiennent à différentes familles* ↗ ‖ : *les langues celtes* ↗ ‖, *les langues romanes* ↗ ‖ *et les langues germaniques.* ↘ ‖

53

(suite)

3. **à la fin des questions fermées**, aussi appelées questions totales (leur réponse est *oui* ou *non*)

Parles-tu arabe ? ↗ ‖ *Tes parents* ↗ | *sont-ils des immigrés ?* ↗ ‖ *Il parle russe ?* ↗ ‖

4. **dans les phrases inachevées.**

Si j'étais président ↗ | *je...* ↗ ‖

D. L'intonation plate

Il existe aussi une intonation qui ne monte ni ne descend : **l'intonation plate**. On l'utilise comme une parenthèse dans une phrase. Cette intonation est **généralement précédée d'une intonation montante**, qui montre qu'on n'a pas fini sa phrase. On indique cette intonation avec une flèche horizontale **à la fin de la parenthèse** : ⇨

Exemples :

Les immigrés ↗ | *doivent passer le TCF,* ↗ ‖ *le Test de connaissance du français,* ⇨ ‖ *pour pouvoir avoir* ↗ | *leurs papiers* ↗ | *d'immigration.* ↘ ‖

E. Variations

Comme il est souvent expliqué dans ce manuel, il existe toujours **des variations personnelles et stylistiques** par rapport aux règles décrites. Ainsi, selon les locuteurs et les émotions qu'ils souhaitent véhiculer, une phrase exclamative peut avoir une intonation soit montante, soit descendante. Il en est de même avec les phrases intermédiaires marquées par deux points, et aussi les questions qui commencent par des mots interrogatifs.

3. L'accent de base

A. Définition

Un accent, ou plus précisément un **accent tonique**, est l'élévation de la voix sur une syllabe ainsi que son allongement pour la rendre proéminente.

La notion d'accentuation est différente en français et en anglais. En anglais, mais aussi dans les langues romanes (c'est-à-dire issues du latin) autres que le français, les accents ont une place bien déterminée sur les mots : sur les mots plus longs, on trouve plusieurs accents, un accent principal et un ou deux accents secondaires. L'accentuation en anglais ou en espagnol, par exemple, a un rôle phonémique, ce qui veut dire que le sens peut changer selon l'emplacement de l'accent dans le mot. Dans ce cas, les syllabes accentuées sont marquées par l'intensité de la voix (le volume) qui augmente.

Exemples :

'_produce_   pro'_duce_   '_record_   re'_cord_

B. L'accent de base

En français, **l'accentuation tonique de base**, qu'on appelle aussi l'accentuation grammaticale, est plus simple. Son placement se fait au niveau de la phrase accentuelle. Ainsi on ne marque pas d'accent primaire sur chaque mot, mais plutôt sur **la dernière syllabe du dernier mot d'un groupe accentuel**. En outre, en français, l'accent tonique est renforcé par la longueur de la syllabe (et non pas le volume comme en anglais). Ainsi, la syllabe accentuée est toujours un peu plus longue que les autres syllabes.

Exemples (les syllabes accentuées sont soulignées) :

On parle alsa<u>cien</u> | _en Al_<u>sace</u>, ‖ _et pi_<u>card</u> | _en Picar_<u>die</u>. ‖

Les personnes â<u>gées</u> | _parlent souvent le dia_<u>lecte</u>, ‖ _mais pas les en_<u>fants</u>. ‖

4. Les accents secondaires

D'autres accentuations peuvent être ajoutées à l'accent de base pour souligner certains éléments importants d'une phrase ou exprimer des émotions. Notez que dans tous les cas décrits ci-dessous, **l'accent de base reste présent**. Donc la dernière syllabe d'un groupe prosodique est toujours un peu plus proéminente que les autres à cause de sa longueur.

(suite)

A. L'accent secondaire simple

Le français place généralement un **accent secondaire** dans la phrase. Cet accent est facultatif et plus difficile à anticiper car son placement varie fortement d'un locuteur à un autre et selon les émotions. En général, il **tombe sur la première syllabe du premier mot lexical d'une phrase accentuelle** (c'est-à-dire un nom, un adjectif ou un verbe ; pas un article ni une préposition).

Exemples (les accents primaires sont soulignés, les secondaires en gras) :

*On **parle** alsa<u>cien</u> | en Al<u>sace</u>, ‖ et pi<u>card</u> | en **Picar**<u>die</u>. ‖*

*Les **personnes** â<u>gées</u> | **parlent** souvent le dia<u>lecte</u>, ‖ mais pas les en<u>fants</u>. ‖*

B. L'accent secondaire didactique

Il existe une intonation particulière pour les discours politiques, les présentations en public, les journalistes et aussi les profs. Dans ce cas, **l'accent secondaire est très marqué, et le volume de la voix est aussi fort, voire plus, que pour l'accent tonique de base**. On appelle souvent cet accent l'accent didactique parce qu'il est utilisé quand on veut enseigner quelque chose. Il tombe sur la première syllabe des mots principaux qu'on veut accentuer.

Exemple :

***Chers** délé<u>gués</u> | à la **préserva**<u>tion</u> | des **langues** de la **francopho**<u>nie</u>, | je vous re**mer**<u>cie</u> | d'être ve<u>nus</u> | à cette **manifesta**<u>tion</u>. ‖*

C. L'accent secondaire d'émotion

Afin d'exprimer un certain enthousiasme ou pour insister sur un mot qu'on veut mettre en valeur, on peut changer la place de l'accent. Dans ce cas, à la place de l'accent secondaire, on utilise **l'accent d'émotion**. Il faut alors accentuer **la première syllabe qui commence par une consonne** du mot le plus important en adoptant une intonation montante et en augmentant l'intensité de la voix, c'est-à-dire son volume. Grâce à cette accentuation, on peut marquer une opposition, insister sur un fait, ou montrer sa colère ou son bonheur.

Exemples :

*Je veux ab**solu**<u>ment</u> | apprendre le bre<u>ton</u>. ‖ Non, ‖ tu ne l'apprendras | **ja**<u>mais</u> ! ‖*

*Moi, ‖ je ne parle **pas** lor<u>rain</u>, ‖ mais je **parle** alsa<u>cien</u>. ‖*

*Le basque n'appar<u>tient</u> | **vraiment** à au**cune** famille | de langue con<u>nue</u>. ‖*

*Ça a<u>lors</u>, ‖ **vous** n'avez pas **vu** | ce **panneau** en bre<u>ton</u> ? ‖ Vous êtes a**veugle** ? ‖*

56

V. Prononciation

▶ **Exercice H**

Divisez les phrases suivantes en phrases accentuelles et phrases intonatives (plusieurs réponses sont possibles selon la vitesse de votre lecture) et ajoutez des flèches soit montantes, soit descendantes, pour marquer la direction de l'intonation.

1. Dans le Sud de la France, | on parle une langue | appelée l'occitan. ||

2. L'occitan | est en fait | un groupe de langues | plutôt qu'une langue unique. ||

3. Dans le Sud-Ouest | on parle gascon, | et dans le Sud-Est | on parle provençal. ||

4. Aujourd'hui, | personne | ne parle ces langues | comme langues maternelles. ||

5. Beaucoup de gens | pensent qu'il est important | de sauver ces langues. ||

6. Ils envoient souvent | leurs enfants | dans des écoles bilingues. ||

▶ **Exercice I**

Voici un discours sur les langues en France. Divisez-le en phrases accentuelles et phrases intonatives, puis ajoutez des flèches soit montantes, soit descendantes, soit horizontales, pour marquer la direction de l'intonation.

1. Le français | est la langue officielle | de la France. ||

2. Mais n'oublions pas | que l'arabe | est la deuxième langue | la plus parlée. ||

3. Un tiers de la population immigrée | est d'origine maghrébine. ||

4. La Tunisie, | le Maroc et l'Algérie | sont d'anciennes colonies françaises | et ont eu | surtout dans le passé, | un droit privilégié d'immigrer en France. ||

5. Il est tout à fait normal | d'entendre une langue | telle que l'anglais | dans les rues de Paris, | avec la grande quantité de touristes britanniques | ou américains | qui viennent très souvent | pendant l'été. ||

57

▶ Exercice J

Marquez l'accent de base en soulignant les syllabes appropriées dans la liste ci-dessous qui donne le nom de certaines langues menacées d'extinction en France, puis ajoutez-y l'accent d'insistance en entourant les syllabes appropriées pour marquer votre indignation.

1. auvergnat	4. gascon	7. saintongeais
2. bourguignon	5. limousin	8. wallon
3. champenois	6. romani	9. yiddish

▶ Exercice K

En soulignant les syllabes appropriées, marquez l'accent de base des mots dans la liste ci-dessous qui regroupe des langues issues du latin (les langues romanes) parlées en Europe, comme le français. Ensuite, en entourant les syllabes appropriées, ajoutez-y l'accent didactique comme si vous donniez une leçon.

1. espagnol	4. romanche	7. napolitain
2. italien	5. portugais	8. aragonais
3. roumain	6. galicien	9. romanesco

▶ Exercice L

Lisez les phrases suivantes à propos des dialectes en France en marquant les émotions indiquées. Faites attention à la place de l'accent de base et de l'accent d'émotion.

1. Surprise :

   Imagines-tu vraiment qu'en France, il y a encore **treize** autres dialectes régionaux ?

2. Enthousiasme :

   C'est **for**midable qu'on essaye de protéger ces langues !

3. Fierté :

   Nous sommes **honor**és par la **pré**sence du **mi**nistre de l'**é**ducation qui va nous parler des **pro**grammes de **pré**servation **lin**guistique en France.

4. Frustration :

   Je trouve le breton **si** difficile à lire.

5. Déception :

Ce texte, ce n'est pas du **bre**ton, c'est du **gal**lois.

6. Colère :

Ah! J'ai perdu mon album de *Tintin et Milou* en **pi**card! Je le cherche depuis **trois** jours! J'en ai **marre**! J'espère **vrai**ment que mon chien ne l'a **pas** mangé!

VI. Transcription

Exercice M

Les phrases suivantes évoquent le début de l'histoire de la langue française. D'abord, divisez-les en groupes prosodiques. Incluez les frontières prosodiques mineures (|) et les frontières majeures (‖) pour marquer les pauses. Ensuite, transcrivez le dernier mot de chaque groupe.

1. En 58 | avant Jésus-Christ, ‖ Jules César | conquiert la Gaule. ‖

_____

_____

2. Peu à peu, ‖ les langues celtes | disparaissent | du territoire. ‖

_____

_____

3. Entre le premier | et le quatrième siècle, ‖ le latin | se propage. ‖

_____

_____

4. Jusqu'au cinquième siècle, ‖ les Francs, | peuple germanique, ‖ envahissent le Nord de la Gaule. ‖

_____

_____

5. Deux familles de langues/divisent la France :/la langue d'oïl au Nord\(*oïl* veut dire «oui»)/et langue d'oc au Sud/(*oc* signifie aussi «oui»).‖

_____

_____

_____

6. En 842,/les petits-fils/de Charlemagne/signent les Serments de Strasbourg/pour mettre fin/à des disputes.‖

_____

_____

_____

7. C'est le premier document écrit en langue romane,/une langue évoluée du latin sous l'influence des autres langues parlées alentour.‖

_____

_____

_____

_____

8. La langue française est née!‖

_____

_____

Exercice N

La liste ci-dessous donne des langues régionales parlées en France en partant du Nord et en allant vers le Sud. Transcrivez cette liste avec l'Alphabet phonétique international et, dans votre transcription, soulignez la syllabe qui porte l'accent de base.

1. le flamand [lə.fla.mã]

2. le picard [lə.pi.kaʁ]

3. le normand [lə.nɔʁ.mã]

4. le breton [lə.bʁø.tõ]

5. le champenois [lə.ʃã.pø.nwa]

6. le lorrain · [lə.lo.ʁɛ̃]

7. l'alsacien · [al.za.sjɛ̃]

8. l'angevin · [ɑ̃ʒ.vɛ̃]

9. l'orléanais · [ɔʁ.le.a.ne]

10. le franc-comtois · [lə.fʁɑ̃.kõ.twa]

11. le poitevin · [lə.pwat.vɛ̃]

12. le bourbonnais · [lə.buʁ.bɔ.ne]

13. le jurassien · [lə.ʒy.ʁa.sjɛ̃]

14. le limousin · [lə.li.mu.zɛ̃]

15. l'auvergnat · [o.vɛʁ.ɲa]

16. le savoyard · [lə.sa.vwa.jaʁ]

17. le gascon · [lə.ga.skõ]

18. le languedocien · [lə.lɑ̃.gø.do.sjɛ̃]

19. le provençal · [lə.pʁo.vɑ̃.sal]

20. le basque · [lə.bask]

21. le catalan · [lə.ka.ta.lɑ̃]

Exercice O

Lisez le texte sur les nouvelles langues de France. Transcrivez-le en orthographe conventionnelle. Attention à bien marquer la ponctuation par rapport aux indices prosodiques donnés (i.e., accents + intonations). Les accentuations de base sont indiquées par les syllabes soulignées, et les secondaires en gras.

[sa.vje.<u>vu</u> ↗ | kəl.fʁɑ̃se ↗ | e.le.lɑ̃g.ʁe.ʒjo.<u>nal</u> ↗ | nə.sõ.**pa**.le.sœl.lɑ̃g ↗ | paʁ.le. ɑ̃.fʁɑ̃s ↗ ‖ mɛm.si ↗ | sə.lõ.la.**kõ**.sti.ty.sjõ.fʁɑ̃.<u>sez</u> ↗ | la.**lɑ̃g**.də.la.ʁe.py.bli.→kɛ. lə.fʁɑ̃.<u>se</u> ↗ ‖ aʁ.ti.klə.<u>dø</u> ⇒ ‖ õ.<u>tʁuv</u> ↗ | də.**nõ**.bʁø.zo.tʁə.<u>gʁup</u> ↗ | lɛ̃.gɥi.<u>stik</u> ↗ | **ba**.ze.syʁ.lə.tu.<u>ʁism</u> ↗ | e.syʁ.<u>tu</u> ↗ | li.mi.gʁa.<u>sjõ</u> ↗ | də.se.**dɛʁ**.nje.<u>sjɛkl</u> ↘ ‖ lə.tu.<u>ʁism</u> ↗ | a.syʁ.tu.a.pɔʁ.<u>te</u> ↗ | de.**lɑ̃g**.kɔm.lɑ̃.<u>glɛ</u> ↗ ‖ lə.ʒa.po.<u>ne</u> ↗ ‖ e.lal.<u>mɑ̃</u> ↘ ‖ mɛ.il.fo.sa.<u>vwaʁ</u> ↗ | kə.la.**dø**.zjɛm.lɑ̃.→gɑ̃.fʁɑ̃s ↗ | ɛ.la.<u>ʁab</u> ‖ dy.**pʁɛ̃**.si. pal.<u>mɑ̃</u> ↗ | o.tjɛʁ.də.la.po.py.la.<u>sjõ</u> ↗ | i.mi.<u>gʁe</u> ↗ | do.ʁi.<u>ʒin</u> ↗ | ma.gʁe.<u>bin</u> ↘]

_____

_____

_____

_____

_____

▶ **Exercice P**

Voici la suite du texte de l'exercice précédent. Transcrivez ce texte en API en marquant l'accentuation de base (soulignez les syllabes appropriées), et en indiquant les divisions prosodiques mineures et majeures, ainsi que les flèches intonatives. Ensuite, ajoutez l'accentuation d'émotion en soulignant les syllabes en rouge.

En partie à cause de la colonisation, mais aussi par un besoin de main d'œuvre après les guerres, les immigrés ont pu facilement s'implanter en France jusque dans les années 70. Aujourd'hui, les lois sont plus strictes, à cause d'une économie plus instable. D'autres langues répandues parmi les groupes minoritaires issus de l'immigration sont le portugais, l'italien, le roumain et les langues asiatiques, comme le chinois et le vietnamien. Bien que la France se considère comme un pays hospitalier vis-à-vis des immigrés, il est obligatoire de passer un test de compétence linguistique (Test de connaissance du français ou TCF) afin de recevoir l'autorisation de vivre en France à long terme. Ce test est aussi nécessaire pour immigrer au Québec. Mais ne vous inquiétez pas, le test est très facile !

_____

_____

_____

_____

_____

_____

_____

_____

VII. Pour aller plus loin : L'intonation des variétés non standards du français

Les Français considèrent le français méridional, c'est-à-dire parlé dans le Sud de la France, comme étant plus chantant. Cette perception s'explique par la montée de l'intonation sur l'avant-dernière syllabe d'un mot, puis une descente sur la dernière syllabe qui contient souvent un <e> prononcé [ə], censé être muet dans le français standard.

Une autre perception liée à la mélodie de phrase est celle que les Suisses romands, c'est-à-dire les Suisses francophones, parlent lentement. Cela s'explique peut-être par un allongement significatif de la dernière syllabe sur laquelle une intonation complexe composée d'accents montants et descendants est appliquée. Ainsi, dans certaines zones de la Suisse francophone, l'intonation monte dès l'avant-dernière syllabe, et redescend puis remonte encore une fois sur la dernière syllabe.

Prenons comme exemple la phrase «Le paysage linguistique divers de la France constitue une de ses plus belles richesses».

Français standard

[lə.pe.i.zaʒ.lɛ̃.gɥi.<u>stik</u> | di.vɛʁ.də.la.f<u>ʁɑ̃s</u> | k�õ.sti.<u>ty</u> | yn.də.se.ply.b<u>ɛl</u>.ʁi.<u>ʃes</u>]
      ↗   ↗   ↗   ↗   ↘

Français méridional

[lə.pe.i.za.ʒə.lɛ̃.gɥi.<u>sti</u>.kə | di.vɛʁ.də.la.f<u>ʁɑ̃</u>.sə | kõ.sti.<u>ty</u> |
        ↗ ↘   ↗ ↘   ↗

y.nə.də.se.ply.b<u>ɛ</u>.lə.ʁi.<u>ʃɛ</u>.sə]
    ↗   ↘   ↗ ↘

Français suisse

[lə.pe.i.zaʒ.lɛ̃.gɥi.<u>stik</u> | di.vɛʁ.də.la.f<u>ʁɑ̃s</u> | kõ.sti.<u>ty</u> | yn.də.se.ply.b<u>ɛl</u>.ʁi.<u>ʃes</u>]
    ↗ ↘↗   ↗ ↘↗   ↗   ↗ ↘↗

▶ **Exercice Q**

Écoutez la phrase « Il y a 220 millions de locuteurs de français dans le monde » et indiquez s'il s'agit d'un locuteur de Paris, du Sud de la France, ou de la Suisse.

PHRASES	PARIS	SUD	SUISSE
1.			
2.			
3.			

VIII. Récapitulation

▶ **Exercice R**

Écoutez les phrases suivantes plusieurs fois. Elles expliquent brièvement ce qu'est le créole, une langue basée sur le français qui est parlée outre-mer. Faites attention aux accentuations et intonations différentes. Pour chaque phrase, donnez un mot qui contient un accent de base. Donnez aussi un mot qui contient un accent secondaire. Transcrivez ces mots en soulignant la syllabe accentuée. Enfin, indiquez si l'intonation monte ou descend en fin de phrase.

1. Le créole est une langue basée sur le français.

_____

2. Mais c'est une langue à part entière !

_____

3. Elle a ses propres règles d'orthographe et de grammaire.

_____

4. Est-ce que le créole suit les règles du français ?

_____

5. Non, pas forcément !

_____

6. Par exemple, il n'existe pas de lettres muettes dans son orthographe.

_____

7. Et en plus, le féminin et le masculin n'existent pas.

_____

8. Pas de problème pour se souvenir du genre des noms en créole ! Chouette !

_____

PHRASES	ACCENT DE BASE ?	ACCENT SECONDAIRE ?	INTONA-TION ?
1.			
2.			
3.			
4.			
5.			
6.			
7.			
8.			

Exercice S

Répondez aux questions suivantes.

1. Comment marque-t-on l'accentuation des mots en français et en anglais ?
   Donnez deux différences entre l'accentuation en français et en anglais.

_____

_____

_____

_____

_____

_____

_____

2. En français, on peut changer le sens d'un mot en changeant la position de l'accent dans un mot. Vrai ou faux ? Justifiez avec deux exemples.

_____

_____

_____

_____

3. Sur quelle syllabe est-ce que l'accent tonique de base tombe en français ? Que fait un locuteur avec sa voix pour le marquer ?

_____

_____

_____

_____

4. Expliquez l'utilité de l'accent d'émotion. Sur quelle syllabe est-ce que l'accent d'émotion tombe en français ? Donnez des exemples. Faites la même chose avec l'accent didactique.

_____

_____

_____

_____

_____

_____

_____

_____

5. On ne peut avoir qu'un seul type d'accentuation dans une phrase. Vrai ou faux ? Justifiez avec deux exemples.

_____

_____

_____

6. On ne peut avoir qu'une seule syllabe accentuée dans une phrase.
   Vrai ou faux ? Justifiez avec deux exemples.

   _____

   _____

   _____

7. Pourquoi y a-t-il des groupes prosodiques dans les phrases ?

   _____

   _____

   _____

   _____

8. Qu'est-ce qui détermine le nombre de groupes prosodiques dans une phrase ?

   _____

   _____

9. Donnez la définition de l'intonation.

   _____

   _____

   _____

   _____

   _____

10. Combien de schémas d'intonation existe-il en français standard ? Décrivez-
    les et donnez un exemple pour chacun.

   _____

   _____

   _____

   _____

   _____

   _____

Exercice T

Avec ce dernier texte sur les langues en France, ajoutez les groupes prosodiques à l'aide des symboles | et ||, marquez l'accentuation de base en soulignant la syllabe concernée, puis l'intonation avec des flèches montantes ↗, descendantes ↘ ou plates ⇨.

Étiez-vous au courant que le français n'était parlé que par une minorité des Français avant la Première Guerre mondiale ? En fait, le français a eu un parcours assez chaotique. Le premier texte, apparu dans un français très ancien, était les Serments de Strasbourg écrit en 842. Avant ça, le latin vulgaire était vraiment la langue la plus utilisée parmi les centaines de dialectes parlés en France. Entre le Moyen Âge et le dix-septième siècle, la langue française a beaucoup évolué, et aujourd'hui, il est très difficile de comprendre les textes du Moyen Âge. La Révolution française a imposé le français comme langue de la République française (article deux de la Constitution française), toutefois, le français est encore resté longtemps la langue des aristocrates, jusqu'à 1880 quand l'éducation des enfants est devenue obligatoire et le français est devenu la langue de l'instruction. La révolution industrielle et la Première Guerre mondiale ont aussi fortement encouragé l'expansion de cette langue pour des besoins de communication. Aujourd'hui, le français est une langue mondiale, parlée dans plus de 56 pays (membres de la Francophonie) et de nombreuses organisations internationales, telles que l'ONU, les Jeux olympiques et l'Union européenne.

▶ Exercice U

Dans sa nouvelle «La Dernière classe», Alphonse Daudet (1840–97) aborde la perte de l'Alsace qui se voit rattachée à l'Allemagne après la guerre franco-prussienne (1870–71). Il décrit le dernier jour d'instruction en langue française à travers le point de vue d'un jeune écolier. L'extrait suivant commence avec une explication de l'instituteur. Lisez l'extrait entier, et prononcez avec les accentuations et intonations adéquates selon les émotions exprimées.

> «Mes enfants, c'est la dernière fois que je vous fais la classe. L'ordre est venu de Berlin de ne plus enseigner que l'allemand dans les écoles de l'Alsace et de la Lorraine ... Le nouveau maître arrive demain. Aujourd'hui c'est votre dernière leçon de français. Je vous prie d'être bien attentifs.»

> Ces quelques paroles me bouleversèrent. Ah ! les misérables, voilà ce qu'ils avaient affiché à la mairie.

> Ma dernière leçon de français ! ...

> Et moi qui savais à peine écrire ! Je n'apprendrais donc jamais ! Il faudrait donc en rester là ! ... Comme je m'en voulais maintenant du temps perdu, des classes manquées à courir les nids ou à faire des glissades sur la Saar ! Mes

livres que tout à l'heure encore je trouvais si ennuyeux, si lourds à porter, ma grammaire, mon histoire sainte me semblaient à présent de vieux amis qui me feraient beaucoup de peine à quitter. C'est comme M. Hamel. L'idée qu'il allait partir, que je ne le verrais plus me faisait oublier les punitions et les coups de règle.

Pauvre homme ! [...]

«Vos parents n'ont pas assez tenu à vous voir instruits. Ils aimaient mieux vous envoyer travailler à la terre ou aux filatures pour avoir quelques sous de plus. Moi-même n'ai-je rien à me reprocher ? Est-ce que je ne vous ai pas souvent fait arroser mon jardin au lieu de travailler ? Et quand je voulais aller pêcher des truites, est-ce que je me gênais pour vous donner congé ?»

Exercice V

Complétez cette grille à partir du vocabulaire du chapitre.

Horizontalement :
1. Allongement de la syllabe à la fin de chaque phrase ou groupe de mots
6. Deuxième langue de France
7. Nombre de langues régionales officiellement reconnues en France
8. Test de connaissance du français
9. Organisation des Nations Unies

Verticalement :
1. Première langue mondiale, aussi parlée par la majorité des touristes en France
2. Personnage de bande dessinée du temps des romains
3. Pays francophone asiatique
4. Langue trouvée en France et en Espagne, et unique dans sa famille linguistique
5. Langue parlée en Bretagne

IX. Conversation

1. Les langues régionales sont de moins en moins parlées en France et sont par conséquent menacées. Pensez-vous qu'il est nécessaire de protéger ces langues ? À votre avis, que faut-il faire ?

2. Y a-t-il d'autres langues parlées dans votre pays ? Lesquelles ? Comment expliquez-vous la présence de ces langues ?

3. Racontez avec beaucoup d'émotion une anecdote personnelle, ou une histoire tirée d'un roman ou d'un film.

4. [kɛl.sõ.le̯.za.vã.ta.→ʒe.le̯.zɛ̃.kõ.ve.njã.da.vwaʁ.ply.zjœʁ.lãg.dã̯.zɛ̃.mɛm.pe.i ↘]

5. [pã.se.vu.kle̯.zã.fã.də.vʁɛ.o.si.a.pʁã.dʁə.le.lã.→gu.le.dja.lɛkt.də.lœʁ.pa.ʁã ↗]

X. Matériel complémentaire

Chansons

Artistes du Sud de la France

- *Petite Marie* de Francis Cabrel
- *Connais-tu ces mecs* de Massilia Sound System
- *Je danse le mia* de IAM

Artistes bretons

- *Brest* de Miossec (reprise en 2011 par Nolwenn Leroy)
- *La Route vers l'ouest* de Dan Ar Braz
- *Rentrer en Bretagne* de Alan Stivell

Artistes du Nord et de Belgique

- *Mistral gagnant* de Renaud
- *Les Corons* de Pierre Bachelet
- *Mon plat pays* de Jacques Brel

Artistes maghrébins

- *Mon pays* de Faudel

- *Dima* de Zaho
- *Enfants d'Afrique* de Cheb Mami

Films

Films illustrant l'accent du Sud

- *Jean de Florette* (1986) et autres films basés sur l'œuvre de Marcel Pagnol
- *Marius et Jeannette* (1997)

Films illustrant l'accent du Nord

- *Bienvenue chez les Ch'tis* ! (2008)
- *Germinal* (1993)

Films illustrant l'accent maghrébin

- *Le Gône du Chaâba* (1998)
- *Inch'Allah dimanche* (2001)

Films illustrant les variétés francophones

- *La Grande séduction* (Québec, 2003)
- *Bienvenue en Suisse* (Suisse, 2004)
- *Rien à déclarer* (France/Belgique, 2011)

4
Vos profs de fac sont-ils BCBG ou bobo ?

I. Introduction

Dans ce chapitre, nous allons découvrir certains phénomènes du français familier oral, en particulier les abréviations, les sigles et les surnoms. Vous allez ainsi pouvoir vous familiariser avec différents styles de français. Cela vous permettra aussi d'apprendre les détails sur l'articulation des consonnes.

Questions de réflexion

Les syllabes

1. Donnez la définition d'une syllabe ouverte ainsi que des exemples.

2. Donnez la définition d'une syllabe fermée avec des exemples.

3. Quelle est la différence principale entre les consonnes et les voyelles ?

Les abréviations

1. En anglais, utilisez-vous souvent des abréviations ? Donnez des exemples personnels de mots abrégés que vous utilisez.

2. Connaissez-vous des abréviations en français ? Donnez quelques exemples.

II. Compréhension orale

▶ **Exercice A**

Vous allez entendre un texte sur les abréviations et la façon dont on abrège les mots en français. Écoutez-le puis répondez aux questions.

1. Pourquoi et comment abrège-t-on les mots?

Pour aller plus vite
Laisse tomber la fin d'un mot.

2. Que signifie le mot frigo? et le mot véto?

frigidaire, vétérinaire

3. Quelle est la caractéristique de la majorité des abréviations en français?

La majorité se termine dans une consonne

4. Donnez des exemples d'abréviations qui se terminent par une syllabe fermée.

prof, tram, fac

[kɔm.bo.ku.dʒɑ̃ ↗‖ le.fʁɑ̃.sɛ.a.bʁɛʒ.le.mo.pu.→ʁa.le.ply.vit.kɑ̃.til.paʁl ↘‖ pu.→ʁa.bʁe.ʒe.le.mo ↗‖ õ.lɛs.su.vɑ̃.tõ.be.la.fɛ̃.dɛ̃.mo ↘‖ ɑ̃.ʒe.ne.ʁal ↗‖ lə.ʁe. zyl.ta.fi.ni.pa.→ʁyn.si.la.→bu.vɛʁt.kɔm.dɑ̃.le.mo.si.ne ↗‖ puʁ.si.ne.ma ↗‖ ve.to ↗‖ puʁ.ve.te.ʁi.nɛʁ ↗‖ fʁi.go.puʁ.fʁi.ʒi.dɛʁ ↗‖ a.do.pu.→ʁa.do.le.sɑ̃ ↗‖ u.ɑ̃.kɔʁ.la.bo.puʁ.la.bo.ʁa.twaʁ ↘‖ dɑ̃.dot.ka ↗‖ le.mo.a.bʁe.ʒe.fi.nis.pa.→ʁyn. kõ.sɔn ↗‖ e.dõ.→kyn.si.lab.fɛʁ.me ↘‖ sel.ka.dɑ̃.de.mo.kɔm.pʁof ↗‖ puʁ.pʁo. fe.sœʁ ↗‖ tʁam.puʁ.tʁam.we ↗‖ fak.puʁ.fa.kyl.te ↗‖ u.kap.puʁ.ka.pabl ↘]

Comme beaucoup de gens, les Français abrègent les mots pour aller plus vite quand ils parlent. Pour abréger les mots, on laisse souvent tomber la fin d'un mot. En général, le résultat finit par une syllabe ouverte comme dans les mots ciné, pour cinéma, véto, pour vétérinaire, frigo pour frigidaire, ado pour adolescent, ou encore labo pour laboratoire. Dans d'autres cas, les mots abrégés finissent par une consonne et donc une syllabe fermée. C'est le cas dans des mots comme prof, pour professeur, tram pour tramway, fac pour faculté, ou cap pour capable.

▶ Exercice B

Écoutez attentivement les mots suivants du texte et donnez une description de la consonne en caractères gras. En particulier, essayez de décrire la manière avec laquelle les consonnes sont articulées. En d'autres termes, essayez de décrire comment l'air sort de la bouche (de façon continue ou pas) et le type de bruit que ces consonnes produisent (une obstruction, une friction, une explosion, un son nasal, etc.).

1. véto [v] *lèvres, dents, voix*
2. frigo [g] *luette, voix*
3. ciné [s] *langue, dents, non-v*
4. ado [d] *langue, alvéole, voix*
5. labo [l] *langue, alvéole, voix*
6. prof [f] *lèvres, dents, non-v*
7. fac [k] *luette, non-v*
8. tram [m] *nez, voix*

▶ **Exercice C**

Voici maintenant un texte sur les sigles. Écoutez le texte et répondez aux questions suivantes.

1. Quel est le problème des sigles ?

On oublie ce que les initiales représentent.

2. Donnez des exemples de sigles prononcés avec les lettres.

SNCF, UMP, PC, HLM, ONU, SIDA

3. Donnez des exemples de sigles prononcés comme des mots.

OTAN, ONU, SIDA

😃 [le.si.glə.sõ.tʁɛ.fʁe.kã.ã.fʁãs ↗|| si.fʁe.kã.kõ.nu.bli.paʁ.fwa.le.mo.klə.zi.ni.sjal. ʁə.pʁe.zãt ↘|| tu.le.paʁ.ti.po.li.tik.sõ.ko.ny.paʁ.lœʁ.sigl ↗|| kɔm.ly.ɛm.pe ↗|| lə.pe.ɛs ↗|| lə.pe.se ↗|| lə.ɛ.→fɛn ↗|| ɛt.se.te.ʁa ↘|| sɛʁ.tɛ̃.si.glə.sõ.pʁo.nõ. se.a.vɛk.ʃak.lɛ.→tʁɛ̃.di.vi.dɥɛl.mã ↗|| syʁ.tu.sil.sa.ʒi.dyn.sɥit.də.kõ.sɔn ↗|| kɔm. be.se.be.ʒe ↗|| ɛ̃.ɛs.de.ɛf ↗|| u.ɛ̃.a.→ʃe.→lɛm ↘|| dot.sõ.pʁo.nõ.se.kɔm. de.mo.e.nõ.pa.kɔ.→myn.sɥit.də.lɛtʁ ↘|| sel.kad.lo.tã ↗||lo.ny ↗|| el.si.da. ã.→tʁotʁ ↘]

Les sigles sont très fréquents en France, si fréquent qu'on oublie parfois les mots que les initiales représentent. Tous les partis politiques sont connus par leur sigle, comme l'UMP, le PS, le PC, le FN, etc. Certains sigles sont prononcés avec chaque lettre individuellement, surtout s'il s'agit d'une suite de consonnes, comme BCBG, un SDF ou un HLM. D'autres sont prononcés comme des mots et non pas comme une suite de lettres. C'est le cas de l'OTAN, l'ONU, et le SIDA entre autres.

▶ **Exercice D**

Essayez de trouver le lieu d'articulation des consonnes dans les sigles suivants, c'est-à-dire les éléments dans votre bouche qui sont en contact pour la prononciation des consonnes. Utilisez le dessin dans le chapitre 1 pour vous aider si nécessaire. Puis essayez de deviner les mots manquant de chaque sigle.

1. UMP   [m] *voix, nez, lèvres,*

           [p] *non-voix, lèvres,*

           U *non* pour la Majorité Présidentielle

2. PS   [s] *non-voix, dents, p. langue*

           P *artie* Socialiste

3. FN   [f]   *non-voix, lèvres, dents*

       [n]   *voix, p. langue, alvéole, nez*

      Front N   *atronal*

4. SDF [d]   *voix, p. langue, alvéole*

      Sans Domicile F   *ixé*

5. HLM [ʃ]   *non-voix, p. langue, alvéole, dents*

       [l]   *voix, p. langue, alvéole*

    H   *abitation* à Loyer Modéré

6. BCBG [b]   *voix, lèvres*

       [ʒ]   *voix, p. langue, alvéole, dents*

    B   *on*   Chic B   *on*   Genre

▶ Exercice E

Voici un texte vous expliquant comment les Français, surtout les enfants, changent le nom des choses pour montrer leur affection. Écoutez-le puis répondez aux questions.

1. Combien de significations le mot *bobo* a-t-il ? *2*

2. Pourquoi la première signification n'est-elle pas un vrai sigle ? *Ce ne sont pas d'initiales*

3. Donnez les significations de *bobo*. *bourgeois et bohème*

[lə.mo.bo.bo ↗ ‖ ki.stʁuv.dɑ̃l.tit.dəs.ʃa.pitʁ ↗ ‖ a.dø.si.ɲi.fi.ka.sjɔ̃ ↘ ‖ la.pʁə.mjɛ.→ʁe.ɛ̃.fo.siɡl.pɥis.ki.→ly.ti.liz.le.dø.pʁə.mjɛʁ.lɛt.de.dø.mo.kɔ̃.sɛʁ.ne ↗ ‖ e.pa.le.zi.ni.sjal ↘ ‖ se.dø.mo.sɔ̃.buʁ.ʒwa.e.bo.ɛm ↘ ‖ le.bo.bo.sɔ̃.dɔ̃k.de.ʒɑ̃.a.se. ʁiʃ ↗ ‖ ki.ɛm.skɔ̃.pɔʁ.te.kɔm.sil.le.tɛ.pa ↘ ‖ lə.mo.bo.bo.e.o.si.y.ti.li.ze.pu.→ʁɛ̃. di.ke.kɔ̃.se.fɛ.mal ↗ ‖ kɔm.dɑ̃.la.fʁaz ↗ ‖ ʒe.ɛ̃.bo.bo.o.dwa ↘]

Le mot *bobo*, qui se trouve dans le titre de ce chapitre, a deux significations. La première est un faux sigle puisqu'il utilise les deux premières lettres des deux mots concernés, et pas les initiales. Ces deux mots sont *bourgeois* et *bohème*. Les bobos sont donc des gens assez riches qui aiment se comporter comme s'ils l'étaient pas. Le mot *bobo* est aussi utilisé pour indiquer qu'on s'est fait mal, comme dans la phrase *J'ai un bobo au doigt.*

▶ Exercice F

Écoutez attentivement les mots suivants du texte et donnez une description du voisement de la consonne en caractères gras. Pour faire cela, mettez votre pouce et votre index de chaque côté de votre pomme d'Adam. Prononcez les sons suivants et dites si vous sentez des vibrations ou non.

1. **f**aux [f] *pas de voisement*
2. **bourgeois** [ʒ] *voisement*
3. bo**h**ème [m] *voisement*
4. ri**ch**e [ʃ] *pas de voisement*
5. le**tt**re [t] *pas de voisement*
6. com**p**orter [p] *pas de voisement*

III. Discrimination

▶ Exercice G

En attendant le bus, vous entendez un étudiant qui a une conversation téléphonique avec son ami. Écoutez ce qu'il dit en vous concentrant sur la prononciation de la consonne finale du dernier mot. Puis indiquez si vous entendez une obstruction (ou un arrêt), une friction, un son continu ou pas de consonne à la fin de chaque phrase.

		OBSTRUCTION	FRICTION	CONTINU	PAS DE CONSONNE
1.	f		X		
2.	m	X			
3.	y			X	X
4.	t	X			
5.	s		X		

▶ ☺ **Exercice H**

Voici la suite de la conversation, toujours entre les mêmes amis. Cette fois-ci, concentrez-vous sur les consonnes des mots qui manquent dans la phrase et décidez si vous entendez les vibrations des cordes vocales. Attention, il faut se concentrer ici sur les consonnes puisque les voyelles, par définition, ne peuvent pas être prononcées avec une obstruction et ont toujours des vibrations. Enfin, écrivez le mot qui manque.

	VIBRATIONS OU PAS	MOT ENTENDU
1. Il a le goût du …	pas	poisson
2. nous … pas	pas	savons
3. je … manger	ont	vais
4. ils … pas	pas	ont
5. Elle parle tout le temps de son …	pas	coussin

▶ **Exercice I**

Voici maintenant une série de surnoms basés sur des prénoms français. Écoutez les surnoms et essayez de déterminer quelles parties de la bouche sont en contact pendant la prononciation de la consonne initiale des mots. Ensuite, devinez le prénom d'origine.

	LES DEUX LÈVRES	LÈVRES ET DENTS	LANGUE ET DENTS	LANGUE ET PALAIS	PRÉNOM
1. vivi		X			vivienne
2. gigi				X	gianna
3. fifi		X			fiona
4. mimi	X				
5. nono			X		
6. jojo				X	joanna
7. coco				X	
8. toto			X		

77

IV. Expansion

1. La description des consonnes

Nous avons vu, dans le premier chapitre, que la différence principale entre les voyelles et les consonnes est **l'obstruction caractéristique des consonnes**. Cette obstruction va aussi nous permettre de différencier les consonnes du français. Plus particulièrement, nous avons besoin de trois critères pour décrire toutes les consonnes du français :

- Le **type** d'obstruction
- L'**endroit** de l'obstruction
- Le **voisement**, c'est-à-dire la vibration ou non des cordes vocales.

2. Le type d'obstruction

Les linguistes préfèrent utiliser l'expression «**manière d'articulation**». L'ordre de présentation qui suit reflète l'importance de l'obstruction, en commençant par une obstruction totale, dans laquelle l'air ne peut absolument pas passer. Les consonnes articulées ainsi, lorsque l'air ne peut pas passer, s'appellent des **occlusives** parce qu'il y a une occlusion ou un blocage total de l'air. Les occlusives en français sont [p], [t], [k], [b], [d] et [g].

Le deuxième type de consonnes s'appelle les **fricatives**. Elles sont produites avec une très petite ouverture. Ceci laisse passer un peu d'air, mais cela crée aussi une friction qui donne le son caractéristique des fricatives. En français, les fricatives sont [f], [s], [ʃ], [v], [z] et [ʒ].

En troisième, on trouve les consonnes **nasales**, qui sont produites quand l'air s'échappe à la fois par le nez et par la bouche. Ceci est possible uniquement si la luette est basse. Cette position de la luette permet donc à l'air de passer par le nez sans obstruction, alors qu'il y a une obstruction dans la bouche. Les consonnes nasales du français sont [m], [n], [ɲ] et [ŋ].

Pour finir, les consonnes pour lesquelles il y a une ouverture plus grande (c'est-à-dire moins d'obstruction) s'appellent les **liquides**. Ce nom reflète le fait qu'elles coulent dans la bouche comme un liquide, sans aucune friction, de manière fluide. Il existe deux consonnes liquides en français, [l] et [ʁ].

Notez que la première consonne de chacun de ces mots (occlusive, fricative, nasale, liquide) correspond à sa propre catégorie : il est donc facile de se souvenir à quoi ces descriptions correspondent !

▶ **Tableau 4.1**

Récapitulatif de la manière d'articulation des consonnes en français

NOM	TYPE D'OBSTRUCTION	EXEMPLES
Occlusive	Totale	[p t k b d g]
Fricative	Très petite ouverture	[f s ʃ v z ʒ]
Nasale	Totale dans la bouche Aucune dans le nez	[m n ɲ ŋ]
Liquide	Ouverture plus grande	[l ʁ]

3. Le lieu d'articulation

Les linguistes appellent l'endroit de l'obstruction « **lieu d'articulation** ». L'ordre de présentation qui suit reflète la position de l'obstruction, en commençant par l'avant, c'est-à-dire les lèvres, et en allant vers l'arrière de la bouche.

Commençons par les consonnes articulées avec les lèvres. On appelle ces consonnes des consonnes **labiales**. En français, il y a trois consonnes labiales : [p], [b] et [m].

Viennent ensuite les consonnes **labio-dentales** pour lesquelles les dents supérieures touchent la lèvre inférieure. C'est ainsi qu'on prononce les consonnes [f] et [v] en français.

Pour les consonnes **dentales**, la pointe de la langue touche l'arrière des dents supérieures, comme pour les consonnes [t], [d] et [n].

Les consonnes **alvéolaires** sont articulées avec la pointe de la langue contre les alvéoles. Les consonnes alvéolaires en français sont [s], [z] et [l].

Pour les consonnes **palatales**, le dos de la langue est en contact avec le palais dur, comme dans les consonnes [ʃ], [ʒ] et [ɲ].

Encore plus en arrière, on trouve les consonnes **vélaires** pour lesquelles l'arrière de la langue touche le palais mou (ou le voile du palais). En français, les consonnes vélaires sont [k], [g] et [ŋ].

Pour finir, le français a aussi une consonne **uvulaire**, [ʁ] qui est prononcée lorsque l'arrière de la langue entre en contact avec la luette.

Tableau 4.2
Récapitulation du lieu d'articulation des consonnes

NOM	LIEU DE L'OBSTRUCTION	EXEMPLES
Labiale	Les lèvres	[p b m]
Labio-dentale	La lèvre inférieure et les dents supérieures	[f v]
Dentale	La pointe de langue et l'arrière des dents supérieures	[t d n]
Alvéolaire	La pointe de la langue et les alvéoles	[s z l]
Palatale	Le dos de la langue et le palais dur	[ʃ ʒ ɲ]
Vélaire	L'arrière de la langue et le palais mou/ le voile du palais	[k g ŋ]
Uvulaire	L'arrière de la langue et la luette	[ʁ]

4. Comparaison avec l'anglais

Il est important de noter une différence dans le lieu d'articulation des sons [t], [d] et [n] en français et en anglais. Comme nous l'avons vu, en français, ces consonnes sont dentales. Par contre, en anglais, elles sont alvéolaires, c'est-à-dire articulées avec la pointe de la langue contre les alvéoles et non pas les dents comme en français. Les consonnes alvéolaires française [s], [z] et [l] sont elles aussi plus antérieures que leurs équivalents anglais. Vous allez travailler davantage sur cette différence dans les chapitres suivants, car elle contribue à un accent français authentique.

Une autre différence importante entre les deux langues est la prononciation des consonnes finales. En français, quand une consonne finale est prononcée, on ouvre la bouche pour libérer l'obstruction. Par contre, en anglais, on garde l'obstruction. Pour un francophone, si on ne libère pas l'obstruction, on a l'impression qu'il n'y a pas de consonnes finales. Nous verrons plus tard que la prononciation des consonnes finales est très importante pour le sens, par exemple pour marquer la différence entre le masculin et le féminin comme dans *petit* et *petite, étudiant* et *étudiante, grand* et *grande,* et la différence entre le singulier et le pluriel des verbes, comme entre *il part* et *ils partent, elle met* et *elles mettent, il rend* et *ils rendent, elle bat* et *elles battent.* Cette différence donne aussi des mots différents comme *la* et *lac, gare* et *garde* ou encore *lent* et *langue.*

5. Le voisement

Le dernier élément nécessaire pour la description des consonnes est le voisement. Ce mot est utilisé pour décrire ce qui se passe avec les cordes vocales. Lorsque les cordes vocales sont rapprochées et vibrent, les consonnes sont **voisées**. Par contre, lorsque les cordes sont écartées et ne vibrent pas, on produit des consonnes **non voisées**. En français, les consonnes voisées sont [b], [d], [g], [v], [z], [ʒ], [m], [n], [ɲ], [ŋ], [l] et [ʁ]. Les consonnes non voisées sont [p], [t], [k], [f], [s] et [ʃ]. Si vous mettez votre main sur votre gorge quand vous prononcez une consonne et que vous sentez des vibrations, cette consonne est voisée. Quand on chuchote, on dévoise toutes les consonnes et les voyelles : il n'y a plus de vibrations.

▶ **Tableau 4.3**
Récapitulatif du voisement des consonnes en français

NOM	ACTION DES CORDES VOCALES	EXEMPLES
Voisée	Vibration	[b d g v z ʒ m n ɲ ŋ l ʁ]
Non voisée	Absence de vibration	[p t k f s ʃ]

6. L'assimilation

Nous avons vu que chaque consonne est décrite, entre autres, par son voisement. Il existe cependant des cas où le voisement des consonnes change. Ceci arrive lorsqu'une consonne est en contact avec une autre consonne qui n'a pas le même voisement. Ainsi, dans les mots comme *observer*, *absolument* ou encore *subtil*, le son représenté orthographiquement par la lettre <b> est en fait dévoisé sous l'influence de la consonne suivante, qui, elle, est non voisée ([s] et [t], respectivement). La lettre <b> est donc plutôt prononcée comme un [p] dans ces mots. Ce phénomène s'appelle **l'assimilation** car **un son devient plus similaire à un autre**. En d'autres termes, ce son s'assimile à son voisin pour que la combinaison de ces deux sons soit plus facilement articulée. Pour montrer ce dévoisement, on utilise le symbole [̥] sous ou sur la consonne concernée. Cela permet de montrer le son d'origine, mais aussi sa modification.

Exemples :

observer [ɔb̥.sɛʁ.ve], *absolument* [ab̥.so.ly.mã], *subtil* [syb̥.til]

(*suite*)

Dans la langue familière, le pronom *je* est souvent dévoisé par assimilation. En effet, parce qu'on laisse souvent tomber les <e> dans la langue courante, et quand le mot suivant commence par une consonne non voisée, le pronom *je* va se prononcer plutôt comme un [ʃ]. Ainsi *je pense* est prononcé [ʃpɑ̃s], *je ne sais pas* [ʃɛ.pa] (après l'élision de *ne*, normale en français familier) et *je suis* [ʃɥi]. Notez que dans les deux derniers exemples, le son [s] dans l'attaque du verbe disparaît totalement. Il ne reste donc que le lieu d'articulation de [ʒ] et le voisement de [s]. C'est par ces mêmes phénomènes (disparition des <e> + assimilation) que le mot *cheveux*, par exemple, est prononcé [ʃʋø].

Le dévoisement est une forme d'assimilation. Le voisement en est une autre presque aussi fréquente. Dans certains cas où une consonne non voisée est en contact avec une consonne voisée, la consonne non voisée devient voisée. On indique ceci par le symbole [ ] sous ou sur la consonne concernée. C'est le cas des mots en *–isme* dans lesquels le <s> peut être prononcé soit [s] ou [s̬] selon les préférences personnelles : *libéralisme* peut être prononcé [li.be.ʁa.lism] sans assimilation, ou [li.be.ʁa.lis̬m], avec voisement du <s>. La disparition du <e> en français familier joue ici encore un rôle important. Ainsi, *on se voit* se prononce plutôt comme [õs̬.vwa].

V. Prononciation

Exercice J

Voici la liste des consonnes du français organisées par manière d'articulation. Imaginez que chaque liste est un sigle. Inventez le nom du groupe représenté par chaque sigle en donnant les mots qui correspondent à chacune des initiales. Vous pouvez changer l'ordre si vous voulez. Pour vous guider, imaginez que vous devez trouver un sigle amusant pour un groupe musical, un magasin, une marque de vêtements ou une association.

Exemple :

Les quatre nasales : [m], [n], [ɲ], [ŋ] : Nouveau Monde de la Campagne en Camping

1. Les six occlusives : [p], [t], [k], [b], [d], [g]

   Groupe des personnes qui travaillent à Bâle

2. Les six fricatives : [f], [s], [ʃ], [v], [z], [ʒ]

Système français cherchant des juges contre les zones vexés.

3. Les quatre nasales : [m], [n], [ɲ], [ŋ]

Notez que les deux dernières consonnes nasales se trouvent plus fréquemment à la fin d'un mot. Changez donc vos sigles pour les mettre en position finale.

Nouveau Monde de la Campagne en Camping

4. Les deux liquides : [l], [ʁ]

Langue Régionale

Exercice K

Voici maintenant la liste des consonnes organisées par lieu d'articulation et voisement. Créez une phrase courte ou un groupe de mots pour vous aider à mémoriser ces catégories.

Exemple :

Les deux consonnes labio-dentales : [f], [v] : Faire du Vélo

1. Les trois consonnes labiales : [p], [b], [m]

pas de blagues mortelles

2. Les deux consonnes labio-dentales : [f], [v]

Faire la vaisselle

3. Les trois consonnes dentales : [t], [d], [n]

trop de nuages

4. Les trois consonnes alvéolaires : [s], [z], [l]

suivez les zones

5. Les trois consonnes palatales : [ʃ], [ʒ], [ɲ]

je cherche du champagne

6. Les trois consonnes vélaires et la consonne uvulaire : [k], [g], [ŋ], [ʁ]

restez et contez les grands zones de parking

7. Les consonnes non voisées : [p], [t], [k], [f], [s], [ʃ]

s'il te plaît cherche quelqu'un qui te fait le déjeuner

▶ **Exercice L**

Dans les phrases suivantes, trouvez les mots qui contiennent les sons suivants et répétez-les : les occlusives, les fricatives, les nasales, les liquides.

1. Pour abréger les mots, on laisse souvent tomber la fin d'un mot.

   5 occlusives _Pour, abréger, tomber, d'_

   5 fricatives _abréger, laisse, souvent, fin_

   2 nasales _mots, mot_

   5 liquides _Pour, abréger, les, laisse, la_

2. En général, le résultat finit par une syllabe ouverte.

   4 occlusives _résultat, par, syllabe, ouverte_

   5 fricatives _général, résultat, finit, syllabe, ouverte_

   3 nasales _général, finit, une_

   8 liquides _général, le, résultat, par, syllabe, ouverte_

3. Ainsi, on dit ciné pour *cinéma* et véto pour *vétérinaire*.

   3 labiales _pour, cinéma, pour_

   2 labio-dentales _véto, vétérinaire_

   6 dentales _dit, ciné, cinéma, véto, vétérinaire_

   3 alvéolaires _Ainsi, ciné, cinéma_

   3 uvulaires _pour, vétérinaire_

4. Dans d'autres cas, les mots abrégés finissent par une consonne.

   3 labiales _mots, abrégés, par_

   1 labio-dentale _finissent_

   6 dentales _Dans, d'autres, finissent, une, consonne_

   3 alvéolaires _les, finissent, consonne_

   1 palatale _abrégés_

   2 vélaires _cas, consonne_

   3 uvulaires _d'autres, abrégés, par_

5. C'est le cas dans des mots comme prof pour *professeur*.

   9 voisées _le, dans, des, mots, comme, prof, pour, professeur_

   9 non voisées _C'est, cas, comme, prof, pour, professeur_

⏵ **Exercice M**

L'acrostiche est un type de poème dans lequel l'initiale de chaque vers forme une expression. En voici un exemple à lire. Pouvez-vous trouver la réponse à la question du dernier vers ?

Pour apprendre le vrai français

Rapidement

Ou

Facilement

Doit-on aller en France ?   *prof de fac*

En été, de préférence

Faire des études ?

Aller dans le Sud ?

C'est qui la personne qui, le mieux, nous conseillerait ?

⏵ **Exercice N**

Voici des sigles d'organisations réelles et fictives qui illustrent l'assimilation. Avec un partenaire, essayez de prédire si les consonnes soulignées sont des exemples de voisement ou de dévoisement. Écoutez et répétez les mots en faisant attention aux assimilations. Puis décidez si ces organisations existent vraiment.

	VOISEMENT	DÉVOISEMENT	EXISTE ?
1. La Société d'O**bs**truction de la Justice		✗	
2. La Fédération I**sl**amique de Belgique	✗		
3. La Confrérie de la Na**pp**e **B**lanche	✗		
4. Mé**dec**ins Sans Frontières		✗	✗
5. La Société de Sau**vet**age		✗	✗
6. Le Cercle des Ane**cd**otes Rigolotes	✗		
7. Le Groupe des A**bs**ents		✗	

VI. Transcription

Exercice O

Voici une liste des sigles de partis politiques français, transcrits avec l'alphabet phonétique. Il manque une consonne dans chacun de ces sigles, mais elle est décrite dans la deuxième colonne. Donnez le symbole de la consonne correspondant à chacune des descriptions suivantes.

TRANSCRIPTION	CONSONNE	SIGLE
[y.ɛ _m_ .pe]	nasale labiale voisée	UMP
[pe.ɛ _s_]	fricative alvéolaire non voisée	PS
[pe.se. _d_ e]	occlusive dentale voisée	PCD
[ɛ.→ _f_ ɛn]	fricative labio-dentale non voisée	FN
[pe.ɛ _ʁ_ .ʒe]	liquide uvulaire voisée	PRG
[_p_ e.se]	occlusive labiale non voisée	PC
[se.ɛ _n_ i]	nasale dentale voisée	CNI
[ɛl. _ʒ_ e.em]	fricative palatale voisée	LGM

Exercice P

Remplissez le tableau suivant avec la manière d'articulation, le lieu puis le voisement. Puis donnez un mot familier ou une abréviation qui commence par cette consonne.

SONS	MANIÈRE	LIEU	VOISEMENT	MOT
1. [k]				
2. [ʃ]				
3. [l]				
4. [f]				
5. [t]				
6. [ʁ]				
7. [b]				
8. [ɲ]				
9. [m]				

Exercice Q

Écrivez les phrases suivantes sur une chanson de Renaud avec l'alphabet orthographique.

1. [lə.ʃɑ̃.tœʁ.fʁɑ̃.sɛ.ʁə.no.a.ʃɑ̃.te.yn.ʃɑ̃.sõ.syʁ.le.bo.bo.ɑ̃.də.mil.sis ↘]

_____

_____

2. [i.→la.e.kʁi.le.pa.ʁɔl ↗‖ mɛ.kɛl.kɛ̃.do.→tʁa.e.kʁi.la.my.zik ↘]

_____

_____

3. [dɑ̃.sɛt.ʃɑ̃.sõ↗‖ il.fɛ.la.list.de.pɛʁ.sɔn.kil.kõ.si.dɛʁ.kɔm.de.bo.bo ↘]

_____

_____

4. [il.paʁ.→lo.si.de.zak.ti.vi.te.kle.bo.bo.fõ ↗‖ kɔm.mɑ̃.ʒe.dɑ̃.le.ʁɛ.sto.ʁɑ̃.ʒa.po.
nɛ.u.ʁə.gaʁ.de.de.fil.→me.tʁɑ̃.ʒe ↘]

_____

_____

_____

5. [a.la.fɛ̃d.la.ʃɑ̃.sõ ↗‖ ʁə.no.s̬də.mɑ̃d̬.si.→le.lɥi.o.si.ɛ̃.bo.bo ↘]

_____

_____

☺ Exercice R

Écrivez les phrases suivantes sur un groupe de musique avec un nom original en utilisant l'alphabet orthographique.

[vu.ko.ne.sel.gʁup̬.mu.zi.kal.ʃɑ̃.sõ.plys.bi.fly.o.ʁe ↗‖ se.ɛ̃.gʁup.fʁɑ̃.sɛ.y.ni.→ke.
tʁɛ.dʁol ↘‖ dɑ̃.zynd.lœʁ.ʃɑ̃.sõ.ki.sa.pɛl.mwa.la.te.le ↗‖ il.zy.ti.liz.bo.ku.da.
bʁe.vja.sjõ ↘‖ il.diz̬.kil.ʁə.gaʁd.le.fœj.tõ.ʁi.kɛ̃ ↗‖puʁ.di.→ʁa.me.ʁi.kɛ̃ ↘‖
il.paʁl.dy.ʒi.te ↗‖ se.ta.diʁ.lə.ʒuʁ.nal.te.le.vi.ze ↘‖ il.zɛk.splik.kla.te.le ↗‖ sel.
si.ne.tut.la.ne ↘‖ se.puʁ.sa.kil.lɛs.la.te.le.a.ly.me.tut.la.ʒuʁ.ne ↘]

_____

_____

_____

_____

_____

_____

_____

_____

_____

_____

_____

▶ **Exercice S**

Transcrivez le texte suivant basé sur la fin du texte que vous avez entendu dans l'exercice E.

Il existe beaucoup de mots à deux syllabes ouvertes identiques pour décrire les relations familiales : tata est votre tante, tonton votre oncle, pépé votre grand-père et mémé votre grand-mère, et bien entendu vous connaissez tous maman et papa ! Il en va de même pour le mot toutou, désignant un chien, qui peut être considéré comme un membre de la famille. Mais apparemment, les chats ne sont pas considérés de la même façon car leur surnom est minou.

_____

_____

_____

_____

_____

_____

_____

_____

VII. Pour aller plus loin : l'affaiblissement des consonnes

Quand on parle vite, on a parfois tendance à ne pas bien articuler toutes les consonnes. Ce n'est pas la même chose que les abréviations, car on garde le même nombre de syllabes. On articule seulement certaines consonnes de façon plus faible. Ainsi, une occlusive ou une fricative peut devenir une fricative ou une semi-voyelle, comme dans le mot *spaghetti* prononcé comme [spa.je.ti], ou *c'est bien* qu'on prononce parfois [se.vjɛ̃].

Parfois, si cette consonne est déjà suivie par une semi-voyelle ou si elle est suivie par une liquide, elle peut disparaître totalement. Ainsi, on entend *avoir* comme [a.waʁ], *au revoir* comme [o.ʁwaʁ], *devoir* comme [də.waʁ] ou encore *c'est vraiment dur* comme [se.ʁe.mã.dyʁ].

D'un autre côté, dans certains cas, on ajoute un son consonantique à la fin d'un mot qui se termine par une voyelle, surtout la voyelle [i]. Ainsi, on entend assez souvent des gens prononcer *oui* comme [wiç] ou *samedi* comme [sam.diç].

▶ **Exercice T**

Voici une conversation entre deux amies : Karine et Sophie. Karine est formelle et prononce toutes les consonnes clairement ; Sophie, pas du tout et change les consonnes ou les ajoute à la fin des mots. Écoutez les phrases et décidez qui parle à partir de la prononciation du mot de la première colonne.

	KARINE	SOPHIE
1. samedi		
2. oui		
3. avoir		
4. spaghettis		
5. au revoir		

VIII. Récapitulation

Le tableau suivant résume la description des consonnes en regroupant les trois tableaux précédents. Verticalement, on trouve la manière d'articulation, horizontalement, on trouve le lieu d'articulation, et dans chaque case où la distinction est nécessaire, les consonnes non voisées sont données en premier à gauche et les consonnes voisées sont à droite, en second.

▶ **Tableau 4.4**
   Récapitulatif des consonnes en français

	Labiale	Labio-dentale	Dentale	Alvéo-laire	Palatale	Vélaire	Uvu-laire
Occlusive	p b		t d			k g	
Fricative		f v		s z ʃ ʒ			
Nasale	m		n		ɲ	ŋ	
Liquide				l			ʁ

Comme on le voit dans ce tableau, chacune des consonnes a une description particulière et unique. Ceci permet donc de pouvoir définir chaque consonne du français sans aucune confusion.

Exercice U

Répondez aux questions suivantes sur les abréviations, les sigles et les surnoms. Ensuite, pour chacun des mots soulignés, donnez la description des consonnes avec les trois éléments nécessaires : manière, lieu et voisement.

1. Qu'est-ce qu'un dico ?

   _____

   _____

2. À votre avis, comment prononce-t-on le sigle BN ? Que signifie-t-il ? (Indice : On y trouve beaucoup de livres.)

   _____

   _____

   _____

   _____

3. Qu'est-ce qu'un amphi ?

   _____

   _____

4. À votre avis, comment prononce-t-on le sigle SNCF ? Que signifie-t-il ?

   _____

   _____

5. Qu'est-ce que l'apéro ?

_____

_____

6. À votre avis, quelle est le surnom qu'on donne à une nourrice ?

_____

_____

7. À votre avis, comment prononce-t-on le sigle RU ? Que signifie-t-il ?

_____

_____

8. Qu'est-ce que le papier alu ?

_____

_____

9. Devinez comment les enfants adaptent le mot dormir. (Ce mot existe en anglais en Louisiane.)

_____

_____

10. À votre avis, comment prononce-t-on le sigle RER ? Que signifie-t-il ?

_____

_____

11. Qu'est-ce que la sécu ?

_____

_____

12. À votre avis, comment prononce-t-on le sigle BU ? Que signifie-t-il ?

_____

_____

Exercice V

Indiquez si les phrases suivantes sont vraies ou fausses. Si elles sont fausses, corrigez-les.

1. En français, il y a plus de consonnes voisées que de consonnes non voisées.

   ____

2. Les consonnes en français sont les mêmes qu'en anglais.

   ____

   ____

3. Il existe quatre consonnes nasales et trois consonnes liquides en français.

   ____

4. Chaque lieu d'articulation a au moins trois consonnes.

   ____

5. La distinction voisée/non voisée s'applique à l'intérieur de chaque catégorie de consonnes (occlusives, fricatives, nasales et liquides).

   ____

6. En français, il y a le même nombre d'occlusives et de fricatives.

   ____

7. Il existe des fricatives vélaires en français.

   ____

   ____

8. Les cordes vocales peuvent bouger.

   ____

Exercice W

Écrivez les phrases suivantes sur l'élection présidentielle de 2012 et les partis politiques qui y ont participé.

1. [i.→lɛg.zi.stə.ply.dyn.vɛ̃.tɛn.də.paʁ.ti.po.li.ti.→kɑ̃.fʁɑ̃s ↘]

   ____

2. [puʁ.le.lɛk.sjõ.pʁe.zi.dɑ̃.sjɛl.də.dø.mil.duz ↗|| i.lja.vɛ.di.kɑ̃.di.da.o.pʁə.mje.tuʁ ↘]

   ____

3. [õ.kõ.tɛ.bjɛ̃.syʁ.ly.ɛm.pe ⤴‖ lə.pe.ɛs ⤴‖ e.lə.ɛ.→fɛn ⤵]

_____

4. [mɛ.i.lja.vɛ.o.si.de.paʁ.ti.mwɛ̃.ko.ny ⤵]

_____

5. [ɑ̃.paʁ.ti.ky.lje ⤴‖ ɛ̃.kɑ̃.di.da.ʁə.pʁe.zɑ̃.tɛ.də.bu.la.ʁe.py.blik ⤵]

_____

6. [ɛ̃.no.→tʁe.tɛ.kɑ̃.di.da.puʁ.lə.nu.vo.paʁ.ti.ɑ̃.ti.ka.pi.ta.list ⤵]

_____

▶ 😊 Exercice X

Transcrivez le texte suivant sur les mots familiers.

Il existe évidemment une quantité énorme de mots familiers qu'on entend très souvent. En voici quelques-uns. Dans votre sac, aujourd'hui, vous avez certainement des bouquins (ou des livres) et, si vous fumez, des clopes (ou des cigarettes). Si vous comptez retrouver vos potes (ou vos copains ou amis) au café, vous devez avoir des sous (de l'argent). Vous portez des fringues (c'est-à-dire des vêtements) qui sont certainement cool et non pas ringardes (ou démodées).

_____

_____

_____

_____

_____

_____

_____

_____

_____

_____

_____

IX. Conversation

1. Utilisez-vous beaucoup de troncations et d'abréviations quand vous parlez ?
   Pourquoi ou pourquoi pas ?

2. Est-ce que ces formes sont vraiment nécessaires ? À votre avis, pourquoi
   existent-elles ?

3. [y.ti.li.ze.vu.paʁ.fwa.de.mo.ɑ̃.fɑ̃.tɛ̃.lɔʁ.skə.vu.paʁ.le.a.de.za.dylt ↗] [puʁ.kwa ↘] ?

4. [kɛl.sõ.vo.za.bʁe.vja.sjõ.pʁe.fe.ʁe.ɑ̃.fʁɑ̃.sɛ ↘] ? [kɑ̃.a.le.vu.le.zy.ti.li.ze ↘] ?

X. Matériel complémentaire

Chansons

- *Le Zizi* de Pierre Perret
- *Les Bobos* de Renaud
- *Allô maman bobo* d'Alain Souchon
- *Moi la télé* de Chanson plus bifluorée
- *Le Bruit du frigo* de Mano Negra
- *Désolé mémé* des Wriggles
- *Fais dodo* (chanson pour enfant)

Films

- *Ressources humaines* (1999)
- *Le Promeneur du Champ de Mars* (2005)
- *Le Petit Nicolas* (2009)
- *Titeuf* (2010)
- *L'Élève Ducobu* (2011)
- *La Conquête* (2011)

5

Robe longue, cadeaux, champagne et musique : c'est la fête !

I. Introduction

Dans ce chapitre, nous allons explorer les relations des couples en France et les différentes façons de s'unir, de façon légale, religieuse ou autre. Vous apprendrez ainsi les options parmi lesquelles les couples français peuvent choisir. À travers ce thème, nous étudierons les consonnes occlusives.

Questions de réflexion

Les occlusives

1. Quelle est la caractéristique articulatoire d'une consonne occlusive ?

2. Combien de consonnes occlusives y a-t-il en français ?

Le mariage

1. Décrivez le type de personne avec qui vous voudriez passer le reste de votre vie. Quels sont, pour vous, les traits de caractère importants chez l'autre ?

2. Avez-vous déjà pensé à la cérémonie du mariage ? Comment envisagez-vous la cérémonie idéale ?

3. Quelles sont les choses que vous ne voulez absolument pas à votre mariage ?

II. Compréhension orale

▶ **Exercice A**

Vous allez entendre un texte sur la cérémonie du mariage en France et la réception qui la suit. Écoutez attentivement et répondez aux questions de compréhension.

1. Où doit-on se marier officiellement ?

   On doit se marier civilement mais pas ré

2. Combien de cérémonies peut-on avoir ? Où ?

   Deux ; l'une à la mairie et l'autre à l'église

3. Que se passe-t-il après la cérémonie ?

   Une réception d'amuses gueule

4. Qui est invité à la réception ?

   La famille et les amis proches

5. Quel est le dessert traditionnel ? De quoi est-il fait ?

   C'est une pièce montée un cone de choux avec la crème.

▶ **Exercice B**

Maintenant, écoutez la deuxième partie du texte en le lisant et entourez les mots dans lesquels vous entendez les sons [p], [t] et [k]. Répondez ensuite aux questions qui suivent.

1. Quelles sont les deux graphies du texte qui correspondent aux sons suivants ?

   [p] *p*

   [t] *d , t*

   [k] *qu , c*

2. Dans quels mots trouve-t-on un <t> et un <p> dans l'orthographe mais qui ne sont pas prononcés ? Pourquoi ne sont-ils pas prononcés ?

   Les mots "sert" et "trop" parce qu'ils sont à la fin du mot

3. Dans quels mots trouve-t-on un <t> qui est prononcé autrement que [t] ?

   jus de fruit

☺ [a.pʁe.sla ↗‖ i.lja.ʒe.ne.ʁal.mã.ɛ̃.na.pe.ʁi.tif ↗‖ pã.dɑ̃l.kɛ.→lõ.sɛʁ.de.za.myz.
gœ.→le.de.bwa.sõ.al.ko.li.ze.u.de.ʒyd̪.fʁɥi.puʁ.le.zɑ̃.fɑ̃. ↘‖ ɑ̃.sɥit ↗‖ yn.paʁ.ti.
de.zɛ̃.vi.te.dy.ma.ʁjaʒ.va.a.la.ʁe.sɛp.sjõ ↘‖ tu.le.zɛ̃.vi.ten.sõ.dõk.pa.ɛ̃.vi.te.a.sɛt.
ʁe.sɛp.sjõ ↗‖ ki.e.su.vã.ʁe.zɛʁ.ve.a.la.fa.mi.→je.o.za.mi.pʁoʃ ↘‖ se.bo.ku.ply.ze.
ko.no.mik ↘‖ sɛʁ.ten.pɛʁ.sɔn.ki.sõ.ɛ̃.vi.te.a.la.pe.ʁi.tif.pœy.paʁ.fwa.ʁəv.niʁ.puʁ.
lə.de.sɛʁ ↘‖ lə.de.sɛʁ.tʁa.di.sjo.nɛl.pu.→ʁɛ̃.ma.ʁjaʒ.sa.pɛ.→lyn.pjɛs.mõ.te ↗‖
ki.e.ɛ̃.kon.də.ʃu.a.la.kʁem.ku.vɛʁ.də.ka.ʁa.me.→led.dʁa.ʒe ↘‖ se.tʁe.ʁiʃ ↘‖ a.tã.
sjõ.an.pa.tʁo.ã.mã.ʒe ↘]

Après cela, il y a généralement un apéritif, pendant lequel on sert des amuse-
gueules et des boissons alcoolisées ou des jus de fruit pour les enfants. Ensuite, une
partie des invités du mariage va à la réception. Tous les invités ne sont donc pas
invités à cette réception, qui est souvent réservée à la famille et aux amis proches.
Certaines personnes qui sont invitées à l'apéritif peuvent parfois revenir pour le
dessert. Le dessert traditionnel pour un mariage s'appelle une pièce montée, qui est
un cône de choux à la crème couverts de caramel et de dragées. C'est très riche :
attention à ne pas trop en manger !

▶ Exercice C

Voici un texte sur les alternatives au mariage qui existent en France, en particulier
pour les couples homosexuels. Écoutez attentivement et répondez aux questions de
compréhension.

1. Quand l'homosexualité a t-elle cessé d'être interdite ?

   An début du 19ᵉ siècle

2. En quelle année le premier essai de reconnaissance des couples homosexuels
   est-il arrivé ?

   1999

3. Comment s'appelait ce projet ?

   Le pacte de civile

4. A qui s'applique le PACS ?

   Aux couples homosexuels

5. Quand le PACS a t-il été réformé ?

   2006 et 2007

▶ **Exercice D**

Maintenant, écoutez le début du texte de l'exercice précédent en le lisant et entourez les mots dans lesquels vous entendez les sons [b], [d] et [g], puis répondez aux questions suivantes.

1. À quelle(s) graphie(s) les sons suivants correspondent-ils ?

[b] *d*

[d] *d, t*

[g] *g*

2. Dans quels mots trouve-t-on un <g> dans l'orthographe mais qui n'est pas prononcé ? Pourquoi n'est-il pas prononcé ?

vingt

3. Dans quels mots est-ce qu'on trouve un <g> qui est prononcé autrement que [g] ?

législateurs

[dã.le.za.ne.ka.tʁə.vẽ ⟋‖ la.kõ.di.sjõ.de.zo.mo.sɛk.sɥɛl.də.vjẽ.ply.pʁe.zɑ̃t.dã.les. pʁi.de.fʁɑ̃.sɛ.e.dɑ̃.le.me.dja ⟋‖ ɑ̃.paʁ.ti.a.koz.də.le.pi.de.mi.gʁɑ̃.di.sɑ̃t.dy.si.da ⟍‖ lo.mo.sɛk.sɥa.li.te.a.e.te.de.pe.na.li.ze.ɑ̃.fʁɑ̃.→so.de.by.dy.dis.nø.vjɛm.sjɛkl ⟍‖ me.le.le.ʒis.la.tœʁ.nə.sõ.pa.ɑ̃.kɔʁ.pʁe.a.ak.sɛp.te.yn.ʁə.ko.ne.sɑ̃s.le.gal.de. kupl ⟍‖ puʁ.sə.la ⟋‖ il.fo.a.tɑ̃.dʁə.ka.tʁə.vẽ.õ.→ze.lə.kõ.tʁa.dy.njõ.si.vil ⟍]

Dans les années quatre-vingts, la condition des homosexuels devient plus présente dans l'esprit des Français et dans les média, en partie à cause de l'épidémie grandissante du SIDA. L'homosexualité a été dépénalisée en France au début du dix-neuvième siècle. Mais les législateurs ne sont pas encore prêts à accepter une reconnaissance légale des couples. Pour cela, il faut attendre quatre-vingt-onze et le Contrat d'union civile.

III. Discrimination

▶ Exercice E

Pour les étudiants anglophones, il est parfois difficile de distinguer entre les occlusives voisées et les occlusives non voisées. Contrairement à l'anglais, le français n'aspire pas les occlusives non voisées, ce qui peut entraîner une confusion avec les occlusives voisées. Écoutez les phrases suivantes sur le mariage en vous concentrant sur l'occlusive du mot qui manque. Puis encerclez le son que vous entendez.

	OCCLUSIVES NON VOISEES	OCCLUSIVES VOISÉES
1. près d'une …	[p]	[b]
2. La cousine a …	[k]	[g]
3. avec son …	[p]	[b]
4. … a le plus dansé ?	[k]	[g]
5. à cause du … sale	[t]	[d]
6. n'a remarqué la …	[k]	[g]
7. le mouton a trop …	[k]	[g]
8. on … la belle voiture	[t]	[d]

▶ Exercice F

Voyons maintenant si vous arrivez à distinguer les consonnes à la fin des mots. Ceci est important car leur présence indique l'information grammaticale du genre : le masculin si la consonne est muette, le féminin si elle est prononcée. Pour chacun des adjectifs suivants, indiquez s'il décrit l'époux ou l'épouse. Attention, tous les prénoms sont mixtes, par conséquent seul l'adjectif vous aidera à distinguer le masculin du féminin.

DESCRIPTION	L'ÉPOUX	L'ÉPOUSE
1. grand/grande		√
2. souriant/souriante		√
3. gourmand/gourmande		√
4. amusant/amusante	√	
5. allemand/allemande	√	
6. protestant/protestante		√
7. éblouissant/éblouissante	√	
8. émouvant/émouvante	√	

▶ **Exercice G**

Les consonnes finales indiquent aussi la différence entre le singulier et le pluriel des verbes. Écoutez les phrases suivantes et décidez si on parle de François et Sophie (avec une consonne finale prononcée) ou seulement de François (avec une consonne finale muette). Ensuite, écrivez le verbe que vous entendez dans la troisième colonne.

		FRANÇOIS	FRANÇOIS ET SOPHIE	VERBE
1.	Ils partent		✓	partir
2.	Il prétend	✓		prétendre
3.	Il ment	✓		mentir
4.	Ils se rendent		✓	se rendre
5.	Il tombe	✓		tomber
6.	Il sent	✓		sentir
7.	Il rend	✓		rendre

Regardez maintenant la troisième colonne. Qu'y a-t-il dans l'orthographe qui rend les consonnes prononcées dans la deuxième colonne mais muettes dans la première ?

IV. Expansion

1. Les occlusives non voisées

Les sons [p], [t] et [k] sont les occlusives non voisées du français, c'est-à-dire que les cordes vocales ne vibrent pas.

A. Le son [p]

Le son [p] est une consonne occlusive labiale non voisée. Ceci signifie qu'il y a une obstruction complète de l'air au niveau des lèvres.

(suite)

B. Le son [t]

Le son [t] est une consonne occlusive dentale non voisée. Il y a donc une obstruction totale de l'air car la pointe de la langue est en contact avec l'arrière des dents supérieures. Faites attention à ce lieu d'articulation : le [t] français est dental alors que le [t] anglais est alvéolaire. Pensez donc à bien positionner la pointe de votre langue : en français, la langue doit toucher les dents et non pas les alvéoles comme en anglais.

C. Le son [k]

Le son [k] est une consonne occlusive vélaire non voisée. Pour cette consonne, l'obstruction se fait par un contact entre l'arrière de la langue et le palais mou.

2. La non-aspiration des occlusives

En anglais, les occlusives non voisées sont aspirées quand elles sont au début d'un mot ou d'une syllabe accentuée. Ceci signifie qu'on entend une petite explosion d'air avec la consonne. Mais ce n'est pas le cas en français. Il faut donc faire attention à ne pas aspirer ces consonnes. Pour cela, il faut essayer de produire une occlusion un peu plus courte pour empêcher que la pression s'accumule derrière l'obstruction, et donc pour ne pas avoir cette explosion. Comparez [p] dans les mots anglais *pin* et *spin*. Le premier est beaucoup plus aspiré que le second. Le [p] français se rapproche du [p] anglais dans *spin*. De même, un [k] français, comme dans *quitter*, ressemble plus au [k] dans le mot anglais *skin* qu'à celui dans le mot *kin*.

Le son [p] et la graphie

GRAPHIE	EXEMPLES
<p>	*plusieurs* [ply.zjœʁ], *option* [ɔp.sjõ], *pour* [puʁ], *couple* [kupl]
<pp>	*appelle* [a.pɛl], *nappe* [nap], *apporter* [a.pɔʁ.te]

⚠ **Attention :**

- Le <p> n'est pas prononcé dans les mots *compter* [kõ.te], *baptême* [ba.tɛm], *sculpter* [skyl.te] et leurs dérivés.

- La graphie <ph> correspond à [f] comme dans *pharmacie* [faʁ.ma.si], *photographie* [fo.to.gʁa.fi], *phonétique* [fo.ne.tik], etc.

Le son [t] et la graphie

GRAPHIE	EXEMPLES
<t>	*entendu* [ã.tã.dy], *contrat* [kõ.tʁa], *tradition* [tʁa.di.sjõ], *apéritif* [a.pe.ʁi.tif]
<tt>	*cette* [sɛt], *patte* [pat], *botte* [bɔt]
<th>	*Thomas* [to.ma], *Arthur* [aʁ.tyʁ], *théâtre* [te.atʁ], *thon* [tõ]

⚠ **Attention :**

- Le <t> n'est pas prononcé dans *Montréal* [mõ.ʁe.al]

- Le <th> n'est pas prononcé dans *asthme* [asm]

- La graphie <tion> correspond à [sjõ] comme dans *action* [ak.sjõ], *notion* [no.sjõ], *correction* [ko.ʁɛk.sjõ], *émotion* [e.mo.sjõ], etc. SAUF quand le son [s] précède <tion> : il reste [tjõ] comme dans *question* [kɛs.tjõ], *suggestion* [syg.ʒɛs.tjõ].

Le son [k] et la graphie

GRAPHIE	EXEMPLES
<qu>	*que* [kə], *qui* [ki], *quoi* [kwa], *quatre* [katʁ], *lequel* [lə.kɛl]
<c> + consonne	*crème* [kʁɛm], *clarifier* [kla.ʁi.fje], *facteur* [fak.tœʁ], *action* [ak.sjõ]
<c> + <a, o, u>	*couple* [kupl], *comme* [kɔm], *caramel* [ka.ʁa.mɛl], *culture* [kyl.tyʁ]

(*suite*)

⚠ **Attention** : Quand <c> est suivi de <e>, <i> ou <y>, il se prononce [s], comme dans *ceci* [sə.si], *officiel* [o.fi.sjɛl], *cérémonie* [se.ʁe.mo.ni], *civile* [si.vil], *cygne* [siɲ].

<k>	*kilo* [ki.lo], *képi* [ke.pi], *kaki* [ka.ki], *tank* [tɑ̃k]
<q>	*cinq* [sɛ̃k], *Iraq* [i.ʁak]
<ch>	*archaïque* [aʁ.ka.ik] *chronologie* [kʁo.no.lo.ʒi] *psychiatrie* [psi.kja.tʁi] *archéologie* [aʁ.ke.o.lo.ʒi] *chrysanthème* [kʁi.zɑ̃.tɛm] *schizophrénie* [ski.zo.fʁe.ni] *chaos* [ka.o] *dichotomie* [di.ko.to.mi] *technique* [tɛk.nik] *chianti* [kjɑ̃.ti] *écho* [e.ko] *Jésus-Christ* [ʒe.zy.kʁi] *chœur/choral(e)* [kœʁ]/[ko.ʁal] *orchestre* [ɔʁ.kɛstʁ] *Zurich* [zy.ʁik] *cholestérol* [ko.lɛ.ste.ʁɔl] *psychologie* [psi.ko.lo.ʒi]

⚠ **Attention :**

• Pour les mots contenant <cc>, on prononce deux consonnes : [ks] comme dans *accepter* [ak.sɛp.te] et les mots dérivés, *accès* [ak.sɛ], etc.

• La lettre <x> se prononce [ks] dans les cas suivants :
  – si <x> est suivi par une consonne : *excuse* [ɛk.skyz], *extrême* [ɛk.stʁɛm], *expliquer* [ɛk.spli.ke], *exception* [ɛk.sɛp.sjõ]
  – si <x> est précédé par une voyelle autre que <e> : *axe* [aks], *oxyde* [ɔk.sid], *oxygène* [ɔk.si.ʒɛn], *taxi* [tak.si], *luxe* [lyks], *fixer* [fik.se], *saxophone* [sak.so.fɔn]
  – si le <x> est en position finale ou suivi par un e-muet : *index* [ɛ̃.dɛks], *sexe* [sɛks], *annexe* [a.nɛks] et leurs dérivés
  – dans les mots *Alexandre* [a.lɛk.sɑ̃dʁ], *lexique* [lɛk.sik], *Mexique* [mɛk.sik], *flexible* [flɛk.sibl], *Texas* [tɛk.sas] et les mots en -*xion* comme *réflexion* [ʁe.flɛk.sjõ], *connexion* [ko.nɛk.sjõ].

• Les lettres <ch> correspondent le plus souvent à [ʃ] comme dans *chien, chat, enchanté*, etc.

3. Les occlusives voisées

A. Le son [b]

Le son [b] est une consonne occlusive labiale voisée. Ceci signifie qu'il y a une obstruction complète de l'air au niveau des lèvres et que les cordes vocales vibrent.

B. Le son [d]

Le son [d] est une consonne occlusive dentale voisée. Il y a donc une obstruction totale de l'air car la pointe de la langue est en contact avec l'arrière des dents supérieures. Faites attention à ce lieu d'articulation : comme le [t], le [d] français est dental alors que le [d] anglais est alvéolaire. Pensez à bien positionner la pointe de votre langue : en français, le bout de la langue doit toucher les dents et non pas les alvéoles comme en anglais.

C. Le son [g]

Le son [g] est une consonne occlusive vélaire voisée. Pour cette consonne, l'obstruction se fait par un contact entre l'arrière de la langue et le palais mou.

Le son [b] et la graphie

GRAPHIE	EXEMPLES
<b>	*beaucoup* [bo.ku], *nombreux* [nõ.bʁø], *ambigu* [ã.bi.gy]
<bb>	*abbé* [a.be], *abbaye* [a.be.i], *sabbatique* [sa.ba.tik]

Le son [d] et la graphie

GRAPHIE	EXEMPLES
<d>	*condition* [kõ.di.sjõ], *des* [de], *devient* [də.vjɛ̃], *média* [me.dja]
<dd>	*addition* [a.di.sjõ]

Le son [g] et la graphie

GRAPHIE	EXEMPLES
<g> + consonne	*grandissant* [gʁã.di.sã], *malgré* [mal.gʁe], *anglais* [ã.glɛ], *globe* [glɔb]
<g> + <a>, <o> ou <u>	*légal* [le.gal], *également* [e.gal.mã], *ambigu* [ã.bi.gy], *goût* [gu]
⚠ **Attention** : Quand <g> est suivi de <e>, <i> ou <y>, il se prononce [ʒ], comme dans *large* [laʁʒ], *législateur* [le.ʒi.sla.tœʁ], *jugé* [ʒy.ʒe], *Egypte* [e.ʒipt].	
<gu> + <e>, <i> ou <y>	*longue* [lõg], *guerre* [gɛʁ], *guitare* [gi.taʁ], *Guy* [gi]
<c>	dans le mot *second* [sə.gõ] et les mots dérivés

⚠ **Attention :**

• La lettre <x> se prononce [gz] :

  – en position initiale : *xénophobe* [gze.no.fɔb], *xylophone* [gzi.lo.fɔn], *Xavier* [gza.vje]

  – si <x> est précédé par un <e> et suivi par une voyelle : *examen* [ɛg.za.mɛ̃], *exact* [ɛg.zakt], *exercice* [ɛg.zɛʁ.sis], *exemple* [ɛg.zãpl], *exiger* [ɛg.zi.ʒe], etc.

  – Exceptions : *Alexandre* [a.lɛk.sãdʁ], *lexique* [lɛk.sik], *Mexique* [mɛk.sik], *Texas* [tɛk.sas] et les mots en *-xion* comme *réflexion* [ʁe.flɛk.sjõ], *connexion* [ko.nɛk.sjõ] et leurs dérivés.

• Pour les mots contenant <gg>, on prononce deux consonnes : [gʒ] comme dans *suggérer* [syg.ʒe.ʁe] et les mots dérivés.

• Les lettres <gn> correspondent souvent à [ɲ] comme dans *montagne* [mõ.taɲ], et les lettres <ng> correspondent à [ŋ] dans les mots d'origine anglaise en *-ing* : *parking* [paʁ.kiŋ].

4. Les consonnes finales

A. Les consonnes finales généralement prononcées

La plupart des consonnes du français ne se prononcent pas lorsqu'elles sont en position finale, c'est-à-dire lorsqu'elles sont la dernière lettre d'un mot. Par exemple, dans le mot *mot*, le <t> final n'est pas prononcé. Cependant, certaines consonnes sont parfois prononcées dans cette situation : les consonnes <c>, <r>, <f> et <l> comme dans *lac* [lak], *car* [kaʁ], *neuf* [nœf] et *seul* [sœl]. Dans tous les chapitres sur les consonnes, nous aurons une section sur les consonnes finales. Faites attention à bien mémoriser les exemples et les exceptions ! Pour vous aider, pensez que les consonnes qui se prononcent souvent sont celles qu'on trouve dans le mot anglais *careful*. En effet, il faut toujours faire attention aux consonnes finales en français car il y a beaucoup d'exceptions.

B. L'influence du <e> final

Lorsqu'une consonne est suivie par un <e> final non prononcé (dont vous verrez les détails plus tard), elle se prononce toujours. Cela sert, entre autres choses, à distinguer le masculin du féminin.

Exemples :

grand [gʁɑ̃], *grande* [gʁɑ̃d], *petit* [pə.ti], *petite* [pə.tit], *étudiant* [e.ty.djɑ̃], *étudiante* [e.ty.djɑ̃t]

C. L'importance des consonnes finales

La prononciation des consonnes finales a une très grande importance pour comprendre le sens d'une phrase. Par exemple, on distingue souvent le masculin du féminin par l'absence ou la présence d'une consonne finale.

L'importance de la consonne finale se voit aussi dans la conjugaison des verbes, soit entre le singulier et le pluriel, soit entre l'indicatif et le subjonctif.

Exemples :

- *il attend* [a.tɑ̃] vs. *ils attendent* [a.tɑ̃d] vs. *il faut qu'il attende* [a.tɑ̃d]
- *il part* [paʁ] vs. *ils partent* [paʁt] vs. *il faut qu'il parte* [paʁt]
- *il finit* [fi.ni] vs. *ils finissent* [fi.nis] vs. *il faut qu'il finisse* [fi.nis]

Il faut donc faire très attention à bien articuler les consonnes finales prononcées. Des problèmes de compréhension peuvent facilement arriver si on ne prononce pas pleinement ces consonnes.

Notez que les consonnes finales sont présentées dans un cadre avec des pointillés.

Le \<p\> en position finale

GRAPHIE	EXEMPLES	EXCEPTIONS
Le \<p\> ne se prononce pas	*trop* [tʁo], *coup* [ku], *loup* [lu]	*cap* [kap], *cep* [sɛp], *stop* [stɔp], *handicap* [ã.di.kap]

Le \<t\> en position finale

GRAPHIE	EXEMPLES	EXCEPTIONS	
Le \<t\> ne se prononce pas.	*parent* [pa.ʁã], *enfant* [ã.fã], *sont* [sõ], *ont* [õ], *sait* [sɛ]	*août* [ut] *brut* [bʁyt] *but* [byt] *chut* [ʃyt] *est* [ɛst] *ouest* [wɛst] *déficit* [de.fi.sit]	*huit* [ɥit] *mat* [mat] *net* [nɛt] *sept* [sɛt] *transit* [tʁã.zit] *zut* [zyt]

⚠ **Attention** : Le nom *le fait* peut se prononcer [fɛ] ou [fɛt].

	Dans les mots : *aspect* [a.spɛ] *distinct* [di.stɛ̃] *respect* [ʁɛ.spɛ] *suspect* [sy.spɛ]	Dans les mots qui finissent par \<ct\>, les sons [kt] sont prononcés dans les mots.
		abject [ab.ʒɛkt] *impact* [ɛ̃.pakt] *contact* [kõ.takt] *infect* [ɛ̃.fɛkt] *direct* [di.ʁɛkt] *strict* [stʁikt] *district* [di.stʁikt] *tact* [takt] *exact* [ɛg.zakt]
		Le \<t\> est aussi prononcé dans les mots *abrupt* [a.bʁypt], *concept* [kõ.sɛpt] et *script* [skʁipt].

Le <c> en position finale

GRAPHIE	EXEMPLES	EXCEPTIONS
Le <c> est prononcé en position finale.	*sac* [sak], *duc* [dyk], *lac* [lak], *bic* [bik], *échec* [e.ʃɛk]	*caoutchouc* [ka.u.tʃu] *clerc* [klɛʁ], *estomac* [ɛ.sto.ma] *porc* [pɔʁ], *tabac* [ta.ba]
	On prononce le <c> dans le mot *donc* : *Je pense, donc [dõk] je suis.*	Il n'est pas prononcé dans les mots qui finissent par une voyelle nasale et <c> : *blanc* [blã], *franc* [fʁã], *tronc* [tʁõ].

Le <b> en position finale

GRAPHIE	EXEMPLE	EXCEPTIONS
Le <b> ne se prononce pas.	*plomb* [plõ]	Les mots d'origine étrangère comme *baobab* [ba.o.bab], *club* [klœb], *toubib* [tu.bib], *snob* [snɔb], *web* [wɛb], *pub* [pyb]

Le <d> en position finale

GRAPHIE	EXEMPLES	EXCEPTIONS
Le <d> ne se prononce pas.	*nord* [nɔʁ], *chaud* [ʃo], *tard* [taʁ]	*sud* [syd]

Le <g> en position finale

GRAPHIE	EXEMPLES	EXCEPTIONS
Le <g> ne se prononce pas.	*long* [lõ], *sang* [sã], *Strasbourg* [stʁaṣ.buʁ], *Edimbourg* [e.dẽ.buʁ]	Les mots d'origine étrangère comme *gag* [gag], *gang* [gãg], *tag* [tag], *tongs* [tõg], *bug* [bœg]

V. Prononciation

▶ Exercice H

Dans chacun des mots soulignés, identifiez les occlusives non voisées. Puis, répétez ces mots soulignés en contrastant ces occlusives en anglais et en français. Faites attention à ne pas aspirer les occlusives des mots français. Après avoir bien répété les mots, répétez les phrases.

1. The ceremony broke a <u>record</u>: it lasted only three minutes.   Une cérémonie de trois minutes, c'est un <u>record</u>.

2. Let's hope the marriage doesn't <u>imitate</u> the ceremony.   Espérons que le mariage n'<u>imite</u> pas la cérémonie.

3. They threw <u>peas</u> after the ceremony.   Après la cérémonie, ils ont lancé des <u>petits pois</u>.

4. The guests arrived at the reception in <u>cars</u>.   Les invités sont venus à la réception en <u>carrosses</u>.

5. The pink roses were arranged in white <u>pots</u>.   Les roses roses étaient mises dans des <u>pots</u> blancs.

6. The bride and groom wore <u>crowns</u>!   Les mariés portaient des <u>couronnes</u> !

7. At the end of the meal, the cake just <u>appeared</u>.   À la fin du repas, la pièce montée est <u>apparue</u>.

8. It was decorated with <u>pears</u>.   Elle était décorée avec des <u>poires</u>.

▶ Exercice I

Répétez les mots soulignés en contrastant le lieu d'articulation du [t] et du [d] en anglais et en français. Pour les mots en français, faites attention à mettre votre langue contre les dents et non pas les alvéoles. Faites aussi attention à ne pas aspirer les [t]. Enfin, répétez les phrases.

1. They <u>decided</u> to serve <u>tea</u> at the reception.   Ils ont <u>décidé</u> de servir du <u>thé</u> à la réception.

2. <u>Adults</u> prefer wine with <u>dinner</u>.   Les <u>adultes</u> préfèrent du vin avec le <u>dîner</u>.

3. Their wedding cake weighs a <u>ton</u>.   Leur pièce montée pèse une <u>tonne</u>.

4. The groom's cake is a <u>tart</u>.   Le gâteau du marié est une <u>tarte</u>.

5. Everything was decorated with <u>attention</u>.   Tout était décoré avec <u>attention</u>.

6. The bride's dress was an unusual underline{taupe} color.

La robe de la mariée était de couleur underline{taupe}.

7. She added a nice underline{cadet}-blue belt.

Elle a ajouté une jolie ceinture bleu underline{cadet}.

8. The bride's bouquet had underline{tulips}.

Le bouquet de la mariée avait des underline{tulipes}.

▶ **Exercice J**

Pendant les mariages, on s'amuse en dansant, mais aussi avec des jeux que le DJ organise, comme les virelangues. Répétez les trois virelangues suivants.

Les papous

Chez les papous, y a des papous à poux°, et des papous pas à poux … Mais chez les papous, y a des papous papas et des papous pas papas … Donc chez les papous, y a des papous papas à poux, des papous papas pas à poux … des papous pas papas à poux et des papous pas papas pas à poux … Mais chez les poux, y a des poux papas et des poux pas papas … Donc chez les papous, y a des papous papas à poux papas, des papous papas à poux pas papas, des papous pas papas à poux papas et des papous pas papas à poux pas papas.

poux = lice

La toux de la tortue

— Tati, ton thé t'a-t-il ôté ta toux° ? disait la petite tortue° à sa tante Thérèse.

— Pas du tout, dit tati Thérèse, je tousse° tellement qu'on m'entend de Tahiti à Tombouctou.

— Tonton t'a-t-il acheté des pastilles° pour la toux ? a demandé la petite tortue.

— Il va le faire tout à l'heure. Maintenant, il est au travail.

toux = cough, tortue = turtle, tousser = to cough, pastilles = cough drops

Katie et le carrosse

Katie a quitté la campagne avec un carrosse° carré qui comptait quatre cotés. Le carrosse de Katie était connu dans toute la campagne pour ses décorations colorées. Elle ne pouvait donc pas passer incognito ou même discrètement sur aucune route de campagne. Mais pour quitter sa campagne, Katie a décidé de s'éclipser° au crépuscule°, quand on ne voit pas clairement les couleurs.

carrosse = horse-drawn carriage, s'éclipser = to disappear, crépuscule = dusk

▶ Exercice K

Les phrases suivantes soulignent l'importance des consonnes finales. Répétez les paires de mots soulignés en faisant attention à bien prononcer les consonnes finales de la deuxième colonne. Comme toujours, faites attention à ne pas aspirer les occlusives non voisées et à prononcer [t] et [d] avec une articulation dentale. Puis, répétez les phrases.

1. Le mariage était <u>parfait</u>.　　　　La cérémonie était <u>parfaite</u>.

2. Le témoin est <u>blond</u>.　　　　　　La demoiselle d'honneur est <u>blonde</u>.

3. Il porte un costume <u>vert</u> comme une olive.　　Elle porte une robe <u>verte</u> comme une olive.

4. Son pantalon est trop <u>court</u>.　　　Sa veste est trop <u>courte</u>.

5. Ses cheveux sont trop <u>longs</u>.　　　Sa robe est trop <u>longue</u>.

6. Il porte un nœud papillon <u>violet</u>.　Elle porte une ceinture <u>violette</u>.

7. Heureusement, le marié est plus <u>élégant</u>.　La mariée est elle aussi très <u>élégante</u>.

VI. Transcription

Exercice L

Pour annoncer son mariage, on envoie un faire-part. Voici deux exemples qui reflètent différents styles. Transcrivez les mots soulignés.

<u>Traditionnel</u>

M. et Mme <u>Pierre Dupont</u>　　　　M. et Mme <u>Claude Martin</u>
sont heureux de vous annoncer le mariage de leurs enfants

<u>Odette</u> et <u>Mathieu</u>
le 8 novembre 200<u>8</u>
à la mairie de <u>Toulouse</u>

[tʁa.di.sjɔ.nɛl]　　[pjɛʁ.dy.põ]
[klɔd.maʁ.tɛ̃]　[ɔ.dɛt]　[ma.tjø]
[tu.luz]　　[ɥit]

Moderne

Claire et Alexandre

ont la joie de vous annoncer leur mariage.

Avec leurs grands-parents et parents,

ils vous prient d'assister à la bénédiction nuptiale qui sera célébrée

le 10 août 2010

à l'église Sainte-Catherine à Strasbourg

[mo.dɛʁn] [klɛʁ] [a.lɛk.sɑ̃dʁ]

[gʁɑ̃.pa.ʁɑ̃] [pʁi] [be.ne.dik.sjɔ̃]

[nyp.sjal] [ut] [le.gliz]

[sɛ̃t.ka.tʁin] [stʁas.buʁ]

Exercice M

Lisez et transcrivez les phrases suivantes.

1. Traditionnellement, la mariée porte du blanc.

   [tʁa.di.sjo.nɛl.mɑ̃ || la. ma.ʁi.e. pɔʁt. dy. blɑ̃]

2. Certaines préfèrent une couleur plus intéressante, comme le turquoise.

   [sɛʁ.tɛn. pre.fɛʁ.yn. culœʁ. ply. zin. te.rɛ. sɑ̃t ||
   kɔm. lə. tyʁ.kwaz]

3. L'apéritif est un moment relaxant pour tout le monde.

   [la.pe.ri.tif.e. tœ̃.mo.mɑ̃.ʁø.lak.sɑ̃.puʁ.tu.lə.mɔ̃d]

4. Les enfants peuvent courir partout car il est souvent à l'extérieur.

   [le. zɑ̃.fɑ̃. pœv. ku.ʁiʁ. paʁ.tu. kaʁ.il.e.su.vɑ̃.ta.
   lɛk.stɛʁ.jœʁ]

5. Les adultes apprécient un verre d'alcool après la cérémonie.

   [le.zə.dylt.zə.pʁe.si.œ̃.vɛʁ.dal.kɔl.a.prɛ.la.se.ʁe.mo.ni]

6. Et bien sûr tout le monde parle de la tenue des invités.

   [e.bjɛ̃.syʁ.tu.lə.mɔ̃d.paʁl.də.la.tø.ny.de.zɛ̃.vi.te]

Exercice N

Lisez le texte sur l'union en France. Puis transcrivez-le en orthographe convention-nelle.

[ɑ̃.fʁɑ̃s ↗|| i.→lɛg.zi.stə.ply.zjœʁ.zɔp.sjõ.puʁ.sy.ni.→ʁɑ̃.kupl ↘|| kɔm.dɑ̃.bo.ku. do.tʁə.pe.i ↗|| õ.pø.sə.ma.ʁje ↘|| lə.ma.ʁja.→ʒe.ɛ̃.kõ.tʁa.le.ga.→le.si.vil ↘|| sə.si. si.ɲi.fi.kə.lə.ma.ʁjaʒ.ʁə.li.ʒjø.na.o.kyn.va.lœ.→ʁo.fi.sjɛl ↘|| puʁ.sə.ma.ʁje.o.fi. sjɛl.mɑ̃ ↗|| il.fo.lə.fɛ.→ʁa.la.me.ʁi ↘|| la.ply.paʁ.de.ku.plə.sɥiv.la.tʁa.di.sjõ.e.õ. yn.se.ʁe.mo.ni.ʁə.li.ʒjø.→za.pʁɛ.sɛt.se.ʁe.mo.ni.si.vil ↘]

En France, il existe plusieures option pour s'unir
en couple. Comme dans beaucoup d'autres pays,
on peut se marier. Le mariage est un contrat
légal civil. Ceci signifie que le mariage
religieux n'a aucune valeur officielle. Pour se
marier officiellement, il faut le faire à la mairie.
La plupart de couples suivent la tradition et
ont une cérémonie religieuse après cette cérémonie
civile.

▶ **Exercice O**

Ce texte est la fin du texte précédent. Transcrivez-le en phonétique. N'oubliez pas d'indiquer les groupes rythmiques principaux avec la double barre verticale.

Le premier projet de loi sur l'alternative au mariage a eu beaucoup de soutien. Mais il n'a pas été accepté malgré une longue discussion des députés. Par contre, deux de ses articles ont été inclus dans un autre projet de loi plus large et accepté en 1992. Après de nombreuses propositions comme le Contrat de vie sociale, le Contrat d'union sociale, le Pacte d'intérêt commun, l'Assemblée nationale a adopté le Pacte civil de solidarité, appelé PACS, en 1999. Il concerne les personnes majeures résidant en France métropolitaine et également dans les départements d'outre-mer. Ce texte a été jugé ambigu par certains et a donc été réformé en 2006 et 2007.

_____

_____

_____

_____

_____

_____

_____

VII. Pour aller plus loin : les consonnes finales

Nous avons vu l'importance des consonnes finales pour la compréhension des phrases. Il est donc essentiel de les prononcer quand elles doivent l'être. Mais il faut aussi faire attention à leur prononciation. Il existe une différence essentielle entre la prononciation des consonnes finales en français et en anglais. En français, quand une occlusive finale est prononcée, on laisse l'air s'échapper après l'articulation de la consonne. En d'autres termes, l'obstruction s'ouvre. Par contre, en anglais, l'obstruction est typiquement conservée. Ainsi, pour les anglophones, on peut avoir l'impression d'une consonne finale plus forte qu'en anglais.

À cause de cette différence, on observe deux tendances opposées parmi les apprenants. Certains ont tendance à faire la même chose qu'en anglais et donc à ne pas pleinement articuler la consonne finale. Ceci crée des problèmes de compréhension importants puisque les francophones n'entendent pas cette consonne. L'autre tendance est celle à aspirer la consonne finale en français. Ceci est non seulement inutile à la compréhension, mais donne aussi l'impression d'insister sur cette consonne, et donc sur la marque grammaticale qu'elle peut représenter dans certains cas. Dans l'exercice suivant, faites attention à relâcher l'obstruction à la fin des mots, sans pour autant aspirer la consonne. Pour cela, il faut, comme en position initiale, articuler une consonne un peu plus courte qu'en anglais.

▶ **Exercice P**

Voici une série de phrases sur les destinations préférées des Français pour les voyages de noces. Pour commencer, répétez les mots soulignés en vous concentrant sur les consonnes finales. Puis transcrivez les phrases.

1. Plus de 90% des couples <u>partent</u> pour leur lune de miel.

[ply. də. katʁ. vɛ̃. di. puʁ. sɑ̃. de. kupl. paʁt. puʁ. lœʁ
lyn. də. mjɛl]

2. En général, ce voyage se fait en juillet ou en <u>août</u>.

[ɑ̃. ʒe. ne. ʁal. sə. vwa. jaʒ. sə. fɛ. tɑ̃. ʒɥi. jɛ. u
ɑ̃. nut]

3. Les voyages de noces <u>coûtent</u> cher, souvent au moins 3000 euros.

[le. vwa. jaʒ. də. nɔs. cut. ʃɛʁ. su. vɑ̃. o. mwɛ̃.
tʁwa. mi. lø. ʁo]

4. Les Français aiment les destinations <u>exotiques</u> sous le soleil.

[le. fʁɑ̃. se. ɛm. le. dɛ. sti. na. sjɔ̃. ɛ. gzɔ. tik.
su. lə. so. lɛj]

5. Par exemple, <u>la Martinique</u>, <u>la Guadeloupe</u>, les Seychelles ou l'Île Maurice
sont très populaires.

[pa. ʁɛg. zɑ̃pl. la. maʁ. ti. nik. la. gwad. lup. le
se. ʃɛl. zu. lil. mo. ʁis. sɔ̃. tʁɛ. pɔ. py. lɛʁ]

6. Pour encore plus de dépaysement, vous pouvez choisir la <u>Thaïlande</u>,
la Polynésie ou <u>l'Inde</u>.

[pu. ʁɑ̃. kɔʁ. ply. də. de. pe. iz. mɑ̃. vu. pu. ve. ʃwa.
ziʁ. la. ta. i. lɑ̃d. la. pɔ. li. ne. zi. u. lɛ̃d]

7. Certaines agences ont des offres <u>intéressantes</u> pour les jeunes mariés.

[sɛʁ. tɛn. za. ʒɑ̃s. ɔ̃. de. zɔfʁ. zɛ̃. te. ʁe. sɑ̃t. puʁ. le.
ʒœn. ma. ʁje]

8. Ainsi, vous pourrez recevoir une bouteille de champagne, un saut en <u>parachute</u>,
un cours de plongée ou un <u>tee-shirt</u> commémoratif.

[ɛ̃. si. vu. pu. ʁe. ʁə. sə. vwa. ʁyn. bu. tɛj. də. ʃɑ̃. paɲ.
œ̃. so. tɑ̃. pa. ʁa. ʃyt. œ̃. kuʁ. də. plɔ̃. ʒe. u. œ̃. ti. ʃɛʁt.
kɔ. me. mɔ. ʁa. tif]

VIII. Récapitulation

▶ **Exercice Q**

Écoutez les phrases suivantes sur le voyage de noce et la lune de miel, puis indiquez les occlusives que vous entendez dans les mots qui manquent. Attention, il peut y avoir plus d'une occlusive par mot.

	[p]	[b]	[t]	[d]	[k]	[g]
1. Saint-Martin …	✗					
2. près des … historiques			✗			
3. dans des …		✗			✗	
4. beaucoup de …	✗		✗		✗	✗
5. les … au citron		✗	✗			
6. des livres sur …				✗		✗
7. un spectacle avec des …						✗

Exercice R

Répondez aux questions suivantes.

1. Quelle est la différence entre les occlusives non voisées en français et en anglais ?

_____

2. Quelles sont les deux différences entre un [t] français et un [t] anglais ?

_____

_____

3. Quelles sont les quatre consonnes finales typiquement prononcées en français ?

_____

4. Quelle est l'influence d'un <e> muet final sur la consonne précédente ? Donnez des exemples.

_____

_____

_____

5. Donnez des exemples personnels de paires de mots dont le sens change selon la prononciation ou non d'une consonne finale.

_____

_____

▶ Exercice S

Voici maintenant des faire-part originaux. Répétez les mots soulignés en faisant attention à ne pas aspirer les occlusives et à bien prononcer les [t] et les [d] dentaux. Puis transcrivez ces mots.

Musical

Après avoir <u>composé</u> leur <u>partition</u> pendant <u>cinq</u> ans,

<u>Carole</u> et <u>Raphaël</u>

ont <u>décidé</u> d'<u>orchestrer</u> la <u>symphonie</u> de leur amour

le <u>14 septembre</u> 2007

à <u>15</u> heures à l'église de <u>Ciboure</u>

_____

_____

_____

_____

_____

_____

_____

_____

Théâtral

Acte I : Oh Patricia, voulez-vous m'épouser ?

Acte II : Mon beau Jean-Baptiste, évidemment, je le veux !

La représentation aura lieu

le 4 octobre 2010 à 17h00

à la mairie de Cannes puis à l'église de Mouans-Sartoux

☺ **Exercice T**

Lisez le texte suivant et écrivez-le en utilisant l'alphabet orthographique français.

[yn.de.ʃoz.dõ.tõ.paʁl.tu.ʒuʁ.dɑ̃.zɛ̃.ma.ʁjaʒ ↗‖ se.lat.ny ↗‖ se.ta.diʁ.le.vɛt.mɑ̃ ⇒‖ e.ɑ̃.paʁ.ti.ky.lje.la.ʁɔb.də.la.ma.ʁje ↘‖ o.ʒuʁ.dɥi ↗‖ õ.na.bo.ku.plyş.də.flɛk.si.bi. li.te.ka.vɑ̃ ↘‖ pa.→ʁɛg.zɑ̃pl ↗‖ si.vu.za.le.syʁ.lə.si.→tɛ̃.tɛʁ.nɛt̪.də.pʁo.nyp.sja ↗‖ la.maʁk.la.ply.ko.ny.ɑ̃.fʁɑ̃s.puʁ.let.nyd̪.ma.ʁjaʒ ⇒‖ vu.pu.ve.tʁu.ve.de.ʁɔb̪.tʁa.di. sjo.nɛl ↗‖ me.o.si.de.ʁɔb̪.tʁɛ.mo.dɛʁn ↗‖ de.ʁɔb̪.kuʁt ↗‖ e.mɛm.de.pɑ̃.ta.lõ ↘]

▶ Exercice U

Voici un dernier texte sur la cérémonie du mariage. Lisez-le en faisant attention à toutes les occlusives, puis transcrivez-le.

L'organisation de la cérémonie du mariage est différente en France et en Amérique du Nord. Dans les deux pays, les futurs conjoints ont un certain degré de liberté et de flexibilité. Pour la majorité des couples français, la préparation pour la cérémonie inclut la location de la salle de réception et la sélection du traiteur et du photographe, la commande des tenues de mariage et de la pièce montée, et l'achat des dragées dans des petits ballottins ou des boîtes qu'on donne en souvenir. Mais la chose la plus importante, la seule chose obligatoire selon la loi, c'est la publication des bans, qui doit se faire au moins vingt jours avant le mariage. Ceci a pour but d'annoncer le mariage publiquement pour permettre à quelqu'un de s'y opposer, à condition d'avoir des preuves valables. Beaucoup de couples choisissent de se marier pendant l'été car personne ne veut de la pluie le jour de son mariage. Pourtant en France, il existe un dicton : « mariage pluvieux, mariage heureux ».

[lɔʁ.ga.ni.za.sjɔ̃.də.la.se.ʁe.mo.ni.dy.maʁ.jaʒe.di.fe.ʁɛ̃.tɑ̃.fʁɑ̃.se
ã.na.me.ʁik.dy.nɔʁ ‖ dɑ̃.le.pe.i ‖ le.fy.tyʁ.kɔ̃.ʒwɛ̃.zɔ̃.tœ̃.
seʁ.tɛ̃.də.ɡʁe.də.li.bɛʁ.te.e.də.flɛk.sa.bi.li.te ‖ puʁ.la.ma.ʒɔ.
ʁi.te.de.kupl.fʁɑ̃.sɛ ‖ la.pʁe.pa.ʁa.sjɔ̃.puʁ.la.se.ʁe.mo.ni.ɛ̃.kly.
la.lo.ka.sjɔ̃.də.sal.də.ʁe.sɛp.sjɔ̃.ne.la.se.lɛk.sjɔ̃.dy.tʁɛ.tœ.ʁe.
dy.fo.to.ɡʁaf ‖ la.kɔ.mɑ̃d.de.tə.ny.də.maʁ.jaʒ.e.də.la.pjɛs.
mɔ̃.te ‖ e.la.ʃa.de.dʁa.ʒe.dɑ̃.de.pə.ti.ba.lo.tɛ̃.su.de.bwat.
kɔ̃.dɔn.ã.suv.niʁ ‖ mɛ.la.ʃoz.la.ply.zɛ̃.pɔʁ.tɑ̃t ‖ la.sœl.ʃo.zɔb.li.
ɡa.twaʁ.sə.lɔ̃.la.lwa.se.la.py.bli.ka.sjɔ̃.de.bɑ̃ ‖ ki.dwa.sə.fɛ.ʁo
mwɛ̃.vɛ̃.juʁ.za.vɑ̃.lə.maʁ.jaʒ ‖ sə.si.a.puʁ.by.da.nɔ̃.se.lə.maʁ.
jaʒ.py.blik.mɑ̃.puʁ.pɛʁ.mɛt.ʁa.kɛl.kœ̃.də.si.ɔ.po.ze ‖ a.kɔ̃.
di.sjɔ̃.da.vwaʁ.de.pʁœv.va.labl ‖ bo.ku.də.kupl.ʃwa.zis.də.sə.
maʁ.je.pɑ̃.dɑ̃.le.te.kaʁ.pɛʁ.sɔn.nə.vœ.də.la.plɥi.lə.ʒuʁ.də.sɔ̃.
maʁ.jaʒ ‖ puʁ.tɑ̃.tɑ̃.fʁɑ̃s ‖ il.ɛɡ.zis.tœ̃.dik.sjɔ̃ ‖ maʁ.jaʒ.ply.
vjø ‖ maʁ.jaʒ.ø.ʁø ‖]

IX. Conversation

1. Que pensez-vous de l'idée de vivre en couple sans être mariés ? Quelles sont les sources de vos opinions (idées religieuses, philosophiques, sociales, etc.) ?

2. Pour les personnes qui choisissent de ne pas se marier, pensez-vous qu'il soit nécessaire d'avoir une structure en place comme le PACS ? Discutez des avantages et des inconvénients de cette idée.

3. [avɛ.→kɛ̃.paʁ.tə.nɛʁ ↗‖ fɛ.→tyn.lis̪t.de.za.vɑ̃.ta.→ʒe.de.z̪ɛ̃.kõ.ve.njɑ̃.dy.ma. ʁjaʒ ↗‖ pɥi.fɛ.→ty.→no.tʁə.li.→sta.pʁo.po.dy.paks ↘]

4. [a.vɔ.→tʁa.vi ↗‖ ɛ.til.ne.se.sɛʁ.də.sə.ma.ʁje.kɑ̃.tõ.sɛm ↗‖ puʁ.kwa.u. puʁ. kwa.pa ↘]

X. Matériel complémentaire

Chansons

- *Tu ne m'as pas laissé le temps* de David Hallyday
- *Caroline* de MC Solaar
- *Mon petit à petit* d'Olivia Ruiz
- *Je pense à toi* d'Amadou et Mariam

Films

- *Mariages !* (2004)
- *Mariage mixte* (2004)
- *Prête-moi ta main* (2006)
- *Marié(s) ou presque* (2007)
- *Pièce montée* (2010)

6

Matchs de foot ou jeux vidéo ?
Quels sont vos loisirs favoris ?

I. Introduction

Comme tout le monde, les Français aiment se détendre, faire du sport, partir en vacances. Tout en découvrant ce qu'ils font pendant leurs temps libre, nous travaillerons avec les fricatives du français.

Questions de réflexion

Les fricatives

1. Combien de consonnes fricatives existe-t-il en français ?

2. Quelles sont les caractéristiques articulatoires des fricatives ?

Les loisirs

1. Que faites-vous pour vous divertir pendant la semaine ? Et pendant les week-ends ?

2. Est-ce que vous partez souvent en vacances ? Si oui, où ? Si non, où rêvez-vous de partir et pourquoi ?

3. Préférez-vous jouer d'un instrument ou faire du sport ? Pourquoi ?

II. Compréhension orale

▶ **Exercice A**

Écoutez le texte sur les activités des jeunes en France, puis répondez aux questions de compréhension.

1. Quel est le sport national français ?

Le football

2. Que font les supporters pendant un match de foot ?

Les supporters chantent

3. Quel est un autre sport d'équipe populaire chez les jeunes ?

Le handball

4. Combien de joueurs se trouvent dans chaque équipe pour ce sport ?
Et où joue-t-on ce sport ? À l'intérieur ou à l'extérieur ?

Sept. Dans une salle de sport à l'intérieur.

5. Ce sport ressemble à deux autres sports. Lesquels ?

Le football et le basketball

▶ Exercice B

Maintenant, écoutez le texte en le lisant et entourez les mots dans lesquels vous entendez les sons [f], [ʃ] et [s]. Vous allez entendre le texte plusieurs fois, vous pouvez donc vous concentrer sur un son à la fois. Puis répondez aux questions qui suivent.

Maintenant, répétez les mots que vous avez entourés.

[kɔ.mo.ze.ta.zy.ni ↗‖ lə.spɔ.→ʁo.ky.→pyn.plas.tʁɛ.zɛ̃.pɔʁ.tãt.puʁ.le.ʒœn.fʁã.sɛ ↘‖ lœʁ.spɔʁ.pʁe.fe.ʁe.ne.nil.bas.ket.nil.bɛz.bɔl ↗‖ me.ply.tol.fuṭ.bɔl ↘‖a.tã.sjõ ↗‖ pal.fuṭ.bɔ.→la.me.ʁi.kɛ̃ ↘‖ lə.fuṭ.bɔ.→le.lə.gʁã.spɔʁ.na.sjo.na.→le.le.fʁã.sɛ. sõ.tu.ʒuʁ.tʁɛ.fjeʁ.də.lœʁ.ze.kip.lo.ka.→le.na.sjo.nal ↘‖ lã.bjã.→sa.ɛ̃.matʃ.də. fu.→te.fe.no.me.nal.kaʁ.le.sy.pɔʁ.tɛ.→ʁõ.de.ʃã.sõ. tʁɛ.paʁ.ti.ky.ljɛʁ ↘‖ ɛ̃.no.tʁɔ. spɔʁ.mwɛ̃.ko.ny.ã̰.na.me.ʁi.→ke.lə.ãd.bal ↘‖ il.sɔ.ʒu.ã.tʁɔ.dø.ze.kip̰.də.sɛṭ. ʒwœʁ.dã.zyn.sal.də.spɔ.→ʁa.vɛ.→kɛ̃.ba.lõ .e.de.byt ↘‖ ã.fet ↗‖ se.ɛ̃.pø.kɔ.→mɛ̃. me.lãʒ.də.fuṭ.bɔl ↗‖ a.vɛk.le.byt ⇨‖ ed.ba.skeṭ.bɔl ↗‖ a.vɛk.lə.dʁi.blə.dy.ba.lõ ⇨‖ me.a.veḳ.de.ʁe.glə.tʁɛ.spe.si.fi.→ko.ãd.bal ↘]

Comme aux États-Unis, le sport occupe une place très importante pour les jeunes Français. Leur sport préféré n'est ni le basket ni le baseball, mais plutôt le football … attention, pas le football américain ! Le football est le grand sport national, et les Français sont toujours très fiers de leurs équipes locales et nationales. L'ambiance à un match de foot est phénoménale car les supporters ont des chansons très particulières.

Un autre sport moins connu en Amérique est le handball. Il se joue entre deux équipes de sept joueurs dans une salle de sport avec un ballon et des buts. En fait, c'est un peu comme un mélange de football (avec les buts) et de basketball (avec le dribble du ballon), mais avec des règles très spécifiques au handball.

1. Quelles sont les graphies du texte qui correspondent aux sons suivants ?

[f] (2) : _f , ph_

[ʃ] (1) : _ch_

[s] (2) : _s , ti_

▶ Exercice C

À Paris, on a vraiment de quoi s'occuper pendant les week-ends. Écoutez ce qu'il est possible de faire, puis répondez aux questions.

1. À Paris, que pouvez-vous faire comme activités ?

Aller aux musées, aux parcs, marcher dans les rues, faire du shopping ou aller aux spectacles

2. Que vous permet de faire Vélib' ?

On peut voyager autour de Paris par vélo.

3. Comment utilise-t-on un Vélib' ?

Aller à une station Vélib, louer le vélo, voyager autour de Paris et puis rendre le vélo à une station Vélib.

4. Quels sont les avantages de Vélib' ?

C'est une façon de voyager écologiquement, et aussi c'est bonne pour la santé.

▶ Exercice D

Maintenant, lisez ce texte en l'écoutant. Entourez les mots qui contiennent les sons [v], [ʒ] et [z], puis répondez aux questions qui suivent.

1. Quelles sont les graphies du texte qui correspondent aux sons suivants ?

[v] (1) : _V_

[ʒ] (2) : _j   g_

[z] (2) : _s   x_

2. Quel type de lettre(s) trouve-t-on avant et après [ʒ] ?

les voyelles

3. Quel type de lettre(s) trouve-t-on avant et après <s> quand il est prononcé [z] ?
Que remarquez-vous quant à la prononciation [s] ou [z] de la lettre <s> ?

_le «s» est entouré par les voyelles
quand on le produit [z].
Le «s» se prononce [s] quand il est
au début d'un mot ou quand il est
avant les semi-voyelles._

4. Maintenant, répétez les mots que vous avez entourés.

[a.pa.ʁi ↗‖ pɛʁ.sɔn.nə.sã.nɥi ↘‖ a.vɛk.le.my.ze.a.tu.le.kwɛ̃.dʁy.u.le.paʁk ↗‖
le.ma.ga.zɛ̃.e.le.spɛk.takl ↗‖õ.pø.so.ky.pe.dy.ma.tɛ̃.o.swaʁ.pã.dã.ply.zjœʁ.ʒuʁ.
də.sɥit ↘‖ e.puʁ.vu.ze.de.a.siʁ.ky.le.dã.pa.ʁi.e.ko.lo.ʒik.mã ↗‖ nu.bli.je.pa.ve.lib
↘‖ se.ɛ̃.si.stɛm.də.lo.ka.sjõd.ve.lo.ki.pɛʁ.me.da.le.dɛ̃.buḍ.pa.ʁi.a.lotʁ ↘‖ se.tʁɛ.
sɛ̃pl ↗‖ õ.va.a.yn.sta.sjõ.ve.lib ↗‖ õ.lu.ɛ̃.ve.lo ↗‖ õ.vwa.jaʒ.dã.pa.ʁi.e.õ.ʁãl.ve.
lo.a.yn.de.nõ.bʁøʐ.sta.sjõ.ki.ʒa.lɔn.la.ka.pi.tal ↘‖ se.fa.sil ↗‖ se.vɛ.→ʁe.se.bõ.
puʁ.la.sã.te ↘‖ me.swa.je.vi.ʒi.lã.e.fɛṭ.bjɛ̃.na.tã.sjõ.o.zo.tʁə.ve.i.kyl.tu.tã.ʁɛ.spɛk.
tãl.kɔd.də.la.ʁut ↘]

À Paris, personne ne s'ennuie. Avec les musées à tous les coins de rues ou les parcs, les magasins et les spectacles, on peut s'occuper du matin au soir pendant plusieurs jours de suite. Et pour vous aider à circuler dans Paris écologiquement, n'oubliez pas Vélib'. C'est un système de location de vélos qui permet d'aller d'un bout de Paris à l'autre. C'est très simple : on va à une station Vélib', on loue un vélo, on voyage dans Paris et on rend le vélo à une des nombreuses stations qui jalonnent la capitale. C'est facile, c'est vert et c'est bon pour la santé ! Mais soyez vigilants et faites bien attention aux autres véhicules tout en respectant le code de la route !

III. Discrimination

▶ **Exercice E**

Parce que les sons [s] et [z] peuvent prêter à confusion, voici un exercice pour vous aider à bien les distinguer. Lors de la première écoute, entourez l'image qui représente les activités que vous entendez. Pendant la deuxième écoute, choisissez le temps de la phrase. Parle-t-on d'événements au passé ou au futur?

	QU'ENTENDEZ-VOUS?	PASSÉ OU FUTUR?
1.		P
2.		f
3.		P
4.		f
5.		P
6.		f

▶ Exercice F

Écoutez les phrases suivantes qui parlent de jeunes Français et de leurs activités. Décidez si ces personnes sont des garçons ou des filles. Attention, tous ces prénoms sont mixtes, ils peuvent donc être donnés à un garçon ou à une fille.

Quand vous avez terminé, regardez les deux dernières colonnes. Comment pouvez-vous distinguer les mots masculins des mots féminins à l'oral ? Et comment cela apparaît-il dans l'orthographe ?

DESCRIPTION	CONSONNE FINALE PHONÉTIQUE	HOMME OU FEMME ?
1. sérieux/sérieuse		H
2. actif/active	f	H
3. assis/assise	z	F
4. joyeux/joyeuse		H
5. heureux/heureuse	z	F
6. chanceux/chanceuse	z	F

▶ Exercice G

Il est important de bien distinguer l'adverbe de comparaison *plus* de l'adverbe de négation *plus*. Écoutez les phrases suivantes qui expliquent ce que les jeunes aiment faire. Dites si vous entendez une consonne finale ou non, puis entourez le + si on parle de phrases affirmatives et le − si on parle de phrases négatives.

Quand vous avez terminé, regardez la troisième colonne. Qu'y a-t-il dans la prononciation de *plus* qui vous indique si la phrase est affirmative ou négative ?

		Y-A-T-IL UNE CONSONNE FINALE ?	PLUS
1.	−	Non	ni
2.	+	Oui	-
3.	−	Non	ni
4.	+	Oui	-
5.	−	Non	-
6.	+	Oui	-

▶ **Exercice H**

Les consonnes finales indiquent aussi la différence entre le singulier et le pluriel des verbes. Écoutez les phrases suivantes sur une journée typique de Marc et Isabelle. Décidez si on parle de Marc et Isabelle (avec une consonne finale prononcée) ou seulement de Marc (avec une consonne finale muette). Puis écrivez le verbe que vous entendez dans la troisième colonne. Quand vous avez terminé, regardez la troisième colonne. Qu'y a-t-il dans l'orthographe qui rend les consonnes prononcées dans la deuxième colonne mais muettes dans la première ?

	MARC	MARC ET ISABELLE	VERBE
1.		X	vivent
2.	X		lit
3.		X	boivent
4.	X		dit
5.	X		conduit
6.		X	finissent

IV. Expansion

1. Les fricatives non voisées

A. Le son [f]

Le son [f] est une consonne **fricative labiodentale non voisée**. C'est-à-dire que les dents supérieures touchent la lèvre inférieure pour créer une friction et que les cordes vocales ne vibrent pas. Mettez votre pouce et votre index contre votre gorge, comme pour prendre votre pouls, et prononcez le son [f]. Normalement vous ne devez pas sentir de vibrations.

B. Le son [s]

Le son [s] est une consonne **fricative alvéolaire non voisée**. Ceci signifie que la pointe de la langue crée une friction en touchant les alvéoles et que les cordes vocales ne vibrent pas.

C. Le son [ʃ]

Le son [ʃ] est une consonne **fricative palatale non voisée**. La pointe de la langue crée une friction en touchant le palais dur et les cordes vocales ne vibrent pas.

Le son [f] et la graphie

GRAPHIE	EXEMPLES
<f>	*football* [fut.bɔl], *spécifique* [spe.si.fik]
<ff>	*effet* [e.fe], *offrir* [o.fʁiʁ]
<ph>	*phénoménal* [fe.no.me.nal], *éléphant* [e.le.fɑ̃]

Le <f> en position finale

GRAPHIE	EXEMPLES
<f>	*neuf* [nœf], *œuf* [œf], *chef* [ʃɛf]

⚠ **Attention :**

- La prononciation des mots *œuf* et *bœuf* varie selon le nombre :
  - *un œuf* [ɛ̃.nœf] et *un bœuf* [ɛ̃.bœf] avec le [f] final au singulier
  - *des œufs* [de.zø] et *des bœufs* [de.bø] sans le [f] final au pluriel
    Notez aussi la différence dans la prononciation de la voyelle.

- *clef* [kle], *cerf* [sɛʁ], *cerf-volant* [sɛʁ.vo.lɑ̃], *nerf* [nɛʁ], *chef d'œuvre* [ʃe.dœvʁ], mais pas les autres mots contenant *chef*.

Le son [s] et la graphie

GRAPHIE	EXEMPLES
<s> initial	*souvent* [su.vɑ̃], *sont* [sõ], *sept* [sɛt]
<ss>	*possibilité* [po.si.bi.li.te], *accessible* [ak.se.sibl], *poisson* [pwa.sõ]
<s> + cons.	*sport* [spɔʁ], *basket* [ba.skɛt], *escrime* [ɛ.skʁim]
cons. + <s>	*danser* [dɑ̃.se], *valse* [vals]

(suite)	
<c> ou <sc> + <e >, < i > ou <y>	*facilement* [fa.sil.mã], *spécifique* [spe.si.fik], *cygne* [siɲ], *science* [sjãs], *scène* [sɛn]
<ç>	*français* [fʁã.sɛ], *garçon* [gaʁ.sõ], *reçu* [ʁə.sy]
<x>	*six* [sis], *dix* [dis], *soixante* [swa.sãt]
<ti>	Dans certains mots qui se prononcent avec [s] ou [ʃ] en anglais : *démocratie* [de.mo.kʁa.si], *essentiel* [e.sã.sjɛl], *initial* [i.ni.sjal]
⚠ **Attention :** Dans les autres mots <ti> se prononce [ti] : *partie* [paʁ.ti], *sortie* [sɔʁ.ti], etc.	
<t> dans -*tion*	*attention* [a.tã.sjõ], *compétition* [kõ.pe.ti.sjõ], *national* [na.sjo.nal], *action* [ak.sjõ]

⚠ **Attention :**

- Le <s> ne se prononce pas dans *les Vosges* [le.voʒ]

- Les mots en -*isme* peuvent être prononcés [ism] ou [izm] : *athlétisme* [at.le.tism] ou [at.le.tizm], *snobisme* [sno.bism] ou [sno.bizm], etc.

- Le <s> se prononce [z] dans *Alsace* [al.zas], *subsister* [syb.zi.ste] et les mots avec le préfixe *trans-* + voyelle : *transition* [tʁã.zi.sjõ], *transalpin* [tʁã.zal.pɛ̃]

- Le <s> se prononce [s] dans *parasol* [pa.ʁa.sɔl], *vraisemblable* [vʁe.sã.blabl]

- Pour les mots contenant <cc>, on prononce deux consonnes : [ks] comme dans *accessible* [ak.se.sibl], *accepter* [ak.sɛp.te] et les mots dérivés, *accès* [ak.sɛ], etc.

Le <s> en position finale

GRAPHIE	EXEMPLES
Le <s> ne se prononce pas	*les* [le], *sons* [sõ], *(je) restais* [ʁɛ.stɛ], *mau-vais* [mo.vɛ], *dans* [dɑ̃]

⚠ **Attention :**

On prononce le <s> final dans :

• les mots d'origine étrangère : *bus* [bys], *express* [ɛk.spʁɛs], *tennis* [te.nis], *oasis* [o.a.zis], etc.

• les mots savants : *virus* [vi.ʁys], *terminus* [tɛʁ.mi.nys], *gratis* [gʁa.tis], etc.

• les noms des planètes : *Mars* [maʁs], *Vénus* [ve.nys], *Uranus* [y.ʁa.nys]

• les noms des os et des muscles : *radius* [ʁa.djys], *humérus* [y.me.ʁys], *biceps* [bi.sɛps], etc.

• les autres mots : *Agnès* [a.ɲɛs], *as* [as], *fils* [fis], *hélas* [e.las], *maïs* [ma.is], *ours* [uʁs], *palmarès* [pal.ma.ʁɛs], *rhinocéros* [ʁi.no.se.ʁɔs], *sens* [sɑ̃s], *Texas* [tɛk.sas], *Tunis* [ty.nis]

⚠ **Attention : Deux cas particuliers**

Il existe de nombreux cas particuliers pour la prononciation du *-s* final.

A. Le cas de *os*

Comme les mots *œuf* et *bœuf*, la prononciation du mot *os* varie au singulier et au pluriel : *un os* (sing.) [ɛ̃.nɔs] mais *des os* (pl.) [de.zo]. Notez aussi la différence dans la prononciation de la voyelle.

B. Le cas de *tous*

La prononciation du mot *tous* varie selon la catégorie du mot.

• Lorsque *tous* est un **prédéterminant**, c'est-à-dire lorsqu'il est suivi par un article ou un adjectif possessif ou démonstratif, on **ne** prononce **pas** le *-s* :

Exemples :
tous les jours [tu.le.ʒuʁ], *tous mes amis* [tu.me.za.mi], *tous ces livres* [tu.se.livʁ], etc.

(suite)

- Quand *tous* est un **pronom**, c'est-à-dire qu'il remplace un groupe de mots plus grand, **on prononce le -*s* :**

Exemples :

Les CD de Faudel, je les ai tous. [le.se.de̥d̥.fo.dɛl ‖ ʒə.le.ze.tus]

Je les ai tous écoutés. [ʒə.le.ze.tu.→se.ku.te]

Ils sont tous géniaux. [il.sõ.tus.ʒe.njo]

---

2. Le cas de *plus*

La prononciation du mot *plus* est plus complexe. Elle dépend de plusieurs facteurs.

A. Le cas des phrases négatives

Quand *plus* est dans une **phrase négative** avec *ne* (signifiant *no more/no longer*), on **ne** prononce **pas** le -*s* final. Souvent, on laisse tomber le *ne* de négation quand on parle, alors la seule différence entre une phrase négative et une phrase positive est la prononciation du -*s* final de *plus*.

Exemples :

Caroline ne fait plus de vélo. [ka.ʁo.lin.nə.fɛ.plyd.ve.lo]

Marc non plus. [maʁk.nõ.ply]

☺ *Ils ont plus envie d'être dehors à cause du froid.*
[il.zo.ply.ã.vi.de̥t.də.ɔ.→ʁa.koz.dy.fʁwa]

Comparez les deux phrases suivantes. La première signifie *I don't want any more* alors que la deuxième veut dire *I want more*. Cette différence ne s'entend que dans le -*s* de *plus*.

☺ [ʒã.vø.ply] vs. [ʒã.vø.plys] *J'en veux plus.*

B. Le cas de la comparaison avec un nom

Quand **plus** est utilisé pour faire **une comparaison avec un nom**, indiquant ainsi une notion de différence de quantité, on **prononce le** -*s* final. Dans ce cas, il est toujours accompagné de *de*.

(*suite*)

Exemples :

L'équipe canadienne de hockey a plus de médailles que les Italiens.
[le.kip.ka.na.djɛn.də.o.ke.a.plyʂ.də.me.daj.kə.le.zi.ta.ljɛ̃]

Ils ont plus de joueurs professionnels. [il.zõ.plyʂ.də.ʒwœʁ.pʁo.fe.sjo.nɛl]

⚠ **Attention :** Dans le cas de *plus de* suivi par un chiffre on ne prononce pas le -*s* final :

J'ai plus de cent livres. [ʒe.ply.də.sã.livʁ]

Elle a plus de cinquante ans. [ɛ.→la.ply.də.sɛ̃.kã.→tã]

C. Le cas de la comparaison avec un adjectif, un adverbe ou une phrase

Quand *plus* est utilisé pour faire des comparaisons avec un adjectif, un adverbe ou une phrase, c'est-à-dire avec **autre chose qu'un nom**, on **ne** prononce généralement **pas** le -*s* final. Mais des exceptions sont possibles selon les registres et préférences personnelles.

Exemples :

L'équipe de basket espagnole est plus professionnelle que celle de France.
[le.kip̂.də.ba.skɛ.→tɛ.spa.ɲɔ.→le.ply.pʁo.fe.sjo.nɛl.kə.sɛl.də.fʁãs]

Ils s'entrainent plus souvent. [il.sã.tʁɛn.ply.su.vã]

Plus l'équipe s'entraîne, plus elle gagne. [ply.le.kip.sã.tʁɛn ↗‖ ply.ɛl.gaɲ]

Notez que si le mot après *plus* est un adjectif ou un adverbe qui commence par une voyelle, on fait la liaison avec le son [z] après *plus*.

Exemples :

L'équipe française est plus amicale que celle des Espagnols.
[le.kip.fʁã.sɛ.→ze.ply.za.mi.kal.kə.sɛl.de.zɛ.spa.ɲɔl]

Ils sont plus intéressants à regarder. [il.sõ.ply.zɛ̃.te.ʁe.sã.a.ʁə.gaʁ.de]

Ils s'entrainent plus irrégulièrement. [il.sã.tʁɛn.ply.zi.ʁe.gy.ljɛʁ.mã]

D. Les autres cas

Dans les **autres cas**, c'est-à-dire quand *plus* est **positif** et indique une **addition** ou une quantité **supplémentaire**, on **prononce** le -*s* final :

Exemples :

Deux plus deux font quatre. [dø.plyʂ.dø.fõ.katʁ]

J'ai plus d'argent et j'en voudrais encore plus.
[ʒe.plyʂ.daʁ.ʒã.e.ʒã.vu.dʁe.ã.kɔʁ.plys

Le son [ʃ] et la graphie

GRAPHIE	EXEMPLES
<ch>	*match* [matʃ], *choix* [ʃwa], *challenge* [ʃa.lãʒ], *chuchoter* [ʃy. ʃo.te]
⚠ **Attention :** Dans certains mots <ch> se prononce [k] : *archaïque* [aʁ.ka.ik], *archéologie* [aʁ.ke.o.lo.ʒi], *Bach* [bak], *cholestérol* [ko.lɛ.ste.ʁɔl], *Christ* [kʁist], *orchestre* [ɔʁ.kɛstʁ], *psychologie* [psi.ko.lo.ʒi], *technique* [tɛk.nik], etc.	
<sh>	dans les mots anglais comme *shampooing* [ʃã.pwɛ̃], *short* [ʃɔʁt], *tee-shirt* [ti.ʃœʁt], etc.
<sch>	*schéma* [ʃe.ma]

Le <ch> en position finale

GRAPHIE	EXEMPLES
Le <ch> se prononce	dans les mots d'origine étrangère, mais sa prononciation varie entre [ʃ] et [k] : *match* [matʃ], *Munich* [my.nik]

3. Les fricatives voisées

A. Le son [v]

Le son [v] est une consonne **fricative labiodentale voisée**. C'est-à-dire que les dents supérieures touchent la lèvre inférieure pour créer une friction, et les cordes vocales vibrent. Mettez votre pouce et votre index contre votre gorge, comme pour prendre votre pouls, et prononcez le son [v]. Pour ce son, contrairement à [f], vous devriez sentir vos cordes vocales vibrer. Contrastez les deux sons pour sentir cette différence.

(*suite*)

B. Le son [z]

Le son [z] est une consonne **fricative alvéolaire voisée**. Cela signifie que la pointe de la langue crée une friction en touchant les alvéoles et que les cordes vocales vibrent.

C. Le son [ʒ]

Le son [ʒ] est une consonne **fricative palatale voisée**. C'est-à-dire que la pointe de la langue crée une friction en touchant le palais dur et que les cordes vocales vibrent.

Le son [v] et la graphie

GRAPHIE	EXEMPLES
<v>	*vous* [vu], *Vélib'* [ve.lib], *vélo* [ve.lo], *avril* [a.vʁil]
<w>	*wagon* [va.gõ] et les mots dérivés, *wisigoth* [vi.zi.go]

Le <v> en position finale

GRAPHIE
Le <v> ne se trouve en position finale que devant un <e> dans les mots français. Il est donc toujours prononcé à cause du <e> : *neuve* [nœv], *cave* [kav], *lave* [lav], etc.

⚠ **Attention :**

- Dans les mots d'origine étrangère, surtout russes, on peut prononcer [v] ou [f] : *Kiev* [kjɛv] ou [kjɛf], *Romanov* [ʁo.ma.nɔv] ou [ʁo.ma.nɔf], etc.
- On prononce [v] quand le chiffre *neuf* précède les mots *ans* et *heures* uniquement : *neuf ans* [nœ.→vã], *neuf heures* [nœ.→vœʁ]

Le son [z] et la graphie

GRAPHIE	EXEMPLES
\<s\> entre deux voyelles	*musée* [my.ze], *magasin* [ma.ga.zɛ̃], *plusieurs* [ply.zjœʁ], *nombreuses* [nõ.bʁøz], etc.
\<x\>	*deuxième* [dø.zjɛm], *sixième* [si.zjɛm], *dixième* [di.zjɛm]
\<z\>	*zèbre* [zɛbʁ], *zéro* [ze.ʁo], *zozoter* [zo.zo.te], etc.
\<x\>, \<s\> en liaison	*vous aider* [vu.ze.de], *leurs équipes* [lœʁ.ze.kip], *aux autres* [o.zotʁ], *six euros* [si.zø.ʁo]

⚠ Attention :

- Il est très important de différencier entre un \<s\> et deux \<ss\> entre les voyelles ; ils font la différence entre *poison* et *poisson* ([pwa.zõ] et [pwa.sõ]) et entre *désert* et *dessert* ([de.zɛʁ] et [de.sɛʁ]).

Le \<z\> en position finale

GRAPHIE	EXCEPTIONS
Le \<z\> ne se prononce pas en position finale : *nez* [ne], *riz* [ʁi], *rez-de-chaussée* [ʁed̥.ʃo.se].	*gaz* [gaz] et certains noms propres comme *l'Alpe d'Huez* [lal.pə.dɥez], *Suez* [sɥɛz]

Le son [ʒ] et la graphie

GRAPHIE	EXEMPLES
\<g\> + \<i\>, \<y\> ou \<e\>	*écologique* [e.ko.lo.ʒik], *vigilant* [vi.ʒi.lã], *voyage* [vwa.jaʒ], *manger* [mã.ʒe], *mangeons* [mã.ʒõ], *gym*
\<j\>	*jour* [ʒuʁ], *jamais* [ʒa.mɛ], *jalonner* [ʒa.lo.ne]

⚠ **Attention :**

- Quand <g> est suivi de <a>, <o> ou <u>, il se prononce [g], comme dans *légal* [le.gal], *également* [e.gal.mã], *ambigu* [ã.bi.gy], *goût* [gu].

- Pour les mots contenant <gg>, on prononce deux consonnes : [gʒ] comme dans *suggérer* [syg.ʒe.ʁe] et les mots dérivés.

Le <g> en position finale

Graphie

On trouve un <g> final dans les mots d'origine étrangère, surtout les mots anglais. Dans ce cas, il est prononcé [g] : *gag* [gag], *bug* [bœg], etc.

Dans les autres mots français, le <g> ne se prononce pas en position finale : *long* [lõ], *sang* [sã], *Strasbourg* [stʁãşbuʁ]

V. Prononciation

▶ **Exercice I**

Les Jeux olympiques intéressent toujours les Français, en partie parce qu'ils ont de bons athlètes. Voici une liste de sports olympiques d'été. Répétez les mots suivants en vous concentrant sur la prononciation des sons non voisés [f] [s] et [ʃ] et des sons voisés [v] [z] et [ʒ].

1. l'athlétisme
2. l'aviron
3. le cyclisme
4. l'équitation
5. le football
6. la gymnastique
7. l'haltérophilie
8. le hockey sur gazon
9. le judo
10. la natation
11. le tennis
12. la voile

▶ Exercice J

Essayons d'appliquer un peu la prononciation ou non du -*s* final dans les mots *tous* et *plus*. Tout d'abord, décidez si les -*s* dans *tous* et *plus* sont prononcés ou non. Justifiez votre décision. Enfin, lisez les phrases en faisant attention à la prononciation du -*s* final.

1. Les jeunes aiment faire plus de football que de handball.

2. Je pense que presque tous les Européens savent jouer au foot.

3. Plus on pratique un sport, plus on est fort.

4. Comme je travaille beaucoup, je ne regarde plus la télé et donc j'ai loupé tous les matchs de foot.

5. Mon ami les a tous vus.

6. Les matchs de tennis sont plus amicaux que les matchs de football, parce que les supporteurs sont plus calmes et qu'il y a plus de familles qui viennent.

▶ Exercice K

Voici des phrases difficiles pour les natifs qui aiment bien les prononcer pour rigoler. Par exemple, les enfants y jouent pour passer le temps lors de longs trajets en voiture. Voyez si vous pouvez faire mieux qu'eux.

1. Les chaussettes de l'archiduchesse sont-elles sèches, super sèches, archi sèches ?

2. Tout chasseur sachant chasser sans son chien est un bon chasseur.

3. Choisissez-vous ces saucisses aux choux ou ces anchois séchés ?

VI. Transcription

Exercice L

Voici quelques phrases sur des sports que l'on trouve aux Jeux olympiques (JO) d'hiver, ainsi que quelques villes et pays où les JO se sont déroulés. Transcrivez les mots soulignés puis prononcez-les.

1. On fait de la luge à Chamonix.

[lyʒ] [ʃa.mo.ni]

2. À Sapporo, au Japon, les filles aiment le patinage artistique.

[sa.pɔ.ʁo] [ʒa.põ] [pa.ti.na→ʒaʁ.ti.stik]

3. Pour faire du <u>ski de fond</u>, <u>Oslo</u>, en Norvège, est un endroit <u>excellent</u>.

[ski.də.fɔ̃] [ɔ.slo] [nɔʁ.vɛʒ] [ɛk.se.lɑ̃]

4. Il faut vraiment être doué pour <u>descendre</u> les pistes d'<u>Albertville</u> en <u>slalom</u>
<u>géant</u>.

[de.sɑ̃dʁ] [al.bɛʁ.vil] [sla.lɔm.ʒe.ɑ̃]

5. À <u>Salt Lake City</u>, les athlètes en <u>ski acrobatique</u> étaient vraiment
<u>impressionnants</u>.

[sɔlt.lek.siti] [ski.a.kʁo.ba.tik]
[ɛ̃.pʁe.sjo.nɑ̃]

6. Les Canadiennes étaient <u>assez</u> bonnes en <u>patinage de vitesse</u> à <u>Vancouver</u>,
au Canada.

[a.se] [pa.ti.naʒ.də.vi.tɛs]

Exercice M

Que savez-vous sur les Jeux olympiques d'hiver? Voici un court résumé de leur
histoire. Transcrivez les phrases puis répétez-les.

1. L'ancêtre des Jeux olympiques d'hiver est les Jeux nordiques.

[lɑ̃.sɛtʁ.de.ʒø.→zɔ.lɛ̃.pik.di.vɛ.→ʁe.le.ʒø.nɔʁ.
dik]

2. Ils ont eu lieu en Suède en 1901.

[il.zɔ̃.y.ljø.ɑ̃.swɛ.→dɑ̃.mil.nœf.sɑ̃.œ̃]

3. Les premiers Jeux olympiques d'hiver se sont tenus en 1924.

[le.pʁe.mje.ʒø.→zɔ.lɛ̃.pik.di.vɛʁ.sə.sɔ̃.tə.ny.
ɑ̃.mil.nœf.sɑ̃.vɛ̃.katʁ]

4. Mais ils s'appelaient « Semaine internationale des sports d'hiver ».

[me.il.sa.plɛ̃ ‖ sə.me.→nɛ̃.tɛʁ.na.sjo.nal.de.spɔʁ.
di.vɛʁ]

5. Ils ont été officiellement reconnus l'année suivante.

[il.zɔ̃.e.te.o.fi.sjɛl.mɑ̃.ʁə.ko.ny.la.ne.sɥi.vɑ̃t]

6. Avant la Seconde Guerre mondiale, le même pays organisait les JO d'été
et d'hiver.

[a.vɑ̃.la.sə.ɡɔ̃d.ɡɛʁ.mɔ̃.djal‖ lə.mem.pe.i.ɔʁ.
ɡa.ni.zɛ.le.ʒi.o.de.te.e.di.vɛʁ]

7. Ils se tenaient aussi la même année.

[il.sə.tø.nɛ.o.si).la.mɛ.→ma.ne]

8. En 1992, le comité décide d'alterner pour que les jeux soient des années différentes.

[ã.mil.nœf.sã.nɔ.nãt.dø.↗|| lə.ko.mi.te.de.sid
dal.tɛʁ.ne.puʁ.kə.le.ʒø.swa.de.→za.ne.di.fe.ʁãt]

9. Les deux langues officielles des JO sont le français et l'anglais.

[le.dø.lãg.→zɔ.fi.sjɛl.de.ʒe.o.sõ.lə.fʁã.sɛ.e.
lã.glɛ]

Exercice N

Comme partout, les jeunes Français aiment les sports. Lisez la transcription du texte ci-dessous puis retranscrivez en orthographe conventionnelle.

[le.ʒœn.ʃwa.ziṣ.de.spɔʁ.tɛl.kə.lə.ʒy.do ⤴|| lat.le.tism ⤴|| lə.si.klism ⤴|| la.vi.ʁõ
⤴|| lɛ.ska.lad ⤴|| lɛ.skʁim ⤴|| la.na.ta.sjõ ⤴|| ɛ.tse.te.ʁa ⤵|| ã.ne.fe ⤴|| le.po.si.
bi.li.te.nə.mãk.pa ⤵|| le.kõ.pe.ti.sjõ.e.le.matʃ.sə.fõ.ã.tʁə.kloeb.pe ⤴|| gʁa.→sa.
ɛ̃.su.tjɛ̃.də.le.ta ⤴|| se.zak.ti.vi.te.nə.sõ.pa.ʃɛ.→ʁe.sõ.ak.se.si.→bla.tus ⤵||
nu ⤴|| le.fʁã.sɛ ⤴|| nu.ze.mõ.o.si.le.ʃa.lãʒ ⤵]

Les jeunes choisissent des sports tel que le
judo, l'athlétisme, le cyclisme, l'aviron,
l'escalade, l'escrime, la natation, etc. En effet,
les possibilités ne manquent pas. Les compétitions et
les matchs se font entre club P. Grâce à un
soutien de l'état, ces activités ne sont pas cher et
sont accessibles à tous. Nous, les français, nous aimons
aussi les challenges.

▶ Exercice O

Voici un autre texte sur un événement symbolique français, le Tour de France. Lisez-le puis transcrivez-le.

Chaque juillet, un grand évènement de renommée nationale et internationale intéresse une majorité des Français : c'est le Tour de France. Bien qu'aujourd'hui cette course passe par quelques pays adjacents, elle reste une fierté nationale. Le Tour de France date de 1903, donc il a plus d'un siècle maintenant. Dans chaque ville ou village où les cyclistes passent, c'est la fête et le vainqueur de chaque étape reçoit le fameux maillot jaune. Après plus de trois mille cinq cent kilomètres, l'arrivée triomphale se fait sur les Champs-Elysées à Paris.

[ʃak. ʒɥi. je ˄] ‖ ɑ̃. gʁɑ̃. de. ven. mɑ̃. də. ʁø. no. me. na. sjo. nal. e. ˄tɛ̃. tɛʁ. na. sjo. na ˅lɛ̃. te. ʁɛ. ˄ɔsyn. ma. ʒo. ʁi. te. de. fʁɑ̃. sɛ ˄‖ se. lə. tuʁ. də. fʁɑ̃s ˅‖ bjɛ̃. ko. ʒuʁ. dɥi. sɛt. kuʁs. pas. paʁ. kɛl. kø. pe. i. ad. ja. sɑ̃ ˄‖ ɛl. ʁɛs. ˄tyn. fjɛʁ. te. na. sjo. nal ˅‖ lə. tuʁ. də. fʁɑ̃s. dat. də. mil. nœf. sɑ̃. tʁwa ˄‖ dɔ̃. kil. a. ply. dœ̃. sjɛkl. mɛ̃. nɑ̃ ˅‖ dɑ̃. ʃak. vil. u. vi. la. ˄ʒu. de. si. klist. pas ˄‖ se. lə. fɛt. e. lə. vɛ̃. kœʁ. də. ʃa. ke. tap. ʁø. swa. lə. fa. mø. ma. jo. ʒɔn ˅‖ a. pʁɛ. ply. də. tʁwa. mil. sɛ̃k. sɑ̃. ki. lo. mɛtʁ ˄‖ la. ʁi. ve. sə. tʁ. syʁ. le. ʃɑ̃. zi. li. ze. ə. pa. ʁi ˅‖]

VII. Pour aller plus loin : l'accent ch'ti

La comédie *Bienvenue chez les Ch'tis* est devenue un classique français. Ce film illustre la gentillesse et l'accueil des gens du Nord, quand Philippe Abrams, un directeur de la Poste, est muté près de Lille. En regardant le film, vous trouverez des exemples bien représentatifs du dialecte ch'ti, qui se trouve dans cette partie nord de la France. Une des particularités de ce dialecte est que les fricatives [s] sont transformées en [ʃ]. Donc on passe d'une fricative alvéolaire non voisée à une fricative palatale non voisée. Par exemple, au lieu de dire *sien*, Antoine Bailleul, un employé de la Poste, prononce [ʃjɛ̃] ; M. Abrams comprend *chien*. Donc dans la phrase « Parce que c'est peut-être les siens ? », le directeur comprend « Parce que c'est peut-être les chiens ? ». Dans une autre phrase, il pense comprendre *chat*, mais en réalité, Antoine prononce *ça*.

Une autre transformation phonologique se produit entre les [ʃ] et les [k] : le [ʃ] est prononcé [k], donc *chat* devient [ka] (puisque *ça* est prononcé [ʃa]). Ces différences dialectales créent des problèmes de compréhension bien humoristiques. Et il y a aussi un grand nombre de variations lexicales. Par exemple, une voiture est une *carette*, un vélo un *biclo*, un enfant un *bimbin*, un *quiquin* ou un *tchiot*.

Exercice P

Maintenant, imaginez que vous passez quelques jours près de Bergues, le pays des Ch'tis, et que vous rencontrez Antoine. A partir de la transcription, réécrivez les questions qu'il vous pose en graphie normale puis répondez-y.

1. [ɛ. skə. ty. me. tu. ʒuʁ. ta. ʃɛ̃. ty. ˄ʁɑ̃. ka. ʁɛt ↗]

2. [ʒe.ʃɛ̃k.fʁɛʁ ↘‖ e.twa ↗]

_____

3. [a.ty.ɛ̃.kjɛ̃ ↗‖ u.a.ty.ɛ̃.ka ↘]

_____

4. [pʁe.fɛʁ.ty.lə.lɛd.va.→ku.lə.lɛd.nwaḍ.ko.ko ↗]

_____

5. [ɛ.skə.ty.tʁuv.le.zy.ni.vɛʁ.si.te.a.me.ʁi.kɛn.kɛʁ ↗]

_____

VIII. Récapitulation

▶ Exercice Q

Le Sud de la France est une des destinations favorites des Français. Voici quelques phrases à ce sujet. D'abord, indiquez quelle fricative vous entendez, et ensuite, d'après le son que vous avez indiqué, retrouvez l'orthographe correcte du mot.

	[f]	[v]	[s]	[z]	[ʃ]	[ʒ]	
1.							des voitures partout en _____
2.			·				on traverse la _____
3.							on peut exprimer sa _____
4.							beaucoup de _____
5.							manifester publiquement notre _____
6.							sa magnifique porte en _____

⋯ ▶ Exercice R

Voici quelques petites habitudes des jeunes. En les écoutant, pouvez-vous faire la distinction entre la forme affirmative et la forme négative ? Choisissez la prononciation de l'adverbe *plus* et décidez si ce sont des phrases affirmatives (+) ou négatives (−). Attention au style informel de certaines phrases.

	PLUS	+ OU – ?
1. [plys] ou [ply]	[plys]	+
2. [plys] ou [ply]	[ply]	–
3. [plys] ou [ply]	[plys]	+
4. [plys] ou [ply]	[plys]	+
5. [plys] ou [ply]	[ply]	–
6. [plys] ou [ply]	[plys]	+

Exercice S

Répondez aux questions suivantes

1. Qu'est qu'une consonne fricative ?

2. Quelles sont les fricatives voisées du français ?

3. Quelles sont les fricatives non voisées du français ?

4. Expliquez pourquoi la différence de prononciation entre [s] et [z] est importante.

5. Donnez des exemples de mots qui illustrent cette différence.

6. Comment sait-on si *tous* est prononcé avec un [s] final ou pas ?

_____

_____

_____

7. Quelles sont les similitudes entre la prononciation de *bœuf* et de *os* ?

_____

_____

_____

Exercice T

Lisez puis transcrivez les phrases suivantes en faisant bien la distinction entre le [s] et le [z] des mots soulignés.

1. Pas de dessert dans le désert ! Il fait trop chaud.

_____

2. Mon cousin est assis sur son coussin pour jouer aux jeux vidéo.

_____

3. Il y a du poison dans ce poisson ? Oui, c'est le fugu, le poisson-lune.

_____

_____

4. Ils sont tristes parce qu'ils ont perdu le match.

_____

5. Quand j'avais deux ans, je possédais deux cents peluches.

_____

6. Nous avons joué aux dames mais nous savons jouer aux échecs aussi.

_____

Exercice U

Lisez puis transcrivez les phrases suivantes en faisant bien attention de prononcer les fricatives.

1. Chaque juin, la fin de l'année scolaire arrive et les élèves pensent aux loisirs de l'été, comme faire du cerf-volant.

   _____

   _____

2. Les plus jeunes vont au zoo avec leur classe pour marquer la fin de l'année scolaire.

   _____

   _____

3. Les jeunes ados rêvent vraisemblablement aux grasses matinées qu'ils pourront bientôt faire.

   _____

   _____

4. Mais s'ils sont en première ou en terminale, ils ont le bac à préparer puis à réussir.

   _____

   _____

5. Enfin les vacances d'été arrivent !

   _____

6. Si on reste à la maison, on joue dehors avec ses amis, on sort les jeux de société et on dort !

   _____

   _____

7. Comme la plupart des Français partent en vacances, il y a hélas toujours des embouteillages et il fait très chaud dans les voitures.

   _____

   _____

   _____

8. Puis, on arrive à la plage qui est déjà bien bondée dès 9 heures du matin.

   _____

   _____

9. Il faut trouver sa place sur le sable ou sur son transat.

_____

10. Une fois installés, on peut aller nager, bronzer au soleil ou sous un parasol,
    manger des glaces et construire des châteaux de sable.

_____

_____

_____

Exercice V

Voici maintenant un texte en alphabet phonétique. Écrivez-le en graphie normale.

[le.pʁə.mje.ʒuʁ.də.kõ.ʒe.pe.je.sõ.ɛ̃.tʁo.dɥi.ã.mil.nœf.sã.tʁãt.si.→sã.fʁɑ̃ ↘‖ sel. de.by.dɛ̃.na.spe.kyl.ty.ʁɛl.fõ.da.mã.ta.→lã.fʁɑ̃ ↗‖kaʁ.mɛ̯̃t.nã ↗‖ le.zã.fã.õ.bo. kud.va.kã.→se.lœʁ.pa.ʁã.o.si.pɥi.skə.la.lwa.ga.ʁã.ti.o.mwɛ̃.sɛ̃k.sə.mɛn.pa.→ʁã. puʁ.tul.mõd ↘‖ i.lja.õz.ʒuʁ.fe.ʁje.o.fi.sjɛl ↗‖ kɔm.no.ɛl ↗‖ lə.pʁə.mje.ʒã.vje ↗‖ lə.lɛ̃.did̯.pak ↗‖lə.pʁə.mje.me ↗‖ se.ta.diʁ.la.fɛt.dy.tʁa.vaj ⇒‖ lə.ɥi.me.ki.se.lɛ. bʁə.la.fɛ̃d.laș.gõd.geʁ.mõ.djal ↗‖ lə.ʒø.did.la.sã.sjõ ↗‖ yn.fɛt.ʁə.li.ʒjøz ⇒‖ lə.lɛ̃. did̯.pãt.kot ↗‖ y.→not.fɛt.ʁə.li.ʒjøz ⇒‖ lə.ka.tɔʁz.ʒɥi.je ↗‖ nɔt.fɛt̯ena.sjo.nal ⇒‖ lə.kɛ̃.→zut ↘‖ la.tu.sɛ̃.e.lə.õz.no.vãbʁ ↗‖ daț.də.laʁ.mis.tis.də.la.pʁə.mjɛʁ.gɛʁ. mõ.djal ↗‖ e.tut.le.sɛt.sə.mɛn ↗‖ dã.le.ze.kɔl.pʁi.mɛ.→ʁeș.gõ.dɛʁ ↗‖ le.ze.lɛ.→ võ.dø.smɛn.də.va.kãs ↘‖ dõ.→ka.paʁ.tiʁ.də.la.ʁã.tʁe.ã.sɛp.tãbʁ ↗‖ õ.na.de. va.kã.→sa.la.tu.sɛ̃ ↗‖ a.no.ɛl ↗‖ ã.fe.vʁi.je.e.a.pak ↘‖ fi.nal.mã ↗‖ de.by.ʒɥi.je ↗‖ sə.sõ.le.dø.mwad.va.kãș.de.te.ki.ko.mãs ↘]

_____

_____

_____

_____

_____

_____

_____

_____

_____

_____

_____

_____

_____

_____

_____

_____

_____

▶ **Exercice W**

Voici un dernier texte sur les vacances en France. Lisez-le en faisant attention à toutes les fricatives, puis transcrivez-le.

Les Français aiment partir en vacances dès qu'ils le peuvent. En hiver, ils font du ski alpin ou de fond, du snowboard, de la luge ou des raquettes dans une station comme La Toussuire ou Les Saisies. En été, pour ceux qui aiment la mer et la chaleur, on a l'embarras du choix avec toutes les plages de France : Nice, La Rochelle, Saint-Jean-des-Monts … On peut aussi louer un chalet dans les Vosges, en Alsace ou dans les Pyrénées pour faire de la randonnée. Pour les accros de culture et d'architecture, ils peuvent explorer le patrimoine historique avec les nombreux musées de Paris, les petits villages rustiques en Auvergne, les châteaux de la Loire, les ruines romaines en Provence et une gastronomie inégalable. Chaque région a ses particularités et ses charmes.

_____

_____

_____

_____

_____

_____

_____

_____

_____

_____

IX. Conversation

1. Pensez-vous qu'un système de location de vélo comme Vélib' marcherait dans votre ville ? Comparez les avantages et les inconvénients.

2. Pensez-vous que le sport occupe une trop grande place dans la vie ? Expliquez votre réponse.

3. [kɑ̃.vu.ze.tje.a.do.le.sɑ̃ ↗‖ a.vje.vu.de.zak.ti.vi.te.a.pʁɛ.le.kuʁ ↗‖ kə.fə.zje.vu. kɑ̃.vo.ku.→ʁe.tɛ.fi.ni ↘]

4. [pɑ̃.se.vu.kle.ʒœn.dwa.→va.vwaʁ.de.zak.ti.vi.te.ɑ̃.də.ɔʁ.de.ze.tyd ↗‖ kɛl.za. vɑ̃.ta.→ʒe.ɛ̃.kɔ̃.ve.njɑ̃.vwa.je.vu.a.se.zak.ti.vi.te.pa.ʁa.sko.lɛʁ ↘]

X. Matériel complémentaire

Chansons

- *Les Jolies colonies de vacances* de Pierre Perret
- *L'École est finie* de Sheila
- *Je reviendrai à Montréal* de Robert Charlebois
- *Né en 17 à Leidenstadt* de Jean-Jacques Goldman
- *Chanson triste* de Carla Bruni
- *Octobre* de Francis Cabrel

Films

- *La Gloire de mon père* (1990)
- *Camping* (2006)
- *Bienvenue chez les Ch'tis* (2008)
- *La Première étoile* (2009)
- *Camping 2* (2010)
- *Bienvenue à bord* (2011)

7

Des élèves aux étudiants :
les hiérarchies et spécificités
du système éducatif français

I. Introduction

Dans ce chapitre, nous allons étudier le système scolaire en France. Ainsi, nous comprendrons les différences et les similarités qu'il peut y avoir avec votre pays. En même temps, nous allons explorer les liaisons et réviser les enchaînements.

Questions de réflexion

La liaison

1. Que veut dire le mot « liaison » ? Cherchez dans un dictionnaire et trouvez trois significations différentes avec des exemples de phrases.

2. Que savez-vous des consonnes finales en français ?

3. Rappelez ce qu'est l'enchaînement.

Le système éducatif

1. Décrivez la structure du système éducatif de votre pays. Quels en sont les points forts et les points faibles ?

2. Que doit-on faire dans votre pays pour être admis dans une université ?

II. Compréhension orale

▶ **Exercice A**

Vous allez entendre un texte qui décrit quelques étapes du système scolaire en France. Répondez aux questions de compréhension suivantes.

1. Quel est le nom de la première école à laquelle les enfants peuvent aller ?

L'école maternelle.

2. À partir de quel âge l'école est-elle obligatoire en France ?

À partir de l'âge de six ans.

3. Quelles écoles les enfants fréquentent-ils entre 3 ans et 11 ans ?

L'école maternelle et élémentaire

4. Quelles sont les deux écoles du cycle secondaire ?

Le collège et le lycée.

5. Qu'est-ce que le bac ?

C'est une série d'examens qui sont obligatoire pour entrer à l'école supérieure

▶ **Exercice B**

Maintenant réécoutez le texte en lisant la transcription phonétique, puis la transcription orthographique. Puis, répondez aux questions.

1. Identifiez cinq exemples d'enchaînement dans la transcription phonétique en les entourant.

2. Dans la transcription orthographique, soulignez cinq mots qui finissent par une consonne normalement muette et qui sont suivis par un mot qui commence par une voyelle.

3. Trouvez ces mots dans la transcription phonétique. Dans ces mots, quelles consonnes muettes sont prononcées et lesquelles ne le sont pas ?

Les "t" ne se prononcent pas mais les "s" se prononcent.

4. À votre avis, pourquoi ces consonnes sont-elle parfois prononcées et d'autres fois non ?

Peut-être c'est parce qu'ills ne sont pas aspirés.

[lə.pʁə.mje.kõ.tak.ta.vɛk.le.kɔl.sə.fɛ.ã.ʒe.ne.ʁa.la.laʒ.də.tʁwa.zã ↗|| a.le.kɔl.ma. tɛʁ.nɛl ↗|| ki.nɛ.pa.o.bli.ga.twaʁ ↘|| le.zã.fã.võ.ã.sɥi.ta.le.kɔ.le.le.mã.tɛʁ ↗ || ɛ̃.pʁo.gʁam.na.sjo.na.lo.bli.ga.twaʁ ↗|| kõ.na.pɛ.le.gal.mã.le.kɔl.pʁi.mɛʁ ↘|| le.ze.lɛ.vi.ʁɛ.stã.tʁə.laʒ.də.si.se.õ.zã ↘|| lə.si.kle.le.mã.tɛʁ.sə.di.vi.zã.sɛk.ni.vo ↘|| lə.kuʁ.pʁe.pa.ʁa.twaʁ ↗|| lə.se.pe ⇒|| lə.ku.ʁe.le.mã.tɛ.ʁɛ̃ ↗|| lə.se.ø.ɛ̃ ⇒|| sɥi. vi.dy .ku.ʁe.le.mã.tɛʁ.dø ↘|| lə.se.ø.dø ⇒|| lə.kuʁ.mwa.jɛ̃.ɛ̃ ↗|| lə.se.ɛ.mɛ̃ ⇒|| sɥi. vi.dy.kuʁ.mwa.jɛ̃.dø ↘|| lə.se.ɛm.dø ↘|| a.pʁɛ.sla ↗|| lə.si.kle.sə.gõ.dɛʁ.ko.mã. sa.vɛk.lə.ko.lɛʒ ↘|| õ.ni.e.ty.di.ʃak.ma.tjɛ.ʁɛ̃.di.vi.dɥɛl.mã ↗|| a.vɛk.de.pʁo.fe. sœʁ.di.fe.ʁã ↘|| la.pʁə.mje.ʁa.ne.sa.pɛl.la.si.zjɛm ↗|| sɥi.vid.la.sɛ̃.kjɛm ↗|| də.la. ka.tʁi.jɛm ↗|| puʁ.fi.ni.ʁa.vɛk.la.tʁwa.zjɛm ↘|| lã.sɛɲ.mã.sə.gõ.dɛʁ.sə.puʁ. sɥi.o.li.se ↗|| ã.tʁə.kɛ̃.ze.di.zɥi.tã ↘|| le.tʁwa.dɛʁ.njɛʁ.za.ne.sa.pɛl.la.sə.gõd ↗|| la.pʁə.mje.ʁe.la.tɛʁ.mi.nal ↘|| a.la.fɛ̃d.la.tɛʁ.mi.nal ↗|| õ.pas.lə.ba.ka.lo.ʁe.a ↗|| lə.bak ⇒|| yn.se.ʁi.dɛg.za.mɛ̃.ɛ̃.di.spã.sa.bla.lad.mi.sjõ.o.si.klə.sy.pe.ʁjœʁ ↘]

Le premier contact avec l'école se fait en général à l'âge de <u>trois</u> ans, à l'école maternelle, qui n'est <u>pas</u> obligatoire. Les enfants <u>vont</u> ensuite à l'école élémentaire, un programme national obligatoire, qu'on appelle également l'école primaire. Les élèves y <u>restent</u> entre l'âge de six et onze ans. Le cycle élémentaire se divise en cinq niveaux. Le cours préparatoire (le CP), le cours élémentaire 1 (le CE1), suivi du cours élémentaire 2 (le CE2), le cours moyen 1 (le CM1), suivi du cours moyen 2 (le CM2). Après cela, le cycle secondaire commence avec le collège. On y étudie chaque matière individuellement avec des professeurs différents. La première année s'appelle la sixième, suivie de la cinquième, de la quatrième, pour finir avec la troisième. L'enseignement secondaire se <u>poursuit</u> au lycée, entre quinze et dix-huit ans. Les trois dernières années s'appellent la seconde, la première et la terminale. À la fin de la terminale, on passe le baccalauréat (le bac), une série d'examens indispensables à l'admission au cycle supérieur.

III. Discrimination

▶ **Exercice C**

Dites si les expressions que vous entendez, associées à l'école, contiennent une liaison ou pas.

EXPRESSIONS	LIAISON	PAS DE LIAISON
1. un élève		×
2. des étudiants	×	
3. une épreuve		×
4. Ils ont su répondre	×	
5. elles sont sûres…		×
6. un bon ami	×	
7. une bonne amie		×
8. l'éducation obligatoire		×
9. la classe est en haut		×

▶ **Exercice D**

La présence de la liaison indique parfois le pluriel comme dans *il aime* [i.→lɛm] vs. *ils aiment* [il.zɛm] ou *leur ami* [lœ.→ʁa.mi] vs. *leurs amis* [lœʁ.za.mi]. Écoutez les phrases suivantes qui décrivent soit un, soit plusieurs élèves d'une classe de CP, c'est-à-dire la première année de l'école primaire, et dites s'il s'agit du singulier (pas de liaison) ou du pluriel (liaison).

EXPRESSIONS	UN ÉLÈVE	PLUSIEURS ÉLÈVES
1. Ils attendent		×
2. Il entend	×	
3. Il adore	×	
4. Ils essaient		×
5. Ils écoutent		×
6. Il arrive	×	

▶ **Exercice E**

Écoutez les expressions suivantes qui expliquent ce qu'il est possible d'apprendre en seconde, c'est-à-dire la première année du lycée français. Elles vont être répétées deux fois. Indiquez si la liaison est toujours présente (liaison obligatoire), présente une fois sur deux (liaison facultative) ou jamais présente (liaison interdite).

EXPRESSIONS	TOUJOURS	PARFOIS	JAMAIS
1. langues et cultures régionales		X	
2. anglais avancé			X
3. beaux arts	X		
4. sport et activité physique			X
5. sciences économiques		X	
6. plusieurs options	X		

Maintenant, essayez de déterminer dans quels contextes les liaisons sont toujours, jamais ou parfois présentes.

▶ **Exercice F**

Parfois les liaisons sont facultatives, c'est-à-dire qu'on peut choisir de les faire ou de ne pas les faire. En général, on choisit de faire des liaisons facultatives dans des situations plutôt formelles, comme pour un discours, la lecture d'un poème ou quand on veut marquer plus de respect envers quelqu'un. Vous allez entendre des expressions avec des liaisons facultatives. Si vous entendez une liaison, marquez une croix dans la colonne «Formelle» (un élève qui parle à un prof, par exemple). Si vous n'en entendez pas, marquez une croix dans la colonne «Informelle» (des élèves qui discutent pendant la récréation, par exemple).

EXPRESSIONS	FORMELLE	INFORMELLE
1. je fais ainsi	X	
2. pas encore		X
3. vous aussi		X
4. toujours amis	X	
5. bien adapté		X
6. ils sont allés		X
7. vraiment intelligent		X
8. petits et grands	X	
9. c'est énorme	X	

IV. Expansion

1. La liaison : un phénomène d'enchaînement

A. Syllabation

Comme nous l'avons déjà vu, le français a tendance à préférer les syllabes qui commencent par une consonne et finissent par une voyelle, c'est-à-dire, les **syllabes ouvertes**. Ainsi, la syllabe préférée en français est représentée comme **CV** (consonne-voyelle). Les enchaînements et les liaisons sont deux façons d'augmenter le nombre de syllabes CV. Dans les deux cas, bien qu'un mot commence par une voyelle, on change la structure syllabique du mot qui précède pour donner une syllabe CV.

Exemples :

Enchaînement	Liaison
pour + elle [pu.→ʁɛl]	*les + enfants* [le͜.zɑ̃.fɑ̃]
avec + eux [a.vɛ.→kø]	*un + ami* [ɛ̃͜.na.mi]

B. Différence entre liaison et enchaînement

Dans les exemples d'**enchaînement simple** de la première colonne, les premiers mots sont toujours prononcés avec une consonne finale ([puʁ] et [a.vɛk]) et cette consonne finale devient la consonne initiale du mot suivant.

Dans les exemples de **liaison**, notés dans la deuxième colonne, les premiers mots [le] et [ɛ̃] n'ont pas de consonne finale lorsqu'ils sont prononcés individuellement. Pourtant, quand le mot suivant commence par une voyelle, une consonne de liaison apparaît au début de ce mot. Cette consonne est alors enchaînée au mot suivant. La liaison est donc l'enchaînement avec une consonne normalement silencieuse.

C. Les consonnes de liaison

Attention, seulement certaines consonnes peuvent être utilisées comme consonnes de liaison.

1. Les lettres <s>, <z> et <x> sont prononcées **[z]** en liaison
   mes amis [me͜.za.mi], *chez eux* [ʃe͜.zø], *six euros* [si.zø.ʁo]

2. Les lettres <d> et <t> sont prononcées **[t]**
   sait-on [sɛ.tõ], *un grand homme* [ɛ̃.gʁɑ̃͜.tɔm]

(*suite*)

3. La lettre <n> est prononcée [**n**]

   un ami [ɛ̃.na.mi], *en Espagne* [ɑ̃.nɛ.spaɲ]

4. La lettre <r> est prononcée [**ʁ**]

   premier avril [pʁə.mje.ʁa.vʁil], *dernier exercice* [dɛʁ.nje.ʁɛg.zɛʁ.sis]

5. Plus rarement, il est possible d'avoir les lettres <p> et <g>, prononcées respectivement [**p**] et [**g**] ou [**k**], mais en général ces liaisons-là sont obsolètes et donc évitées. Elles sont facultatives.

   trop à manger [tʁo.(p)a.mɑ̃.ʒe], *sang impur* [sɑ̃.(g/k)ɛ̃.pyʁ] (dans *La Marseillaise*, mais ce passage est généralement chanté sans liaison)

2. Les liaisons obligatoires

La liaison est **obligatoire** entre deux mots quand les relations grammaticales entre ces mots sont étroites, comme par exemple à l'intérieur d'un groupe syntaxique. Voici les contextes où on trouve le plus de liaisons obligatoires. La liaison obligatoire est ici transcrite avec le symbole ‿.

A. Article + nom

un enfant [ɛ̃.nɑ̃.fɑ̃], *son évolution* [sõ.ne.vo.ly.sjõ], *des aliments* [de.za.li.mɑ̃]

B. Adjectif + nom

bons amis [bõ.za.mi], *nouveaux arômes* [nu.vo.za.ʁom]

C. Entre un pronom monosyllabique et un verbe, et entre les pronoms monosyllabiques

ils ont [il.zõ], *elles arrivent* [ɛl.za.ʁiv], *on en a* [õ.nɑ̃.na], *ils y vont* [il.zi.võ], *ils les ont* [il.le.zõ], *ont-ils* [õ.til], *allez-y* [a.le.zi], *prenez-en* [pʁə.ne.zɑ̃], *sait-elle* [sɛ.tɛl]

D. Après une préposition monosyllabique

en effet [ɑ̃.nɛ.fe], *ils sont chez eux* [ʃe.zø], *dans une* [dɑ̃.zyn]

E. Dans certaines locutions figées

tout à l'heure [tu.ta.lœʁ]   *de haut en bas* [də.o.tɑ̃.ba]

tout à fait [tu.ta.fe]   *les États-Unis* [le.ze.ta.zy.ni]

(*suite*)

tout à coup [tu.ta.ku]	*les Champs-Elysées* [le.ʃɑ̃.ze.li.ze]
peut-être [pø.tɛtʁ]	*avant-hier* [a.vɑ̃.tjɛʁ]
petit à petit [pə.ti.ta.pə.ti]	*comment allez-vous ?* [ko.mɑ̃.ta.le.vu]
de moins en moins [də.mwɛ̃.zɑ̃.mwɛ̃]	*les Jeux olympiques* [le.ʒø.zo.lɛ̃.pik]
de plus en plus [də.ply.zɑ̃.plys]	*c'est-à-dire* [sɛ.ta.diʁ]
de temps en temps [də.tɑ̃.zɑ̃.tɑ̃]	*il était une fois* [i.le.tɛ.tyn.fwa]

3. Les liaisons interdites

La liaison est **interdite** quand les relations grammaticales entre les deux mots sont éloignées et qu'il existe une **frontière prosodique, syntaxique ou sémantique** entre des groupes. Dans les cas suivants, il ne faut jamais faire la liaison. Notez qu'on utilise ici le symbole « # » pour montrer les liaisons interdites.

A. **Entre deux groupes prosodiques, syntaxiques ou sémantiques** (par exemple entre un **nom sujet et le verbe**, ou avec une **marque de ponctuation**, ou si le groupe qui suit ne décrit pas le groupe qui précède)

Certains lycées # offrent des possibilités # aux élèves.

[sɛʁ.tɛ̃.li.se.# ɔ.fʁə.de.po.so.bi.li.te.#o.ze.lev]

Dans les lycées généraux, # il y a 12% d'internes.

[dɑ̃.le.li.se.ʒe.ne.ʁo.#i.lja.duz.puʁ.sɑ̃.dɛ̃.tɛʁn]

B. **Nom singulier + adjectif**

une condition # adaptée [yn.kɔ̃.di.sjɔ̃.#a.dap.te]

l'internat # éducatif [lɛ̃.tɛʁ.na.#e.dy.ka.tif]

C. **Avant et après les conjonctions** *et* **et** *ou*

les élèves # et leur prof [le.ze.lɛ.#→ve.lœʁ.pʁɔf]

un cahier et un livre [ɛ̃.ka.je.#e.#ɛ̃.livʁ]

des internes # ou des élèves [de.zɛ̃.tɛʁ.#→nu.de.ze.lev]

D. **Avant un <h> aspiré** (voir la liste suivante)

plus # haut [ply.#o]

les # haricots [le.#a.ʁi.ko]

(suite)

E. Après la plupart des pronoms interrogatifs

Combien # en veux-tu ? [kõ.bjɛ̃.#ɑ̃.vø.ty]

Comment # es-tu venu ? [ko.mɑ̃.#e.ty.və.ny]

Quand # a-t-il mangé ? [kɑ̃.#a.til.mɑ̃.ʒe]

⚠ **Attention :** La liaison est obligatoire dans *comment allez-vous* [ko.mɑ̃.ta.
le.vu].

⚠ **Attention :** La liaison est facultative dans *quand est-ce que* [kɑ̃.(t)ɛs.kə].

F. Avant le nom d'une personne

chez # Anne [ʃe.#an]

sans # Alain [sɑ̃.#a.lɛ̃]

G. Quand un mot est donné comme citation, comme s'il y avait des guillemets (« … »)

J'ai dit # oui. [ʒe.di.#wi]

un # huit [ɛ̃.#ɥit]

un # A [ɛ̃.#a]

H. Avant les mots d'origine étrangère qui commencent par les lettres \<y\> et \<w\>

les # week-ends [le.#wi.→kɛnd]

les # yaourts [le.#ja.uʁt]

Mais *les yeux* est un mot français, donc la liaison est obligatoire [le.zjø]

I. Dans certaines locutions figées

mais # oui [me.#wi]

nez # à nez [ne.#a.ne]

des arcs # -en-ciel [de.zaʁ.#→kɑ̃.sjɛl]

de part # en part [də.pa.#→ʁɑ̃.paʁ]

Notez qu'une liaison interdite n'empêche pas l'enchaînement. Dans ce cas, on indique la liaison interdite avec # et on indique l'enchaînement à la syllabe suivante avec la flèche →.

Seuls # 1% des collégiens # habitent à l'école pendant la semaine.

[sœ.#→lɛ̃.puʁ.sɑ̃.de.ko.le.ʒjɛ̃.#a.bit.(t)a.le.kɔl.pɑ̃.dɑ̃.la.smɛn]

Les élèves # attendent la fin des cours # avec impatience.

[le.ze.lɛ.#→va.tɑ̃d.la.fɛ̃.de.ku.#→ʁa.vɛ.kɛ̃.pa.sjɑ̃s]

4. Les mots en <h> aspiré

A. Origine

Les mots en <h> aspiré ont une étymologie germanique. Il y a bien long-temps, ce <h> était prononcé, puis il a disparu au fil du temps. Mais au-jourd'hui, il reste une trace de cette consonne bien qu'elle soit silencieuse. Les mots en <h> aspiré, contrairement aux mots en <h> muet d'origine la-tine, se comportent donc comme s'ils commençaient encore avec une consonne. Par conséquent, la liaison et l'élision (c'est-à-dire les lettres qui tombent pour être remplacée par des apostrophes) sont impossibles. Voici des exemples.

Exemples :

À la cantine on mange des haricots [de.#a.ʁi.ko].

On évite les hamburgers [le.#ɑ̃.byʁ.gœʁ].

La salle de classe est en haut [ɑ̃.#o].

B. Liste non exhaustive

la haine	*un haricot*	*le hockey*
les halles	*le hasard*	*la Hollande*
un hamac	*haut*	*le homard*
un hameau	*un hérisson*	*la honte*
un hamburger	*le héros* (mais attention, *« héroïne »*	*le hoquet*
la hanche	n'a pas de <h> aspiré)	*huit*
un handicap	*un hibou*	*hurler*
le harcèlement	*la hiérarchie*	

Cette liste n'est pas complète. Les mots dérivés (comme *hauteur*, *hautaine*, *hautement*, etc.) sont aussi en <h> aspiré. Il y a aussi des mots moins fré-quents qui n'apparaissent pas ici. Si vous ne savez pas si un mot commence par un <h> aspiré, vous pouvez regarder dans le dictionnaire. Tous les dic-tionnaires marquent la différence entre les <h> aspirés et les <h> muets. Parce qu'il n'y a pas de convention uniforme, regardez quel symbole votre dictionnaire utilise.

C. Variations

Bien qu'en général tous les mots dérivés de la même racine obéissent aux mêmes règles, ce n'est pas toujours vrai pour les mots en <h> aspiré. On dit *le héros* [lɔ.e.ʁo] (avec un <h> aspiré) mais toujours *l'héroïne* [le.ʁo.in]

(*suite*)

(avec un <h> muet), *le handicap* [lə.ã.di.kap] mais souvent *l'handicapé* [lã.di.ka.pe]. Enfin, tout le monde a des préférences personnelles et la langue change continuellement. Les mots en <h> aspiré ont tendance à se simplifier et à se comporter de plus en plus comme des mots en <h> muets. Il n'est pas rare d'entendre *des haricots* [de̬.za.ʁi.ko] avec une liaison, bien que cela soit considéré comme une erreur. Par contre, *des handicapés* [de̬.zã.di.ka.pe] avec la liaison est une variante acceptable.

---

5. Les liaisons facultatives

A. Formalité du style

Dans **tous les autres cas** que nous n'avons pas évoqués, la liaison est **facultative**, c'est-à-dire optionnelle. La liaison facultative est faite dans des **situations formelles** (lecture d'un texte, discours, etc.) et n'est généralement pas faite dans des conversations naturelles et informelles. Elle a tendance à disparaître de nos jours. La liaison facultative est indiquée ici en mettant la consonne de liaison entre parenthèses dans la position d'attaque de la syllabe suivante.

1. **Entre un nom pluriel et un adjectif**
   dix épreuves obligatoires [di̬.ze.pʁœv.(z)o.bli.ga.twaʁ]
   des amis intéressants [de̬.za.mi.(z)ẽ.te.ʁe.sã]

2. **Après un verbe**
   Elle est en train de réviser. [ɛ.→le.(t)ã.tʁẽ.dʁe.vi.ze]
   Il faut obligatoirement connaître une autre langue.
   [il.fo.(t)o.bli.ga.twaʁ.mã.ko.nɛ.→tʁy.→no.tʁə.lãg]
   Le bac correspond à l'Abitur allemand. [lə.bak.ko.ʁɛs.põ(t).a.la.bi.tu.→ʁal.mã]

3. **Après *trop*, *pas*, *plus*, *puis* et *mais***
   C'est trop important. [se.tʁo.(p)ẽ.pɔʁ.tã]
   Il ne faut pas arriver en retard. [il.nə.fo.pa.(z)a.ʁi.ve.(ʁ)ã.ʁə.taʁ]
   Mais il faut être à l'heure. [me.(z)il.fo.(t)ɛ.→tʁa.lœʁ]

(suite)

4. **Après les adverbes et les prépositions plurisyllabiques** (de deux syllabes ou plus)

Le bac est actuellement obligatoire. [lə.ba.→ke.(t)ak.tɥɛl.mã.(t)o.bli.ga. twaʁ]

Les lycéens sont souvent extrêmement anxieux avant un examen. [le.li.se. ɛ̃.sõ.su.vã.(t)ek.stʁɛm.mã.(t)ãk.sjø.a.vã.(t)ɛ̃‿nɛg.za.mɛ̃]

Ils étudient devant une tasse de café. [il‿ze.ty.di.də.vã.(t)yn.tas.də.ka.fe]

5. **La liaison avant** *et*

La liaison avant *et* est **facultative dans un seul cas** : quand *et* lie deux noms pluriels ou deux adjectifs pluriels qui ne sont modifiés par aucun autre mot.

Des hommes et des femmes [de.zɔm.(z)e.de.fam]

Mais pas *des hommes intelligents # et des femmes riches* [de.zɔm.(z)ɛ̃.te. li.ʒã.#e.de.fam.ʁiʃ] ni *des hommes # et une femme* [de.zɔ.#→me.#yn.fam]

Des femmes riches et intelligentes [de.fam.ʁiʃ.(z)e.#ɛ̃.te.li.ʒãt]

Mais pas *des femmes riches # et très intelligentes* [de.fam.ʁi.#→ʃe.tʁɛ.zɛ̃. te.li.ʒãt] ni *des femmes très riches # et intelligentes* [de.fam.tʁɛ.ʁi.#→ ʃe.#ɛ̃.te.li.ʒãt]

6. **Le cas de** *très* **et** *bien*

Autrefois, la liaison était exclusivement obligatoire après les mots *très* et *bien*. Aujourd'hui, il est possible de ne pas la faire. Cependant, dans l'ensemble, elle reste présente.

Ma fille est très intelligente.

Souvent : [ma.fi.→je.tʁɛ.zɛ̃.te.liʒãt]

Rarement : [ma.fi.→je.tʁɛ.ɛ̃.te.liʒãt]

La classe est bien arrivée à l'heure.

Souvent : [la.kla.→se.bjɛ̃.na.ʁi.ve.a.lœʁ]

Rarement : [la.kla.→se.bjɛ̃.a.ʁi.ve.a.lœʁ]

B. En cas de doute

Quand on n'est pas sûr si on doit faire une liaison ou pas, il est conseillé de ne pas faire de liaison. Les probabilités de liaison sont plus faibles que les probabilités de non-liaison parce que les liaisons facultatives sont de moins en moins utilisées.

6. La liaison et les voyelles nasales

En général, la liaison n'affecte pas les voyelles nasales qui la précèdent.

Exemples :

mon ami [mõ.na.mi], *un enfant* [ɛ̃.nɑ̃.fɑ̃]

Mais dans quelques expressions, une voyelle nasale à la fin d'un adjectif devient **orale** en situation de liaison. On utilise alors la voyelle orale la plus proche de la voyelle nasale.

Exemples :

plein [plɛ̃] individuellement mais *en plein air* [ɑ̃.plɛ.nɛʁ] en situation de liaison ;

moyen [mwa.jɛ̃] individuellement mais *Moyen Âge* [mwa.jɛ.naʒ] en situation de liaison ;

bon [bõ] individuellement mais *bon ami* [bɔ.na.mi] en situation de liaison

Cependant, on entend de plus en plus d'adjectifs conserver leur voyelle nasale pour plus de régularité. Ainsi, on a *prochain* [pʁo.ʃɛ̃] individuellement mais soit *prochain arrêt* [pʁo.ʃɛ.na.ʁɛ] ou [pʁo.ʃɛ̃.na.ʁɛ] en situation de liaison.

7. La liaison et les nombres

A. Les chiffres avec une consonne finale non prononcée

Pour tous ces chiffres, **la liaison est obligatoire avant les noms** : *un enfant* [ɛ̃.nɑ̃.fɑ̃], *deux adultes* [dø.za.dylt], *trois instituteurs* [tʁwa.zɛ̃.sti.ty.tœʁ].

B. Les consonnes finales variables

Pour les chiffres avec une consonne finale prononcée, la prononciation de cette consonne peut varier selon le type de mots qui les suit. Par exemple, en isolation, la consonne finale des chiffres *5, 6, 8* et *10* est prononcée. Quand le mot suivant commence par une voyelle, on prononce aussi leur consonne finale avec un enchaînement, comme dans *huit ans* [ɥi.→tɑ̃] ou *cinq heures* [sɛ̃.→kœʁ]. Mais pour les chiffres *6* et *10*, cette consonne finale devient [z], comme dans *six heures* [si.zœʁ] ou *dix amis* [di.za.mi]. Il se passe la même chose avec *9*, où le [f] devient [v], mais seulement devant les mots *heures* et *ans* : *neuf étudiants* [nœ.→fe.ty.djɑ̃], *neuf amis* [nœ.→fa.mi] mais *neuf heures* [nœ.→vœʁ] et *neuf ans* [nœ.→vɑ̃]. Par contre, si le mot qui suit commence par une consonne, alors on ne prononce pas la consonne finale : *huit jours* [ɥi.ʒuʁ] et *six tables* [si.tabl], par exemple.

(*suite*)

C. Le chiffre 5

Cela se complique pour le chiffre *5*, dont on prononce toujours la consonne finale, sauf quand il est suivi d'un autre nombre ou du mot *minutes* pour la plupart des locuteurs, comme dans *500* [sɛ̃.sɑ̃] ou *5 minutes* [sɛ̃.mi.nyt].

D. Les montants en euros

Théoriquement, la liaison est obligatoire entre un nombre et le nom qui suit. Cependant, pour les chiffres au-delà de *dix*, elle est souvent omise avant le mot *euros*. Cela s'explique peut-être par le fait que cette monnaie est relativement récente et qu'avant on utilisait le mot *francs* qui évidemment n'exigeait aucune liaison. Mais attention, si vous omettez la liaison avant *euros*, certains puristes vous corrigeront !

E. Tableau récapitulatif

Voici un tableau récapitulatif des difficultés principales. Il faut aussi se souvenir de ne faire **ni la liaison ni l'élision avant les chiffres**, comme dans *tous les huit du mois* [le.#ɥit], *les onze joueurs* [le.#õz] ou *j'habite le un rue Jean-Jaurès* [lə.#ɛ̃].

Tableau 7.1
Les liaisons et les chiffres

CHIFFRE SEUL	+ VOYELLE	+ CONSONNE	SITUATION SPÉCIALE
5 [sɛ̃k]	[k] est prononcé	[k] est prononcé	[k] tombe avant *minutes* et un autre chiffre
6 [sis]	liaison [z]	[s] tombe	
8 [ɥit]	[t] est prononcé	[t] tombe	
9 [nœf]	[f] est prononcé	[f] est prononcé	[f] devient [v] avant *heures* et *ans*
10 [dis]	liaison [z]	[s] tombe	[z] avant 8 et 9 dans 18 et 19
20 [vɛ̃]	liaison [t]		[vɛ̃t] avant un autre chiffre ; liaison [t] pour 21
100 [sɑ̃]	liaison facultative [t]		Attention à ne pas faire la liaison avec [z]
200, 300, etc.	liaison [z]		

V. Prononciation

▶ **Exercice G**

Des élèves de CM2 (i.e., la dernière année de l'école primaire) sont partis une semaine en classe de neige dans les Pyrénées. La petite Manon, 10 ans, envoie une
carte postale à ses amis. Prononcez les expressions soulignées qui contiennent
toutes des liaisons obligatoires puis expliquez les règles.

Chers amis,

Nous nous amusons bien à la station d'Artouste. Les anciens élèves qui trou-
vaient ça nul devraient peut-être consulter un médecin, car ils sont fous ! Mon
instructeur de ski est trop cool : il nous montre des techniques qu'il a apprises
aux États-Unis ! Bon, j'arrive à faire du snow board plus ou moins bien …
C'est pas demain les Jeux olympiques … Demain, en fait, on ira en Espagne.
On rencontrera enfin les enfants espagnols avec qui on correspond de temps
en temps.

En attendant de vous revoir, gros bisous !

Manon

▶ **Exercice H**

Voici les commentaires d'un prof de français sur la rédaction d'un élève de 6e (i.e.,
la première année du collège). Le sujet demandait de parler de son héros. Lucas,
11 ans, va avoir beaucoup à corriger ce mercredi (le jour où la plupart des écoliers
et des collégiens n'ont pas classe en France). Prononcez les expressions **en gras**
qui contiennent toutes des liaisons interdites puis expliquez les règles.

Lucas, voici mon **opinion honnête** sur ton travail. Tout d'abord, **quand as**-tu l'in-
tention d'acheter un dictionnaire ? Tu fais des fautes d'orthographe **à tort et à
travers**. La librairie fait des promotions tous **les onze** du mois. Tu devrais en profiter. Deuxièmement, le **mot « héros »** ne commence pas par **un E**. As-tu oublié
que **le français a des H**, même s'ils ne sont pas prononcés ? Troisièmement, je ne
pense pas que ton **copain Alexandre** soit un bon modèle dans la catégorie **des
héros**. Manger **son yaourt** par le **nez et** passer **ses week-ends** à jouer à **la Wii** ne
sont pas des preuves de **talent extraordinaire**, selon moi. Enfin, tu n'as même pas
écrit ton **nom en haut** de la page … **Mais oui**, tu vas devoir faire des progrès **rapides ou** tu seras forcé de redoubler !

Exercice I

Quentin, un collégien en 3e (i.e., la dernière année du collège) doit réviser toutes les conjugaisons des verbes du français avant l'examen du brevet des collèges en juin. Il pratique la conjugaison à travers cette activité d'écriture. Imaginez que vous êtes Quentin et décrivez oralement à un partenaire quel âge vous aviez ou quel âge vous aurez pour les activités ci-dessous. Faites attention aux chiffres et aux liaisons.

Modèle : *Quand j'avais 5 ans, j'ai appris à faire du vélo.*

Au passé (*Quand j'avais …*)

- apprendre à faire du vélo
- commencer le lycée
- avoir son premier téléphone
- passer son permis de conduire
- apprendre à lire
- trouver son premier travail

Au futur (*Quand j'aurai …*)

- visiter la France entière
- avoir un bébé
- être riche et célèbre
- aller dans l'espace
- se marier
- recevoir son diplôme universitaire

▶ **Exercice J**

Des élèves de terminale (i.e., la dernière année du lycée) viennent de passer leur dernière épreuve du bac. Voici les commentaires de Nicolas, Laura, Maxime et Anaïs à la sortie. Prononcez les expressions en italique qui contiennent toutes des liaisons facultatives : prononcez une fois avec et une fois sans la liaison. Notez cependant qu'une personne jeune aura plutôt tendance à éviter les liaisons facultatives. Enfin, expliquez pourquoi ce sont des liaisons facultatives.

1. Super, je ne vais *plus en* cours maintenant !

2. Moi, *pas encore* fini… Je *crois avoir* tout raté.

3. J'étais *souvent anxieuse* pour ces épreuves. Je *suis absolument épuisé*e !

4. Je ne sais pas quoi faire de tous mes *cahiers et* mes livres.

5. Allez, ne restons *pas ici* à discuter. Il *faut y* aller maintenant.

6. Je suis *trop heureux* d'avoir fini ! *Vous aussi* ?

7. *Mais enfin*, allons *célébrer au* café !

8. Les *devoirs ennuyeux*, plus jamais !

9. On a tout de même *beaucoup appris* au lycée !

▶ **Exercice K**

Lisez les questions suivantes, proposées à l'épreuve du baccalauréat de philosophie ces dix dernières années. Avant de les prononcer, identifiez les types de liaisons en les justifiant.

1. Les sciences humaines pensent-elles l'homme comme un être prévisible?

_____

_____

_____

2. La vérité dépend-elle de nous?

_____

3. Peut-on être esclave d'un objet?

_____

_____

4. Une œuvre d'art peut-elle ne pas être belle?

_____

5. L'imagination enrichit-elle la connaissance?

_____

_____

6. L'humain est-il le produit de son histoire?

_____

_____

7. Y a-t-il des interrogations auxquelles aucune science ne parvient à répondre?

_____

_____

_____

8. Doit-on tout attendre de l'Etat?

_____

_____

Exercice L

Faites une liste de choses que vous voyez dans votre salle de classe en utilisant le plus de chiffres possibles. Ensuite demandez à votre partenaire combien il/elle peut en trouver. Votre partenaire devra vous répondre en utilisant le bon chiffre et la bonne liaison. N'hésitez pas à tendre des pièges !

VI. Transcription

Exercice M

Voici des problèmes mathématiques de niveau CE2 (la troisième année de l'école primaire), adaptés du site www.mathematiquesfaciles.com. Complétez-les en indiquant la bonne réponse et en transcrivant les mots soulignés. Faites attention aux nombres avec les mots qui les suivent.

1. Maman partage 18 images également entre ses 3 enfants. Chaque enfant reçoit _____ images.

   _____

2. Pierre a 9 ans. Son papa a 32 ans de plus que lui. Son papa a donc _____ ans.

   _____

3. 35 voyageurs sont dans l'autobus. 9 descendent et 6 montent. Maintenant ils sont _____ dans le bus.

   _____

4. Le sac de Mathieu contient 8 billes. Celui de Tom contient 10 billes. Ensemble ils ont _____ billes.

   _____

5. Élodie a utilisé 500 améthystes pour faire son collier. Isabelle en a utilisé 21 de moins. Isabelle a utilisé _____ améthystes.

   _____

6. Dans son portefeuille, Madame Martin a 200 euros. Elle dépense 45 euros pour des chaussures et 120 euros pour un manteau. Au total, elle a dépensé _____ euros et il lui reste _____ euros.

   _____

   _____

7. Emma qui a <u>8 ans</u>, a acheté <u>20 gâteaux</u> pour ses camarades : <u>6 millefeuilles</u>, <u>des éclairs</u> au chocolat et <u>5 tartelettes</u>. Elle a acheté _____ éclairs au chocolat.

_____

_____

Exercice N

Marquez les liaisons obligatoires dans les phrases ci-dessous qui décrivent l'emploi du temps des écoliers, puis transcrivez-les.

1. Contrairement aux États-Unis, les petits enfants en France ne vont pas à l'école tous les jours.

_____

_____

2. En effet, ils ont généralement une journée libre le mercredi.

_____

3. Cela permet de faire des activités sportives, les devoirs ou d'aller chez un ami.

_____

_____

4. Quand on est petit, c'est très important d'avoir une journée de libre en milieu de semaine.

_____

_____

5. La journée dure en général de huit heures trente à onze heures trente, et de une heure trente à quatre heures trente.

_____

_____

6. Mais de plus en plus de parents travaillent.

_____

7. Alors de moins en moins d'enfants rentrent chez eux pour manger à midi.

_____

_____

Exercice O

Marquez les liaisons obligatoires et interdites dans les phrases ci-dessous sur l'épreuve du baccalauréat, puis transcrivez-les.

1. Chacun a un enfant, un cousin, une nièce ou connaît quelqu'un qui passe le bac.

   _____

   _____

2. Trois semaines avant les épreuves générales, tous les élèves passent l'examen de philosophie.

   _____

   _____

3. La télévision et les journaux partagent certains sujets avec le public.

   _____

   _____

4. Parfois, on ne comprend pas les questions et on est heureux de ne pas passer l'examen.

   _____

   _____

5. Dans les familles, les enfants examinés passent des heures à étudier et à stresser.

   _____

   _____

6. Puis viennent les autres examens, comme les maths et l'histoire ou la physique et les langues.

   _____

   _____

7. On attend les résultats avec impatience et anxiété, on a peur de devoir recommencer.

   _____

   _____

8. L'annonce arrive et on est content, ou on va au rattrapage si on n'a pas les notes suffisantes.

_____

_____

Exercice P

Lisez le texte sur l'histoire du baccalauréat. Transcrivez-le en orthographe conventionnelle, en gardant les symboles ‿ # et ( ) pour bien distinguer les liaisons obligatoires des liaisons facultatives et interdites.

mil huit cent huit   *fait des études*

[kʁe.e.ã.mi.→lɥi.sã.#ɥit ↗‖ lə.di.plom.dy.ba.ka.lo.ʁe.a.#a.yn.du.blə.fõk.sjõ ↘‖
maʁ.ke.la.fɛ̃.de.ze.tyd̪.sə.gõ.dɛ.#→ʁe.u.vʁiʁ.lak.sɛ.#a.lã.sɛɲ.mã.sy.pe.ʁjœʁ ↘‖
sɛʁ.tɛl.kõ.si.dɛʁ.kɔ.→me.tã.tʁo.(p)ɛ̃.pɔʁ.tã.kaʁ.si.õ.ne.ʃu ↗‖ il.fo.(t)o.bli.ga.
twaʁ.mã.tu.ʁə.ko.mã.se.la.ne.sɥi.vãt ↘‖ õn.pø.pa.(z)e.se.je.dʁə.pa.se.sœl.mã.le.
ma.tjɛʁ.dã.le.kɛ.→#lõ.na.e.ʃwe ↘‖ i.→lɛg.zis.tə.tʁwa.tiр̃.də.ba.ka.lo.ʁe.a ↗‖
ko.ʁɛs.põ.dã.(t)o.tʁwa.vwa.de.ze.ty.#→do.li.se ↘‖ lə.bak̪.ʒe.ne.ʁal ↗‖ lə.bak.tɛk.
no.lo.ʒik ↗ ‖ e.lə.bak.pʁo.fe.sjo.nɛl ↘]

Créé en 1808, le diplôme du bacalaureat a une double fonction: marquer la fin des études secondaires et ouvrir l'accès à l'enseignement supérieur. Certains le considèrent comme étant trop important car si on échoue, il faut obligatoirement tout recommencer l'année suivante. On peut pas essayer de repasser seulement les matières dans lesquelles on a échoué. Il existe trois types de bacalaureat, correspondant au trois voies des études au lycée. Le bac général, le bac technologique et le bac professionnel.

▶ Exercice Q

Voici maintenant la fin du texte précédent. Transcrivez-le avec l'API en montrant toutes les liaisons et les enchaînements.

Mais à l'intérieur de chaque voie, des séries existent, comme par exemple: série ES (économique et sociale), série S (scientifique), série L (littéraire) pour le baccalauréat général, série STI (sciences et technologies industrielles) pour le baccalauréat technologique, etc. Cet examen national comprend neuf à dix épreuves obligatoires, écrites et orales, ainsi que des épreuves facultatives. Les élèves sont souvent extrêmement anxieux avant de le passer.

[mɛ.a.lɛ̃.te.ʁjœʁ.də.ʃak.vwa↗||de.se.ʁ].zɛg.zist↗||kɔm.pa.
→ʁɛg.zɑ̃pl↗||se.ʁ].ø.ɛs→||e.ko.no.mi→ke.so.sjal→||se.ʁi
ɛs.→||si.ɑ̃.ti.fik→||se.ʁ].ɛl→||li.te.ʁɛʁ→||puʁ.lə.ba.ka.
lo.ʁe.a.ʒe.ne.ʁal↗||se.ʁ].ɛs→te.i.→||si.ɑ̃s.#e.tɛk.no.lo.
ʒi.#ɛ̃.dy.stʁi.jɛl→||puʁ.lə.ba.ka.lo.ʁe.a.tɛk.no.lo.ʒik.
et.se.te.ʁa↘||se.→te.gʁa.mɑ̃.#na.sjo.nal.kɔ̃.pʁɑ̃.
nœ.→fa.di.ze.pʁœv.#o.bli.ga.twaʁ↗||e.kʁit.#e.ɔ.ʁal↗||
ɛ̃.si.kə.de.ze.pʁœv.fa.kyl.ta.tiv↘||le.ze.lev.sɔ̃.su.
vɑ̃.#ɛk.stʁɛ.mə.mɑ̃.tɑ̃.sjø.za.vɑ̃.də.lə.pa.se↘||

VII. Pour aller plus loin : la liaison sans enchaînement

Le manque d'enchaînement s'observe souvent comme une erreur chez les étudiants en français, notamment en situation de liaison comme dans *nous allons*, souvent prononcé [nu.a.lõ] au lieu de [nu.za.lõ]. Néanmoins, de temps en temps les locuteurs français natifs n'enchaînent pas les liaisons. Ils marquent ainsi un statut social spécifique. Ces liaisons sans enchaînement sont fréquentes dans le discours des hommes politiques et des journalistes. On entend alors *il faut aller* avec une pause entre *faut* et *aller*, et avec la consonne de liaison [t] prononcée avant la pause : [il.fot.‖ a.le]. Cela va bizarrement à l'encontre de l'usage correct, mais donne un aspect de détermination et de conviction au locuteur.

Un mot de la langue française est souvent prononcé avec une liaison sans enchaînement, même dans des contextes moins formels : *quand*. Écoutez la radio et vous entendrez très vite quelqu'un prononcer [kɑ̃t] plutôt que [kɑ̃], de plus en plus souvent même avant une consonne ! Ainsi, une expression comme *quand il y a* peut se dire [kɑ̃t ‖ i.lja], et une expression comme *quand vous dites* se dit parfois [kɑ̃t ‖ vu.dit] sans que cela ne surprenne personne.

Exercice R

Regardez la vidéo d'un entretien de 2011 avec Luc Châtel, ancien ministre de l'Éducation nationale (http://tinyurl.com/chatel2011). Il parle de l'apprentissage de l'anglais dans les écoles françaises. Quand vous l'entendez prononcer les expressions suivantes, décidez s'il y a eu une liaison avec enchaînement ou une liaison sans enchaînement, c'est-à-dire si une consonne normalement silencieuse a été

prononcée avec le mot suivant (avec enchaînement) ou pas (sans enchaînement).
Concentrez-vous sur les expressions soulignées.

1. Ne pas maîtriser l'anglais c'est un handicap. (0:04)

---

2. Dès trois ans. (0:46)

---

3. Nous avons de bons résultats en la matière. (0:49)

---

4. On n'apprend pas l'anglais au détriment des autres langues. (0:59)

---

5. Il y a deux autres leviers à activer pour l'apprentissage de l'anglais. (1:35)

---

6. C'est essentiel. (1:54)

---

7. L'Éducation nationale [...] doit mettre à disposition ce type d'outil pour
l'ensemble de nos élèves. (2:22)

VIII. Récapitulation

▶ **Exercice S**

En France, les dictées sont un exercice courant du CP jusqu'à la 3e (i.e., de l'école
primaire jusqu'à la fin du collège). Lisez les expressions suivantes qui peuvent
poser des difficultés dans les dictées à cause des consonnes muettes et des liaisons.
Prédisez le type de liaisons qu'elles contiennent : obligatoire ou interdite ? Ensuite,
écoutez-les pour vérifier vos réponses.

EXPRESSIONS	LIAISON OBLIGATOIRE	LIAISON INTERDITE
1. ils étudient		
2. un homard		
3. tout à fait		
4. de temps en temps		
5. les histoires		
6. l'étudiant intelligent		
7. le cours intéressant		
8. les onze cahiers		

Exercice T

Partagez quelques souvenirs de vos années d'école primaire, de collège et de lycée. Créez au moins six phrases en suivant les instructions.

Phrases 1 et 2 : deux types différents de liaisons obligatoires (un par phrase)

Phrases 3 et 4 : deux types de liaisons interdites (un par phrase)

Phrases 5 et 6 : deux types de liaisons facultatives (un par phrase)

Exercice U

Répondez aux questions suivantes.

1. Qu'est-ce que l'enchaînement ? Donnez des exemples.

L'enchaînement est l'action d'attacher la dernière consonne prononcée d'un mot au début du prochain mot s'il commence par une voyelle.
ex : la phrase à la fin [la.fʁa.→za.la.fɛ̃]

2. Qu'est-ce que la liaison ? Donnez des exemples.

> La liason est quand on prononce la dernière consonne non-prononcée à la fin d'un mot qui est suivie par une voyelle.
> ex : un ami [ɶ̃.na.mi]

3. Quelle est la similarité entre l'enchaînement et la liaison ?

> Les deux emplotent la prononciation de la dernière consonne au début du prochain mot.

4. Nommez les trois types de liaison en français.

bon homme
nouveaux amis

> Adjectif + nom, Article + nom et pronom monosyllabique + verbe elles ont
> un enfant   des articles   ils arrivent

5. Pour chacun de ces trois types, donnez trois catégories ou règles différentes et deux exemples de chaque catégorie.

6. Pourquoi y a-t-il des mots en <h> aspiré en français ? En d'autres termes, d'où viennent-ils ? Expliquez et citez-en huit.

> Les <h> aspirés existent parce qu'ils sont d'origine germaniques : hockey, hibou, haricot, haine, hamburger, haut, huit et Hollande.

7. Quels sont deux phénomènes phonétiques qui sont impossibles avant les mots en <h> aspiré ?

> la liaison et APOSTROPHIES

8. Dans une conversation naturelle, fait-on les liaisons facultatives ? Expliquez.

> Dans une conversation naturelle, on ne fait pas beaucoup les liaisons facultatives parce qu'elles sont plutôt formelles.

9. Après quels chiffres trouve-t-on une liaison (facultative ou obligatoire) ? Donnez au moins quatre exemples.

> Après 5, 6, 8, 9, 10, 20, 100 et 200 →
>   k z t f z t   t   t

10. Dans quels cas est-ce que la consonne finale de certains chiffres change sa prononciation ? Donnez au moins deux exemples.

_____

_____

_____

_____

_____

11. Quel type de liaison y a-t-il dans l'expression « des héros » ? Que se passe-t-il si on commet une erreur ?

_____

_____

_____

Exercice V

Lisez le texte suivant à un partenaire. Vous devez lire chaque paragraphe dans un style différent : informel (aucune liaison facultative), neutre (quelques liaisons facultatives), formel (toutes les liaisons facultatives). À vous de choisir le style de chaque paragraphe, puis votre partenaire identifiera l'ordre des styles que vous avez choisi.

Les fautes de liaison ne sont pas aussi rares qu'on pourrait le croire. Souvent, les petits enfants français font des liaisons avec les mots en <h> aspiré, notamment les mots usuels comme *haricots*. Ils interprètent également les consonnes de liaison entre les articles et les noms comme appartenant au nom (ce qui est tout à fait vrai d'un point de vue phonologique) : ils entendent *un avion* [ɛ̃.na.vjõ] puis répètent *le navion* [lə.na.vjõ]. C'est ainsi que les Anglais ont interprété *un napperon* comme *un apperon*, avec une liaison là où il n'y en a pas, ce qui a donné le mot anglais *apron*.

Les locuteurs natifs adultes font eux aussi occasionnellement une erreur. Parfois, leurs fautes deviennent tellement habituelles qu'elles finissent par être acceptables, puis entrent dans la grammaire du français. Par exemple, les Français tendent à insérer depuis longtemps des consonnes inexistantes dans l'orthographe, juste pour créer une situation d'enchaînement. Ainsi, quand on pose une question avec le procédé d'inversion, il est très ordinaire aujourd'hui d'ajouter un <t> de liaison pour lier deux voyelles (ex : *a-t-il vu ce film ?*), ou à l'impératif on ajoute un <s> aux verbes avant une voyelle (ex : *vas-y*). Mais au départ, ce n'était pas la norme, et cet ajout était considéré comme très erroné.

173

De nos jours, des fautes du même genre persistent, sans être officiellement grammaticalement correctes comme on l'a vu précédemment. Par exemple, à l'impératif, on devrait énoncer *donne m'en*, mais la plupart des Français préfère dire *donne-moi-z-en*, quoiqu'ils ne l'écrivent pas. Un autre exemple connu est celui de *cent euros* prononcé *cent zeuros*. Ce phénomène se nomme «pataquès» [pa.ta.kɛs] ou «liaisons mal-t-à-propos» [mal.ta.pʁo.po].

Exercice W

Écrivez le texte suivant sur la restauration à l'école primaire en orthographe traditionnelle. Les liaisons facultatives ont été marquées, mais pas les liaisons obligatoires ni les liaisons interdites ! Marquez-les dans votre transcription orthographique.

[la.li.mã.ta.sjõ.dẽ.nã.fã.daʒ.sko.lɛ.→ʁɛ.tʁɛ.(z)ẽ.pɔʁ.tãt.puʁ.sa.kʁwa.sãs ↗ ‖ sõ.ne.vo.ly.sjõ.psi.ko.mo.tʁi.→se.se.zap.ti.tyd.da.pʁã.ti.saʒ ↘ ‖ kã.le.zã.fãn.pœɥ. pa.ʁã.tʁe.ʃe.zø ↗‖ il.mãʒ.(t)a.la.kã.tin ↘ ‖ kã.tõ.tʁa.vaj.dy.→ʁa.le.kɔl ↗‖ lə.ʁə. pa.ɛ.tu.ta.fɛ.pʁi.mɔʁ.dja.→le.õ.nã.na.ʁe.ɛl.mã.bə.zwẽ ↘‖ lə.tã.dy.ʁə.pa.pɛʁ.mɛ. (t)o.ze.lev.dəʂ.de.tã.→dʁeḓ.ko.my.ni.ke.(ʁ)a.vɛk.lœʁ.bõ.za.mi ↘‖ il.zõ.(t)o.si.lo. ka.zjõ.pã.dã.smo.mã.də.de.ku.vʁiʁ.də.nu.vo.za.ʁom ↘‖ ã.ne.fe ↗‖ la.kã.ti.→na. puʁ.byṭ.də.ʁə.fle.te.la.di.vɛʁ.si.te.de.za.li.mã.ʁe.ʒjo.no.(z)e.ẽ.tɛʁ.na.sjo.no.dã.zẽ. nã.vi.ʁɔn.mã.fa.mi.lje ↘‖mɛm.puʁ.sø.kin.mãʒ.pa.(z)a.le.kɔl ↗‖ il.zõ.la.po.si.bi. li.te.də.de.ku.vʁiʁ.de.gu ↗‖de.zo.dœʁ.(z)e.de.za.li.mã.nu.vo.pã.dã.le.kuʁ ↗‖ ã.paʁ.ti.ky.lje.a.vɛḳ.de.zak.ti.vi.te.kɔm.la.smɛn.dy.gu ↘]

_____

_____

_____

_____

_____

_____

_____

_____

_____

_____

_____

_____

▶ Exercice X

Transcrivez le texte suivant sur l'enseignement supérieur en indiquant les types de liaison.

Les formations courtes, deux années d'études après le baccalauréat, concernent les secteurs des affaires, de l'industrie ou des services. Les cours intègrent toujours des stages en entreprises et admettent une entrée directe sur le marché du travail. On peut obtenir le Diplôme universitaire de technologie ou le Brevet de technicien supérieur.

Les universités françaises sont des établissements publics permettant de suivre des études étendues. Elles accueillent un peu plus d'un million d'étudiants. Conformément à l'organisation européenne des études, les formations longues sont organisées en trois étapes successives, qui permettent d'obtenir trois diplômes nationaux : la licence, préparée en six semestres ; le master, quatre semestres supplémentaires ; le doctorat, au moins six semestres après le master.

[le.fɔʁ.ma.sjɔ̃.kuʁt↗|| de.za.ne.de.tyd.a.pʁɛ.lə.ba.ka.lo.ʁe.a↗|| kɔ̃.
sɛʁn.le.sɛk.tœʁ.de.za.fɛʁ↗|| də.lɛ̃.dys.tʁi.u.de.sɛʁ.vis↘|| le.
kuʁ.zɛ̃.tɛgʁ.tu.ʒuʁ.de.staʒ.zɑ̃.nɑ̃.tʁə.pʁi→ze.ad.mɛt.y→nɑ̃.
tʁe.di.ʁɛkt.syʁ.lə.maʁ.ʃe.dy.tʁa.vaj↘|| ɔ̃.pø.tɔb.tə.niʁ.lə.di.plo:
→my.ni.vɛʁ.si.tɛʁ.də.tɛk.no.lo.ʒi.u.lə.bʁe.ve.də.tɛk.ni.sjã.
sy.pe.ʁjœʁ↘|| le.zy.ni.vɛʁ.si.te.fʁɑ̃.sɛz.sɔ̃.de.ze.ta.blis.mɑ̃.
py.blik.pɛʁ.mɛ.tɑ̃.də.sɥivʁ.de.ze.tyd.ze.tɑ̃.dy↘|| ɛl.za.kœj.
œ̃.pə.ply.dœ̃.mi.ljɔ̃.de.ty.djɑ̃↘|| kɔ̃.fɔʁ.me.mɑ̃.ta.lɔʁ.ga.ni.za.
sjɔ̃.ø.ʁo.pe.ɛn.de.ze.tyd↗|| le.fɔʁ.ma.sjɔ̃.lɔ̃g.sɔ̃.tɔʁ.ga.ni.
ze.ɑ̃.tʁwa.ze.tap.syk.sɛ.siv↗|| ki.pɛʁ.mɛt.dɔb.tə.niʁ.tʁwa.
di.plom.na.sjo.no→|| la.li.sɑ̃s↗|| pʁe.pa.ʁe.ɑ̃.si.sə.mɛstʁ→|| lə.
mas.tɛʁ↗|| katʁ.sə.mɛstʁ.sy.ple.mɑ̃.tɛʁ→|| lə.dok.to.ʁa↗|| o.mwɛ̃.
si.sə.mɛstʁ.a.pʁɛ.lə.ma.stɛʁ↘||

IX. Conversation

1. D'après ce que vous avez appris sur le système scolaire en France, pensez-vous qu'il est mieux ou moins bien que celui dans votre pays ? Quels en sont les points forts et les points faibles, selon vous ?

2. Avez-vous déjà étudié en France, ou allez-vous y étudier ? Comparez les universités françaises (d'après votre expérience ou ce que vous en savez) avec celles de votre pays.

3. [pɑ̃.se.vu.klə.ba.ka.lo.ʁe.a.swa.(t)yn.bɔn.ʃoz ↗‖ puʁ.kwa ↘]

4. [si.vu.za.vje.e.ty.dje.dɑ̃.ze.li.se.ʒe.ne.ʁa.→lɑ̃.fʁɑ̃s ↗‖ kɛl.se.ʁi.dy.ba.→ko.ʁje.vu.ʃwa.zi ↘‖ puʁ.kwa ↘]

X. Matériel complémentaire

Chansons

- *Zootomobilistes* de Chanson plus bifluorée
- *Tout* de Lara Fabian
- *L'École est finie* de Sheila
- *Belleville rendez-vous* du film *Les Triplettes de Belleville* (2003)
- *Les Passantes* de Francis Cabrel

Films

- *Le Maître d'école* (1981)
- *L'Étudiante* (1988)
- *Le Péril jeune* (1995)
- *Être et avoir* (2002)
- *Les Choristes* (2004)
- *Entre les murs* (2008)
- *Le Petit Nicolas* (2009)
- *Monsieur Lazhar* (2011)

8
T'es trop bonnard, toi, quand tu jactes!

I. Introduction

Dans ce chapitre, nous allons découvrir d'autres éléments du français familier oral, en particulier, les mots familiers et l'argot. Vous allez ainsi pouvoir vous familiariser avec différents styles du français. Cela vous permettra aussi d'apprendre les détails sur l'articulation des voyelles et des semi-voyelles.

Questions de réflexion

Les différences articulatoires

1. Donnez la définition d'une consonne.

2. Combien de consonnes phonétiques y a-t-il en français?

3. Combien de semi-voyelles y a-t-il en français?

4. Combien de voyelles phonétiques y a-t-il en français?

L'argot

1. Donnez des exemples de mots anglais qui existent dans trois registres différents (neutre, familier et vulgaire) et qui sont synonymes.
(par exemple : *gentleman*, *man*, *guy*, *dude*, etc.).

2. Connaissez-vous des mots familiers ou d'argot en français? Donnez quelques exemples.

II. Compréhension orale

▶ **Exercice A**

Écoutez le texte sur le français familier et l'argot puis répondez aux questions.

1. Dans quels types de situations est-ce qu'on utilise le français familier ?

Avec la famille et les amis proches.

2. Quelle est la différence entre le français familier et l'argot ?

l'argot a la tendence d'être vulgaire.

3. Quelle est la différence entre le français familier et le français standard ?

Le français familier est ce qu'on utilise avec les gens tous les jours.

4. Donnez des synonymes familiers de deux mots standard.

drôle = marrant ou rigolo

ennuyeux = gonflant ou barbant

☺ [lə.fʁɑ̃.sɛ.fa.mi.lje.#e.laʁ.go.sõ.dø.ʃoz.di.fe.ʁɑ̃t ↘‖ õ.na.pɛl.fʁɑ̃.sɛ.fa.mi.lje. lə.tip.də.fʁɑ̃.sɛ.kõ.ny.ti.li.→za.vɛk.de.za.mi.tʁɛ.pʁɔ.#→ʃed.la.fa.mij ↘‖ me.(z) il.ne.pa.fɔʁ.se.mɑ̃.vyl.gɛʁ ↗‖ kɔm.laʁ.go.#a.tɑ̃.dɑ̃.→sa.lɛtʁ ↘‖ sə.pɑ̃.dɑ̃.la.li. mi.→tɑ̃.tʁə.le.dø.#e.paʁ.fwa.flu ↗‖ e.syʁ.tu ↗‖ le.dik.sjo.nɛ.#→ʁe.mɛm.le.lɛ̃. gɥist ↗‖ nə.sõ.pa.tu.ʒuʁ.da.kɔʁ ↘‖ le.mod. fʁɑ̃.sɛ.fa.mi.lje.sõ.sø.kõ.ny.ti.liz.tu. le.ʒuʁ ↗‖ mɛm.də.vɑ̃.se.gʁɑ̃.pa.ʁɑ̃ ↘‖ il.zõ.(t)ɑ̃.ʒe.ne.ʁa.→lɛ̃.ne.ki.va.lɑ̃.#ɑ̃.fʁɑ̃. sɛ.stɑ̃.daʁ ↗‖ ki.e.ply.nøtʁ ↘‖ vwa.jõ.kɛl.kə.zɛg.zɑ̃pl ↘‖ si.kɛk.ʃo.→ze.dʁol ↗‖ õ.pø.diʁk.se.ma.ʁɑ̃.#u.ʁi.go.lo ↗‖ me.si.se.tʁist ↗‖ õ.di.ʁa.kse.pa.dʁol ↗‖ pa.ma.ʁɑ̃.#u.pa.ʁi.go.lo ↘‖ si.kɛk.ʃo.→ze.(t)ɑ̃.nɥi.jø ↗‖ õ.di.ʁak.se.gõ.flɑ̃.#u. baʁ.bɑ̃ ↘‖ si.yn.pɛʁ.sɔ.→ne.lɛd ↗‖ õ.di.ʁa.ply.to.kɛ.→le.mɔʃ ↘]

Exercice B

Les semi-voyelles ressemblent à certaines voyelles. Prononcez les sons suivants et dites à quelle voyelle chaque son ressemble.

1. [j] _yeux_

2. [w] _ouais_

3. [ɥ] _huit_

▶ **Exercice C**

Écoutez le texte puis répondez aux questions.

1. Quelles sont les deux différences entre l'argot et les insultes?

insultes → personnes   insultes → très vulgaire

2. Donnez un synonyme du mot *ennuyeux*.

chiant

3. Qui a créé l'argot?

les voleurs

4. Dans quel but?

Pour qu'ils puissent parler sans être compris par leurs victimes

5. Donnez des exemples de mot d'argot.

le blé, la tune, le pogno, foché, à sec, gonzesse, belette, donzelle

[kɔm.nu.la.võ.vy ↗‖ le.mo.daʁ.go.sõ.su.vã.pɛʁ.sy.kɔ.→me.tã.vyl.gɛʁ ↘‖ me.(z)
il.nə.fo.pa.le.kõ.fõ.→dʁa.vɛk.le.zɛ̃.sylt ↗‖ ki.sõ.kõ.si.de.ʁe.kɔm.tʁɛ.vyl.
gɛ.#→ʁe.#a.vɛ.→kɛ̃.byt.tʁɛ.paʁ.ti.ky.lje ↘‖ kõ.tʁɛʁ.mã.(t)o.zɛ̃.syl.tə.ki.sa.plik.
(t)ã.ʒe.ne.ʁa.→lo.pɛʁ.sɔn ↗‖ le.mo.daʁ.go.pœv.de.zi.ɲe.bo.kud.ʃoz ↘‖ pa.→ʁɛg.
zãpl ↗‖pu.→ʁã.ŋɥi.jø ↗‖ õ.di.ʁe.ʃjã.ã.naʁ.go ↗‖ ki.e.vyl.gɛ.→ʁa.koz.də.la.ʁa.
sin.dɔs.mo ↗‖ ki.fɛ.ʁe.fe.ʁã.→sa.yn.fõk.sjõ.kɔʁ.po.ʁel.kõ.si.de.ʁe.kɔm.ta.bu ↘‖

a.lo.ʁi.ʒin ↗‖ laʁ.go.#a.e.te.dev.lo.pe.paʁ.le.vo.lœʁ ↗‖ puʁ.kil.pɥis.paʁ.le.(ʁ)
ã.→tʁø.sã.zɛ.tʁə.kõ.pʁi.paʁ.lœʁ.vik.tim ↘‖ se.puʁ.sla.kõ.tʁuv.bo.kud.mo.lje.(z)
a.laʁ.ʒã ↗‖ pa.→ʁɛg.zã.plə.lə.ble ↗‖ la.tyn ↗‖ lə.po.ɲõ ↗‖ ɛt.se.te.ʁa ↘‖ si.õ.na.
pa.daʁ.ʒã ↗‖ õ.ne.fo.ʃe.u.a.sɛk ↗‖ i.→lɛg.zis.→to.si.bo.kud.mo.(z)e.ki.va.lã.(z)
a.fam ↘‖ kɔm. gõ.zɛs ↗‖ bə.lɛt ↗‖ dõ.zɛl ↗‖ pul ↗‖ ɛt.se.te.ʁa ↘‖ a.tã.sjõ.#a.
vɛk.ki.vu.zy.ti.li.zeʂ.vo.ka.by.lɛʁ ↗‖ dãl.mo.vɛ.kõ.tɛkst ↗‖ il.pø.(t)ɛ.tʁə.tʁe.zɛ̃.
syl.tã ↘]

▶ **Exercice D**

Écoutez attentivement les mots suivants du texte. Puis essayez de donner une description de la voyelle. En particulier, essayez de décrire ce que vous voyez quant à la forme de la bouche: Quelle est la forme des lèvres? Quelle est l'ouverture de la bouche? Pouvez-vous noter si la langue est vers l'avant ou l'arrière?

179

Ɛ 1. femme _bouche ouverte, voyelle à l'arrière_

U 2. poule _lèvres fermées, voyelle à l'arrière_

e 3. blé _bouche ouverte, voyelle à l'avant_

y 4. thune _lèvres fermées, voyelle à l'avant_

Ø 5. eux _bouche ouverte, voyelle dans le fond_

Ɛ 6. sec _bouche ouverte, voyelle à l'arrière_

i 7. qui _bouche ouverte, voyelle à l'avant_

III. Discrimination

▶ **Exercice E**

Voici une liste de mots en argot. Certains désignent une femme, d'autres une partie
du corps. Écoutez-les attentivement pour décider quels sons ils contiennent : une
voyelle ou une semi-voyelle. Ensuite, essayez de deviner leur sens.

	VOYELLE	SEMI-VOYELLE	SENS
1. cuisse	[y]	(ɥ)	femme
2. hure	([y])	[ɥ]	visage du cochon sauv
3. bide	([i])	[j]	ventre
4. cafetière	[i]	([j])	tête
5. poule	([u])	[w]	femme
6. tarbouif	[u]	([w])	nez

▶ Exercice F

Écoutez les mots suivants qui désignent un enfant ou un aliment et décidez si vous entendez une voyelle orale (pour laquelle l'air sort uniquement par la bouche) ou une voyelle nasale (pour laquelle l'air sort par le nez et la bouche). Attention, certains mots ont plusieurs voyelles. Encore une fois, essayez de deviner quel mot correspond à quoi.

	VOYELLE ORALE	VOYELLE NASALE	SENS
1. *morpion*	ɔ	õ	enfant
2. *tambourile*	ã	o	
3. *fromegogue*	o	o	fromage
4. *moujingue*	o	ɛ̃	enfant
5. *gnard*	a		enfant
6. *brignolet*	i o e		pain

▶ Exercice G

Voici maintenant une série de mots d'argot qui signifient tous *voiture*. Écoutez-les et décidez si vous entendez une voyelle arrondie (pour laquelle les lèvres sont arrondies) ou une voyelle non arrondie (pour laquelle les lèvres sont écartées) pour les voyelles soulignées.

	VOYELLE ARRONDIE	VOYELLE NON ARRONDIE
1. bag<u>no</u>le		
2. bah<u>u</u>t		
3. c<u>ai</u>sse		
4. ch<u>i</u>gnole		
5. gu<u>in</u>de		
6. t<u>om</u>bereau		
7. c<u>a</u>lèche		

IV. Expansion

1. Les semi-voyelles

Les semi-voyelles, que l'on appelle parfois aussi des semi-consonnes, sont des sons intermédiaires entre les consonnes et les voyelles quant à leur articulation. En d'autres termes, **elles ont plus d'obstruction que les voyelles** (qui n'ont aucune obstruction), mais **moins que les consonnes (qui ont toujours une obstruction)**. En français, il existe trois semi-voyelles : [j], [ɥ] et [w], comme dans respectivement les mots *yaourt* [ja.uʁt] ou *travail* [tʁa.vaj], *huit* [ɥit] et *oiseau* [wa.zo]. Notez que les semi-voyelles sont toujours à côté d'une voyelle.

La première semi-voyelle **[j]** peut se trouver **avant** une voyelle ou **après** une voyelle :

yeux [jø], *hier* [jɛʁ], *ail* [aj], *fille* [fij]

Par contre, les semi-voyelles **[ɥ]** et **[w]** ne se trouvent que **devant** une voyelle :

huit [ɥit], *nuit* [nɥi], *nuage* [nɥaʒ]

oiseau [wa.zo], *oui* [wi], *jouer* [ʒwe]

2. La description des voyelles

Dans le chapitre 4, nous avons vu que les trois éléments nécessaires pour décrire les consonnes sont liés à l'obstruction. Puisque les voyelles n'ont pas d'obstruction, nous devons donc avoir des critères différents pour les décrire. Ainsi, nous avons besoin de quatre critères :

- la hauteur de la langue
- l'avancement de la langue
- l'arrondissement des lèvres
- la position de la luette.

A. La hauteur de la langue

Dans la bouche, la langue peut bouger selon deux dimensions : verticalement et horizontalement. Lorsque la langue bouge sur l'axe vertical, on décrit la hauteur ou **l'aperture**. En français, nous avons besoin de quatre degrés d'aperture pour décrire toutes les voyelles.

(*suite*)

Commençons par la position dans laquelle l'aperture est la plus petite. Lorsque la bouche est la plus fermée, on trouve les voyelles **fermées**. Il existe trois voyelles fermées en français : [i], [y] et [u], comme respectivement dans *lire* [liʁ], *lu* [ly] et *sous* [su]. Si on ouvre la bouche un petit peu, on prononce alors des voyelles **mi-fermées**, comme [e], [ø], [o] et [õ] dans respectivement *thé* [te], *deux* [dø], *mot* [mo] et *mon* [mõ]. Si on ouvre la bouche encore un peu plus, on obtient alors des voyelles **mi-ouvertes**, telles que [ɛ], [ɛ̃], [œ] et [ɔ] comme dans respectivement *père* [pɛʁ], *main* [mɛ̃], *sœur* [sœʁ] et *corps* [kɔʁ]. Pour finir, si on ouvre la bouche encore davantage, on prononce des voyelles **ouvertes**, comme [a] et [ã] respectivement dans les mots *bas* [ba] et *blanc* [blã].

▶ **Tableau 8.1**
Récapitulatif de l'aperture des voyelles en français

NOM	POSITION DE LA LANGUE	EXEMPLES
Fermée	Haute	[i], [y], [u]
Mi-fermée	Plutôt haute	[e], [ø], [o], [õ]
Mi-ouverte	Plutôt basse	[ɛ], [ɛ̃], [œ], [ɔ]
Ouverte	Basse	[a], [ã]

Notez que l'ordre de la première colonne du tableau de la page précédente reflète la position de la langue sur son axe vertical dans la bouche, du haut en bas.

B. L'avancement de la langue

Pour décrire les voyelles du français, nous avons besoin de deux positions de la langue sur l'axe horizontal. Lorsque la langue est vers l'avant de la bouche, c'est-à-dire vers les dents (mais sans les toucher), les voyelles qu'on prononce sont dites **antérieures**. C'est le cas des voyelles [i], [e], [ɛ], [ɛ̃], [a], [y], [ø] et [œ], comme dans les mots *lire* [liʁ], *thé* [te], *père* [pɛʁ], *main* [mɛ̃], *bas* [ba], *lu* [ly], *deux* [dø] et *sœur* [sœʁ], respectivement. À l'opposé, la langue peut être vers l'arrière de la bouche, et on prononce alors des voyelles **postérieures** telles que [u], [o], [ɔ], [õ] et [ã], comme dans *sous* [su], *mot* [mo], *mon* [mõ], *corps* [kɔʁ] et *blanc* [blã], respectivement.

Tableau 8.2
Récapitulatif de l'avancement des voyelles en français

	Antérieure	Postérieure
Position de la langue	Vers l'avant	Vers l'arrière
Exemples	[i], [e], [ɛ], [ɛ̃], [a], [y], [ø], [œ]	[u], [o], [ɔ], [õ], [ɑ̃]

Notez que pour garder une représentation visuelle de l'avancement de la langue sur l'axe horizontal, on présente les voyelles horizontalement dans ce tableau. Ainsi les voyelles antérieures sont dans la colonne de gauche, vers l'avant du tableau, et les voyelles postérieures sont dans la colonne de droite, vers l'arrière du tableau.

Ceci nous permet de consolider les deux tableaux (sur l'aperture et l'avancement) en un seul tableau qui montre la position de la langue sur l'axe vertical, dans la première colonne, et sur l'axe horizontal, dans la première rangée.

Tableau 8.3
Récapitulatif de l'aperture et de l'avancement des voyelles en français

	Antérieure	Postérieure
Fermée	[i], [y]	[u]
Mi-fermée	[e], [ø]	[o], [õ]
Mi-ouverte	[ɛ], [ɛ̃], [œ]	[ɔ]
Ouverte	[a]	[ɑ̃]

C. L'arrondissement des lèvres

Une des caractéristiques du français est la présence de nombreuses voyelles **arrondies**. Pour ces voyelles, les lèvres doivent être arrondies, de façon presque exagérée. C'est ainsi qu'on prononce les voyelles [y], [ø], [œ], [u], [o], [ɔ], [õ] et [ɑ̃] comme dans les mots *lu* [ly], *deux* [dø], *sœur* [sœʁ], *sous* [su], *mot* [mo], *mon* [mõ], *corps* [kɔʁ] et *blanc* [blɑ̃], respectivement. Notez que si une voyelle est postérieure, elle est également arrondie. C'est le cas du français et de la plupart des langues, car physiologiquement il est plus facile de reculer la langue avec les lèvres arrondies. Les voyelles [i], [e], [ɛ], [ɛ̃] et [a] sont appelées des voyelles **non arrondies** puisque les lèvres ne sont pas arrondies. On les trouve dans les mots *lire* [liʁ], *thé* [te], *père* [pɛʁ], *main* [mɛ̃] et *bas* [ba], respectivement.

▶ **Tableau 8.4**
Récapitulatif de l'arrondissement des voyelles en français

NOM	POSITION DES LÈVRES	EXEMPLES
Arrondie	Ensemble et arrondies	[y], [ø], [œ], [u], [o], [ɔ], [õ], [ã]
Non arrondie	Ecartées et non arrondies	[i], [e], [ɛ], [ɛ̃], [a]

D. La position de la luette

Le dernier critère nécessaire pour distinguer chacune des voyelles du français est la position de la luette, aussi appelée la nasalisation. La luette est un organe mobile qui peut adopter deux positions différentes. **Lorsque la luette est haute**, elle entre en contact avec l'arrière de la bouche et bloque donc la cavité nasale. L'air ne peut s'échapper que par la bouche. Les voyelles produites ainsi s'appellent des voyelles **orales**, comme [i], [e], [ɛ], [a], [y], [ø], [œ], [u], [o], [ɔ] et [ə]. On les trouve respectivement dans les mots *lire* [liʁ], *thé* [te], *père* [pɛʁ], *bas* [ba], *lu* [ly], *deux* [dø], *sœur* [sœʁ], *sous* [su], *mot* [mo] *corps* [kɔʁ] et *le* [lə].

Par opposition, lorsque la luette est **en position basse**, il n'y a pas de contact avec l'arrière de la bouche (comme on le voit dans le dessin dans le chapitre 1) et l'air peut donc s'échapper à la fois par la cavité nasale et la cavité buccale. Ces voyelles sont donc des voyelles **nasales**, comme [ɛ̃], [õ] et [ã] dans les mots *main* [mɛ̃], *mon* [mõ] et *blanc* [blã], respectivement.

▶ **Tableau 8.5**
Récapitulatif de la nasalisation des voyelles en français

NOM	POSITION DE LA LUETTE	EXEMPLES
Orale	Haute	[i], [e], [ɛ], [a], [y], [ø], [œ], [u], [o], [ɔ], [ə]
Nasale	Basse	[ɛ̃], [õ], [ã]

3. La dernière voyelle

Les quatre sections précédentes donnent la liste de toutes les voyelles que nous avons vues dans le tableau 1.2 du premier chapitre, sauf pour la voyelle [ə]. Cette voyelle est particulière en français parce qu'elle n'est ni ouverte ni fermée (ni mi-ouverte ni mi-fermée), ni antérieure ni postérieure. C'est la seule voyelle française qu'on peut appeler **centrale**. Cette voyelle est plutôt arrondie mais pas autant que les autres voyelles arrondies. Par contre, elle est clairement orale. Il est donc difficile de la mettre dans les tableaux précédents. Elle a son propre tableau, pour l'instant, et nous allons l'inclure dans le tableau dans la section suivante.

Cette voyelle, qu'on appelle souvent le *schwa* (mot hébreu emprunté par l'allemand et l'anglais qui fait référence à une voyelle optionnelle ou réduite), le *e muet* ou le *e caduc*, entre autres, est très particulière en français et son comportement est beaucoup plus complexe que celle des autres voyelles. Un chapitre entier lui est dédié plus loin.

▶ **Tableau 8.6**
La voyelle [ə]

	Centrale
Centrale	[ə]

Voici une représentation visuelle de toutes les voyelles du français. Ce trapèze est une simplification de la bouche. Vous pouvez donc imaginer les dents à gauche et l'arrière de la bouche à droite. Ceci devrait vous aider à positionner votre langue pour l'articulation de chaque voyelle. Notez que dans ce schéma, les voyelles arrondies sont suivies d'un * et que les voyelles nasales sont à droite des voyelles orales correspondantes.

Figure 8.1
Les voyelles

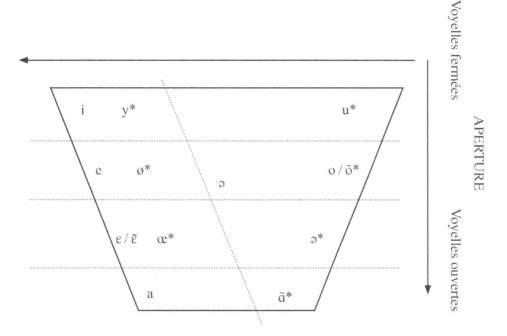

ANTÉRIORITÉ

Voyelles antérieures   Voyelles postérieures

Voyelles fermées

APERTURE

Voyelles ouvertes

i   y*   u*

e   ø*   ə   o / õ*

ɛ / ɛ̃   œ*   ɔ*

a   ɑ̃*

4. Comparaison avec les voyelles de l'anglais

Il existe de nombreuses différences entre les voyelles de l'anglais et celles du français. Une des différences les plus importantes pour acquérir un bon accent français est la stabilité des voyelles. Par le mot stabilité, on entend deux choses.

A. La non-diphtongaison

Certaines voyelles en anglais sont diphtonguées alors qu'en français, elles gardent la même prononciation à l'intérieur d'une syllabe. Cela veut dire que dans les mots comme *ses* [se] et *beau* [bo], la voyelle ne change pas pendant sa prononciation. Ceci est différent de l'anglais où on trouve une diphtongue dans les mots comme *say* [seʲ] et *bow* [boʷ]. Il est donc important de faire attention à garder une prononciation stable des voyelles en français.

(suite)

B. La non-réduction

Le deuxième sens du mot stabilité est lié à la production des voyelles dans les syllabes non accentuées (comme nous l'avons déjà vu). En français, les voyelles restent les mêmes, qu'elles soient accentuées ou non. Par contre, en anglais, les voyelles inaccentuées sont souvent réduites. Comparez par exemple la prononciation des <o> dans le mot *photographe* en français et *photograph* en anglais. En français, ce mot est prononcé [fo.to.gʁaf], mais en anglais les deux <o> sont différents : le premier est une diphtongue, le deuxième est réduit : [foʷ.tə.gɹæf]. Il est donc aussi très important de faire attention à prononcer des voyelles non réduites dans les syllabes inaccentuées en français.

C. Autres différences

Vous avez déjà dû remarquer que les voyelles nasales n'existent pas comme voyelles distinctives en anglais. En d'autres termes, deux mots ne changent pas de sens en anglais par la présence ou l'absence de la nasalisation, comme c'est le cas en français dans les mots *mon* [mõ] et *mot* [mo] par exemple. L'anglais n'a pas non plus de voyelles antérieures arrondies mais elles existent en français avec [y], [ø] et [œ]. Il y a donc plus de voyelles arrondies en français qu'en anglais. Enfin, l'anglais fait une différence entre les voyelles tendues, comme [i] dans *feed*, ou [u] dans *food*, et les voyelles relâchées, comme [ɪ] dans *quit* et [ʊ] dans *good*. Cette différence n'existe pas en français standard où toutes les voyelles ont le même degré de tension musculaire. Par contre, vous entendrez cette différence dans le français québécois.

V. Prononciation

▶ 💬 **Exercice H**

Répétez les mots suivants. Ensuite reliez les mots familiers de la première colonne à leur synonyme standard de la deuxième colonne.

1. le pognon F	A. une femme
2. le bulbe E	B. parler
3. une étrangleuse H	C. la chambre
4. une belette A	D. la jambe
5. se pointer J	E. le cerveau
6. la guibole D	F. l'argent
7. jacter B	G. la moto
8. la piaule C	H. une cravate
9. la meule G	I. manger
10. bouffer I	J. arriver
11. bonnard K	K. bon, bien

▶ 💬 Exercice I

Voici une conversation en français sur l'utilisation de l'argot et une liste de mots avec des sons similaires en anglais. Prononcez les mots soulignés en faisant attention à différencier la qualité des voyelles dans les deux langues : pas de diphtongue en français mais une diphtongue en anglais. Après avoir bien répété les mots, répétez les phrases.

— Tu veux de la flotte ?	
— Tu veux dire de l'eau ?	low
— Oui, c'est le même mot.	mow
— Ah non. Mes mots sont meilleurs.	may
— Les mots sont des mots. Il ne faut pas s'inquiéter.	lay, day, foe
— Ah non, il faut bien parler.	

▶ 💬 Exercice J

Une francophone et une anglophone discutent des abréviations qu'elles utilisent souvent quand elles parlent. Lisez les mots soulignés, puis lisez les phrases entières. Contrastez les mots soulignés en français (sans réduction) avec les mots anglais en italique (avec une réduction des voyelles inaccentuées).

— En anglais *demo* veut dire démonstration.

— Ah bon, en français, ça serait plutôt pour démocratie.

— *Democracy*? Et *eco*? C'est pour *ecology*?

— Oui, écologie ou économie, ça dépend.

— Pour nous *economy* c'est plutôt *ec*.

— C'est intéressant. Et *photo*? C'est pour photographie ou photographe?

— C'est pour *photograph*. Mais *photograph* veut dire *photographie* en français.

— Ah oui, j'oublie toujours. Et *photographe* en français, c'est *photographer* en anglais.

▶ 💬 Exercice K

Un adolescent de La Courneuve décide d'écrire une chanson de rap. Mais il a du mal à trouver des phrases avec des mots qui riment. Aidez-le à finir les vers, puis répétez chaque vers.

J'en ai marre de la zone et du béton

Je veux partir et changer _____

Je suis à sec, j'ai pas un sou, pas d'argent

Je sais pas quoi faire pour _____

Tout ce que je veux c'est partir en vacances

Dans un pays chaud ou dans le Sud _____

Larguer mes parents, ces vieux chnoks ringards

Qui comprennent rien et sont _____

▶ Exercice L

Voici une série de phrases sur les descriptions des personnes. Répétez ces phrases en faisant attention aux voyelles et aux semi-voyelles.

1. Prenons maintenant d'autres exemples de français familier et d'argot dans le contexte de la nourriture et des personnes.

2. La nourriture s'appelle aussi la *bouffe* en argot, et donc manger est *bouffer*.

3. Si on a faim, on a la *dalle*.

4. Mais on utilise aussi la nourriture pour décrire les personnes.

5. Par exemple, si une femme est un peu trop grosse, on va dire que c'est une *saucisse*.

6. Si elle est laide, ou moche, c'est un *thon*.

7. Si un homme n'est pas très intelligent, on va dire que c'est une *nouille*, une *banane*, ou une *andouille*.

8. Si un homme est un *porc* ou un *cochon*, ça veut dire qu'il mange salement ou qu'il a des idées sales.

VI. Transcription

🔊 Exercice M

Voici une série de mots d'argot transcrits avec l'alphabet phonétique. Dans chaque mot, il manque une voyelle. Cette voyelle manquante est décrite dans la deuxième colonne. Donnez-en le symbole puis essayez de trouver la signification des mots. Tous sont synonymes, il suffit donc de donner un mot. Pour vous aider, chacun des cinq sons du mot à trouver est décrit après la liste.

TRANSCRIPTION		VOYELLE
1. [g_o_.das]	godasse	postérieure mi-fermée arrondie orale
2. [l_a_t]	latte	antérieure ouverte non arrondie orale
3. [p_e_.niʃ]	péniche	antérieure mi-fermée non arrondie orale
4. [p_õ_p]	pompe	postérieure mi-fermée arrondie nasale
5. [gʁ_ɔ_l]	grolle	postérieure mi-ouverte arrondie orale
6. [ʁi.pa.t_ɛ̃_]	ripatin	antérieure mi-ouverte non arrondie nasale
7. [ta.t_i_s]	tatisse	antérieure fermée non arrondie orale
8. [ʁə.ni.fl_ɑ̃_t]	reniflante	postérieure ouverte arrondie nasale
9. [taʁ.ʒ_ɛ_t]	targette	antérieure mi-ouverte non arrondie orale

1. consonne fricative palatale non voisée ʃ

2. voyelle postérieure mi-fermée arrondie orale o

3. consonne fricative alvéolaire non voisée s

4. voyelle antérieure fermée arrondie orale y

5. consonne liquide uvulaire voisée ʁ

mot : chaussure

191

Exercice N

Remplissez le tableau suivant avec les descriptions des voyelles du tableau : l'avancement de la langue, l'ouverture de la bouche, l'arrondissement des lèvres et la nasalité.

SONS	AVANCEMENT	OUVERTURE	ARRONDISSEMENT	NASALITÉ
1. [ɑ̃]	*postérieure*	*ouverte*	*arrondie*	*nasale*
2. [o]	postérieure	mi-fermée	arrondie	orale
3. [ə]	centrale	mi-ouverte	non-arr	orale
4. [ɛ̃]	ant	mi-ouv	non-arr	orale
5. [i]	ant	ferm	non-arr	orale
6. [ø]	ant	mi-ferm	arr	orale
7. [œ]	ant	mi-ouv	arr	orale
8. [e]	ant	mi-ferm	non-arr	orale
9. [y]	ant	ferm	arr	orale

Puis donnez un mot argot que vous avez appris qui contient cette voyelle.

1. formant
2. aux
3. le
4. vm
5. patisserie

6. feu
7. sœur
8. rencontrer
9. but

Exercice O

Avant de transcrire le dialogue de l'exercice P, il est nécessaire de comprendre ce qu'il veut dire. Voici la transcription phonétique de son équivalent en français standard. Écrivez-le en utilisant l'alphabet orthographique.

Bertrand : [bõ.ʒuʁ.tul.mõd ↘‖ ko.mã.ta.le.vu ↘]

L'épicier : [o.kɛ̃.pʁo.blɛm ↘‖ e.vu ↗]

Bertrand : [puʁ.la.sã.te ↗‖ tu.va.bjɛ̃ ↘‖ me.mõ.bo.fʁɛʁ.vjɛ̃.(t)a.vɛk.se.zã.fã ↗‖ e.ma.fam.na.ʁjɛ̃.pʁe.vy.a.mã.ʒe ↘]

L'épicier : [kə.vu.le.vu.#a.lɔʁ ↗]

Bertrand : [da.bɔʁ ↗‖ yn.bu.tɛj.də.pas.tis ↘‖ ʒə.vjɛ̃d̥.fi.niʁ.la.dɛʁ.njɛʁ ↘‖ kɛ.→lel. pʁi.de.to.mat ↗]

L'épicier : [dø̥.zø.ʁo ↘]

Bertrand : [do.ne.mwa.ɛ̃.ki.lo ↗‖ me.pa.tʁo.myʁ ↘]

Bertrand: Bonjour tout le monde. Comment allez vous?

L'épicier: Aucun problème. Et vous?

Bertrand: Pour la santé, tous va bien. Mais mon beau-frère vient avec ses enfants et ma femme n'a rien prévu à manger

L'épicier: Que voulez-vous alors?

Bertrand: D'abord, une bouteille de pastisse. Je viens de finir la dernière. Quel est le prix des tomates.

L'épicier: Deux euros

Bertrand: Donnez-moi un kilo, mais pas trop mûr.

▶ ☺ **Exercice P**

Transcrivez maintenant la conversation en argot (adaptée du site http://argot.abaa-baa.com/) entre Bertrand et un épicier.

Bertrand : Salut la compagnie. Ça roule ?

L'épicemard : Pas d'tarbouif, ça gaze un max, et ta pomme ?

Bertrand : La santé, impec, mais le beauf débarque avec ses moufflets et la patronne a rien prévu à bêqueter.

L'épicemard : Qu'est-ce que tu veux alors ?

Bertrand : Ricmuche pour commencer, j'viens d'étouffer la dernière. Tu les fais à combien tes tomatos ?

L'épicemard : Deux euros.

Bertrand : Tu m'en files un kilo. Mais pas les pourries.

Bertrand : _____

L'épicemard : _____

Bertrand : _____

_____

_____

L'épicemard : _____

Bertrand : _____

_____

_____

L'épicemard : _____

Bertrand : _____

VII. Pour aller plus loin : les voyelles longues

Nous avons vu dans le chapitre 3 que les voyelles accentuées sont généralement un peu plus longues que les autres, puisque le français utilise la longueur pour marquer l'accentuation. Il existe aussi d'autres cas dans lesquels on peut trouver une voyelle un peu plus longue, par exemple lorsque deux voyelles identiques se suivent. Dans cette situation, certaines personnes prononcent deux voyelles séparées, en faisant un arrêt de la colonne d'air entre les deux voyelles :

Quatre-**vingt-un**	[ka.tʁə.vɛ̃.ɛ̃]
En **été et** en hiver	[ɑ̃.ne.te.e.ɑ̃.ni.vɛʁ]
Je vais **à Haïti**	[ʒə.ve.a.a.i.ti]
Il voit **des hérissons**	[il.vwa.de.e.ʁi.sõ]

D'autres personnes prononcent plutôt ces suites de voyelles comme des voyelles longues, qui sont notées avec le symbole [:] dans la transcription.

Quatre-**vingt-un**	[ka.tʁə.vɛ̃:]
En **été et** en hiver	[ɑ̃.ne.te:.ɑ̃.ni.vɛʁ]
Je vais **à Haïti**	[ʒə.ve.a:.i.ti]
Il voit **des hérissons**	[il.vwa.de:.ʁi.sõ]

▶ Exercice Q

La différence entre ces deux prononciations est importante car elle indique une différence dans l'utilisation des temps grammaticaux. Écoutez les phrases suivantes et indiquez laquelle vous entendez.

	VOYELLE LONGUE	VOYELLE COURTE
1.	Paul a amélioré	Paul améliorait
2.	Il est écouté	Il écoutait
3.	Il a accepté	Il acceptait
4.	Paula a été impressionnée	Paul a été impressionnée
5.	Paul a adoré	Paul adorait
6.	Il y irait	Il irait
7.	Il en a appris	Il en a pris

Exercice R

À votre tour, répétez les expressions suivantes en contrastant les deux prononciations possibles.

1. L'enfant entend ses premiers gros mots à l'école.

2. En un an, il a accru son vocabulaire.

3. Il ne veut plus utiliser de mots corrects.

4. Il commence à affirmer son indépendance.

5. Il utilise donc des mots d'argot originaux.

6. Sa maman en est fière.

7. Mais son papa a une autre opinion.

8. L'enfant ne sait pas quoi faire pour rendre les deux heureux.

VIII. Récapitulation

Le tableau suivant résume la description des voyelles en regroupant les tableaux des sections précédentes. Verticalement, on trouve la position de la langue sur l'axe vertical, l'aperture, comme dans le tableau 8.1, horizontalement, on trouve la position de la langue sur l'axe horizontal, l'avancement, comme dans le tableau 8.2. On y voit aussi l'arrondissement. Les voyelles nasales sont notées en caractères gras et se reconnaissent facilement par le symbole [˜] au-dessus de la voyelle.

Tableau 8.7
Récapitulatif des voyelles en français

Nom	ANTÉRIEURE		CENTRALE	POSTÉRIEURE
	Non arrondies	Arrondies		Arrondies
Fermée	[i]	[y]		[u]
Mi-fermée	[e]	[ø]		[o] **[õ]**
Centrale			[ə]	
Mi-ouverte	[ɛ] **[ɛ̃]**	[œ]		[ɔ]
Ouverte	[a]			**[ã]**

Comme on le voit dans ce tableau, chacune des voyelles a une description particulière et unique. Ceci permet donc de pouvoir définir, grâce à quatre éléments, chaque voyelle du français sans aucune confusion avec une autre voyelle.

▶ 😯 **Exercice S**

Dans le tableau suivant, indiquez si les mots d'argot que vous entendez contiennent une voyelle et ou une semi-voyelle. Écrivez le symbole du son que vous entendez. Attention, il y a plusieurs symboles pour chaque mot.

TRANSCRIPTION	MOT	SENS	VOYELLE(S)	SEMI-VOYELLE
1. [t_ə_ʁ.b_ɥ_if]	tarbouif	nez	ə	ɥ
2. [d_e_.pu._j_e]	dépuier	deshabiller	e	j
3. [t_ɥ_i_l]	tuile	problème	˜i	ɥ
4. [k_a_.w_ɛ_t]	kawet	?	a ɛ	w
5. [p_j_ø_]	pieu	lit	ø	j
6. [l_ɥ_i_z]	louiz	?	i	ɥ
7. [ʃ_j_ã.l_i_]	chrienlit	désordre	i	j
8. [kl_a_.w_i_]	claouis	testicules	a i	w
9. [v_j_ɔ_k]	vioque	vieux	ɔ	j
10. [k_a_.w_a_]	kawa	café	a	w

💬 **Exercice T**

Les devinettes appelées « Monsieur et Madame » sont très populaires en France. Elles se basent sur le français parlé et fonctionnent pour deux raisons : les voyelles du français ne changent pas selon leur place dans le mot, contrairement à l'anglais, et l'enchaînement des syllabes permet de faire de bons jeux de mots. Suivez le modèle ci-dessous pour trouver la phrase qui est la réponse à la devinette : commencez par transcrire les prénoms et les noms ensemble, puis lisez votre transcription pour comprendre ces blagues.

Modèle : Monsieur et Madame Froid ont sept enfants. Comment s'appellent-ils ?
 Sylvie, Aude, Anne, Marc, Samson, Gilles et Ila parce que :

Transcription des prénoms et du nom de famille :

[sil.vi.o.→dan.maʁk.sɑ̃.sõ.ʒi.→le.i.la.fʁwa]

Réponse à la devinette :

S'il vit au Danemark sans son gilet, il a froid.

1. Monsieur et Madame Dit ont un fils. Comment s'appelle-t-il ? Alain.

   Transcription du prénom et du nom de famille :

   _____

   Réponse à la devinette : _____

2. Monsieur et Madame Membert ont une fille. Comment s'appelle-t-elle ? Jessica.

   Transcription du prénom et du nom de famille :

   _____

   Réponse à la devinette : _____

3. Monsieur et Madame Oukwa ont deux fils. Comment s'appellent-ils ? Ted et Bill.

   Transcription du prénom et du nom de famille :

   _____

   Réponse à la devinette : _____

4. Monsieur et Madame Darmery ont un fils. Comment s'appelle-t-il ? Jean.

   Transcription du prénom et du nom de famille :

   _____

   Réponse à la devinette : _____

5. Monsieur et Madame Menvussa ont un fils. Comment s'appelle-t-il ? Gérard.

   Transcription du prénom et du nom de famille :

   _____

   Réponse à la devinette : _____

Exercice U

Répondez aux questions suivantes.

1. Combien de semi-voyelles y a-t-il en français ? Lesquelles ?

   3   j   w   ɥ

2. Quelle est la différence entre une voyelle et une semi-voyelle ?

   Pour une voyelle il n'y a pas d'obstruction, mais pour une semi-voyelle il y'en a.

3. Dans quelle position de la syllabe peut-on trouver chacune des trois semi-voyelles ? Donnez des exemples.

   j – avant ou après une voyelle attaque ou coda
   w et ɥ – avant une voyelle attaque

4. Combien faut-il d'éléments pour décrire les voyelles en français ? Lesquels ?

   hauteur, avancement, arrondissement, et position de la luette

5. Combien de catégories ou divisions sont nécessaires sur l'axe vertical ? Lesquelles ?

   4 – fermée, mi-fermée, mi-ouverte, ouverte

6. Combien de catégories ou divisions sont nécessaires sur l'axe horizontal ? Lesquelles ?

   3 – antérieure, centrale, postérieure

7. Combien y a-t-il de voyelles arrondies en français ? Lesquelles ?

   8 – y, ø, œ, u, o, õ, ɔ, ã

8. Comment prononce-t-on les voyelles nasales ?

   Avec la luette en position basse

9. Comment appelle-t-on la voyelle [ə] ?

le schwa

10. Quelle est la particularité de la voyelle [ə] en français ?

C'est centrale (vert/hori).

11. Quelles sont les cinq différences entre les voyelles du français et celles de l'anglais ?

_____

_____

_____

_____

_____

_____

Exercice V

Voici une liste de mots en argot. Transcrivez-les puis donnez leur signification (indication : ils sont tous synonymes). Pour vous aider, vous pouvez utiliser les sites internet http://argot.abaabaa.com et http://mondouis.pagesperso-orange.fr/fa.htm.

1. se barrer	*sə.ba.ʁe*	7. jouer cassos	*ʒu.we.ka.so*
2. se bouger	*sə.bu.ʒe*	8. se natchaver	*sə.na.tʃa.ve*
3. se casser	*sə.ka.se*	9. se tirer	*sə.ti.ʁe*
4. décambuter	*de.kã.by.te*	10. se trisser	*sə.tʁi.se*
5. s'esbigner	*se.bi.ɲe*	11. mettre les bouts	*mɛtʁ.le.bu*
6. foutre le camp	*futʁ.lə.kã*	Synonyme :	*fuir, s'en aller*

Exercice W

Écrivez les phrases suivantes sur les mots synonymes de *police* en utilisant l'orthographe du français.

[paʁ.lõ.mɛt.nãd.la.po.lis ↘‖ pɥi.skə.laʁ.go.#a.e.te.kʁe.e.paʁ.le.vo.lœʁ ↗‖ i.→ le.nɔʁ.mal.kə.bo.kud.mo.de.ziɲ.le.po.li.sje ↘‖ mɛ.(z)i.→lɛg.zis.→to.si.bo.kud. mo.#ã.fʁã.sɛ.fa.mi.lje ↘‖ le.po.li.sje.sa.pɛl.le.flik ↗‖ u.le.kœ. →fã.vɛʁ.lã ↗‖ u.ã. kɔʁ.le.pu.le ↘‖ kã.(t)õ.vø.pʁev.niʁ.kə.la.po.li.→sa.ʁiv ↗‖ õ.di.su.vãl.ʃi.fʁə.vɛ̃t. dø ↘‖ puʁ.kwa ↗‖ yn.de.zɛk.spli.ka.sjõ.sʁe.ksə.ʃi.→fʁe.la.sɔm.de.ʃi.fʁɔ.ko.ʁɛs.

põ.dã.(z)o.lɛ.tʁə.dãl.mo.ʃɛf ↗‖ se.e.gal.tʁwa ↗‖ a.→ʃe.ga.→lɥit ↗‖ ø.e.gal.sɛk
↗‖ ɛ.→fe.gal.sis ↘‖ me.(z)i.→lɛg.zi.stə.do.tʁə.zɛk.spli.ka.sjõ ↘‖ ã.naʁ.go ↗‖
le.po.li.sje.sõ.(t)a.ple.le.kɔ.#→ɲu.le.blø ↗‖ ã.→tʁotʁ ↘]

▶ ☺ **Exercice X**

Transcrivez le texte suivant. N'oubliez pas d'indiquer les liaisons et les enchaînements.

Pour finir, parlons des parties du corps. Mais avant cela, encore une fois, il faut
faire attention car ces mots sont considérés comme étant vulgaires et peuvent donc
être compris comme insultants. Le visage s'appelle la tronche, le nez est le pif, le
ventre est le bide et les pieds les panards. Ces mots sont aussi utilisés dans des
expressions idiomatiques : faire la tronche veut dire être en colère et ne pas parler.
Si on a du pif, ça veut dire qu'on a de bonnes intuitions. On peut aussi choisir ou
décider au pif, c'est-à-dire au hasard.

[puʁ.fi.niʁ↗‖ paʁ.lõ.de.paʁ.tj.dy.kɔʁ↘‖me.ə.vã.sə.la↗‖
ã.kɔ.→ʁyn.fwa↗‖il.fo.fɛ.→ʁa.tã.sjõ.kaʁ.se.mo.sõ.kõ.
si.de.ʁe.kɔ.→me.tã.vyl.gɛ.→ʁe.pøv.dõ.→ketʁ.kõ.pʁi.kɔ.→mɛ̃
syl.tã↘‖lə.vi.zaʒ.sə.pɛl.la.tʁõʃ↗‖lə.ne.e.lə.pif↗‖lə
vãt.→ʁe.lə.bi.→de.le.pje.le.pa.naʁ↘‖se.mo.sõ.to.
si.y.ti.li.ze.dã.de.zɛk.spʁɛ.sjõ.zi.dj.o.ma.tik→‖
fɛʁ.la.tʁõʃ.vø.di.→ʁe.→tʁã.ko.lɛʁʁe.nə.pa.paʁ.le.↘‖
si.õ.na.dy.pif.↗‖sa.vø.diʁ.kõ.na.də.bɔn.zɛ̃.ty.i.sjõ↘‖on.pø.
o.si.ʃwa.zi.→ʁu.de.si.de.o.pif.↗‖se.ta.di.→ʁo.ə.zaʁ↘‖

IX. Conversation

1. Que pensez-vous des gens qui utilisent beaucoup d'argot ? À votre avis, donnent-ils une impression plutôt positive ou négative ?

2. Utilisez-vous beaucoup de mots en argot ? Pourquoi ? Dans quelle(s) situation(s) avez-vous le plus tendance à utiliser l'argot ?

3. [ã̠.nã.glɛ ↗‖ a.ve.vu.#e.gal.mã.de.dis.tɛ̃k.sjõ.#ã.tʁə.lə.lã.gaʒ̊.fa.mi.lje.#e.laʁ.go ↗]

4. [a.vɛ.→kɛ̃.paʁ.tə.nɛʁ ↗‖ ɛ̃.vã.te.(z)ɛ̃.dja.lɔg̊.ki.paʁl.de.vwa.tyʁ.(z)e.de.po.li.sje ↗‖ u.de.dɛ.skʁip.sjõ.de.pɛʁ.sɔn ↗‖ ã̠.ny.ti.li.zã.#o.tãd.mo.daʁ.gok.po.sibl ↘]

X. Matériel complémentaire

Chansons

- *À Cause du gosse* de Pierre Perret
- *Ça l'a fait marrer* de Pierre Perret
- *Amoureux de Paname* de Renaud
- *En cloque* de Renaud
- *Morgane de toi* de Renaud

Films

- *Fric-frac* (1939)
- *Touchez pas au grisbi* (1954)
- *Le Mari de Léon* (1992)
- *Robert Giraud, le maître d'argot* (1999)
- *San Antonio* (2004)
- *La Guerre des boutons* (1962, 2011)

9

Les bandes dessinées :
un monde pour tous !

I. Introduction

Les bandes dessinées ont une place très importante dans la culture francophone, en particulier belge, québécoise et française. Leur influence sur la littérature vaut vraiment la peine de les explorer. C'est donc à travers ce thème que nous allons étudier les voyelles nasales.

Questions de réflexion

Les voyelles nasales

1. Par où l'air s'échappe-t-il dans la prononciation des voyelles orales ?

   Et pour les voyelles nasales ?

   Quelle est la différence entre l'articulation de ces deux types de voyelles ? C'est-à-dire, quel organe bouge et dans quelle direction ?

2. Utilisez-vous des voyelles nasales quand vous parlez anglais ?

Les bandes dessinées

1. Qu'aimez-vous lire pour vous détendre ?

2. Quelles bandes dessinées françaises ou francophones connaissez-vous ?

3. Cherchez des images de personnages de bandes dessinées françaises ou francophones, puis décrivez leur physique et leur personnalité à un partenaire. Votre partenaire peut-il deviner de qui vous parlez ?

II. Compréhension orale

Vous allez entendre un texte sur l'importance des bandes dessinées en Europe. Écoutez le texte et indiquez si les phrases suivantes sont vraies ou fausses.

▶ Exercice A

Écoutez le texte suivant sur les bandes dessinées et répondez aux questions.

1. Les bandes dessinées sont surtout populaires en Suisse.   Vrai (Faux)

2. Les BD ont commencé à apparaître dans les années 1850.   Vrai (Faux)

3. Les enfants et les adultes lisent les bandes dessinées.   (Vrai) Faux

4. La bande dessinée est considérée comme un art.   (Vrai) Faux

▶ Exercice B

Maintenant, écoutez le texte en lisant la transcription phonétique. Puis, dans la version orthographique, entourez les mots dans lesquels vous entendez les sons [ɑ̃], [ɛ̃] et [õ] et soulignez les mots dans lesquels vous entendez une voyelle plus une consonne nasale séparée. Par exemple, vous entourez *bon* [bõ] (voyelle nasale) et vous soulignez *bonne* [bɔn] (voyelle orale + consonne nasale).

1. Quel type de lettre(s) trouve-t-on avant et après <m> et <n> quand ils ne sont pas prononcés [m] et [n], respectivement ?

   e, a, i, u
   _____

2. Quel type de lettre(s) trouve-t-on avant et après <m> et <n> quand ils sont prononcés [m] et [n], respectivement ?

   ?
   _____

[le.bɑ̃d.de.si.ne ‖ u.be.de ‖ sõ.tʁɛ.po.py.lɛ.→ʁɑ̃.fʁɑ̃.→se.ɑ̃.bɛl.ʒik ‖ ɛl.zõ.(t)ɛ̃.stil.bjɛ̃.spe.si.fi.→ke.ʁə.ko.ny.paʁ.le.za.ma.tœʁ.də.bɑ̃d.de.si.ne ‖ lœʁ.ʁə.no.me.nə.sli.mit.pa.sɛ̃.plə.mɑ̃.(t)a.la.fʁɑ̃.ko.fo.ni ‖ ka.→ʁɛl.zõ.(t)ɛ̃.fly.ɑ̃.sel.mõd.də.la.be.de.syʁ.la.plɑ̃.#ɛ̃.tɛʁ.na.sjo.nal ‖ le.bɑ̃d.de.si.ne.#õ.ko.mɑ̃.se.a.a.pa.ʁɛ.tʁə.dɑ̃.le.ʒuʁ.no.#o.de.by.dy.vɛ̃.tjem.sjɛkl ‖ ɛl.sõ.ly.paʁ.le.zɑ̃.fɑ̃ ‖ me.(z)o.si.paʁ.le.za.dylt ‖ puʁ.bo.ku ‖ se.li.vʁən.sõ.pa.sɛ̃.plə.mɑ̃.de.zi.ma.→ʒe.de.tɛk.#→sta.liʁ ‖ me.(z)il.fõ.paʁ.ti.dɛ̃.na.→ʁa.pa.→ʁɑ̃.tjɛʁ ‖ dy.nœ.vjɛ.→maʁ]

Les bandes dessinées, ou BD, sont très populaires en France et en Belgique. Elles ont un style bien spécifique et reconnu par les amateurs de bandes dessinées. Leur renommée ne se limite pas simplement à la francophonie, car elles ont influencé le monde de la BD sur le plan international. Les bandes dessinées ont commencé à apparaître dans les journaux au début du vingtième siècle. Elles sont lues par les enfants, mais aussi par les adultes. Pour beaucoup, ces livres ne sont pas simplement des images et des textes à lire, mais ils font partie d'un art à part entière, du neuvième art.

▶ **Exercice C**

Connaissez-vous Tintin et son chien, Milou ? Dans ce texte, vous allez apprendre qui ils sont. Écoutez et répondez aux questions qui suivent.

1. Quelle est la profession de Tintin ?

Il est reporter

2. Nommez trois pays que Tintin et Milou ont visités ?

Le Congo, les E-U, et le Tibet

3. Quelle est la date de la première sortie de Tintin ? *1929*

4. Dans combien de langues différentes peut-on lire Tintin ? *80*

▶ **Exercice D**

Écoutez le texte une nouvelle fois en le lisant et répondez aux questions suivantes.

1. Quelles sont au moins deux graphies différentes représentant les sons suivants ?

[õ] *monde   nombreux*

[ã] *intelligent   dans*

2. Quelles sont au moins quatre graphies représentant le son [ɛ̃] ?

Sympa intelligent plein chien

3. Après les sons [õ], [ã] et [ɛ̃], trouve-t-on des consonnes nasales prononcées ?

Oui, [n] et [m]

[tɛ̃.tɛ̃.#e.(t)ɛ̃.ʒœn.ʁə.pɔʁ.tɛʁ.tʁe.sɛ̃.pa.e.#ɛ̃.te.li.ʒɑ̃.ki.vwa.ja.→ʒo.ka.tʁə.kwɛ̃. dy.mõ.→da.vɛk.sõ.ʃjɛ̃.mi.lu ↘‖ ɑ̃.sɑ̃bl ↗‖ il.viy.plɛ̃.da.vɑ̃.tyʁ.dɑ̃.de.pe.i.(z)ɛ̃. kʁwa.ja.blə.kɔm.lə.kõ.go ↗‖le.ze.ta.zy.ni ↗‖ la.me.ʁik.dy.syd ↗‖ lə.ti.be.e.mɛm. la.lyn ↘‖ lœʁ.za.mi.sõ.lə.ka.pi.tɛ.→na.dɔk ↗‖ lə.pʁo.fe.sœʁ.tuʁ.nə.sɔ.→le. le.fʁɛʁ.dy.põ.#e.dy.põ ↘‖ ʃa.kɛ̃.#a.pɔʁ.→tɛ̃.sɛʁ.tɛ.ny.muʁ ↗‖ mal.gʁe.le.nõ.bʁø.

dɑ̃.ʒe.kil.ʁɑ̃.kõtʁ ↘‖ lə.kʁe.a.tœʁ.də.tɛ̃.tɛ̃ ↗‖ ɛʁ.ʒe ↗‖ e.tɛ.bɛlʒ ↘‖ tɛ̃.tɛ̃.#e.(t)
a.pa.ʁy.puʁ.la.pʁə.mjɛʁ.fwa.#ɑ̃.mil. nœf.sɑ̃.vɛt.nœ→fe.#a.e.te.tʁa.dɥi.(t)ɑ̃.ka.tʁə.
vɛ̃.lɑ̃ ↘‖sɛt.se.ʁi.də.bɑ̃d.de.si.ne ↗‖ ʁe.a.li.→ste.#a.la.vɑ̃.də.sõ.tɑ̃ ↗‖ e.pʁo.ba.
blə.mɑ̃.la.bɑ̃d.de.si.ne. fʁɑ̃.ko.fõn.la.ply.ko.ny.o.mõd ↘‖ il.fo.diʁ.kɛʁ.ʒe.a.ɑ̃.vwa.
je.tɛ̃.tɛ̃.syʁ.la̧.lyn.dɑ̃.le.za.ne.sɛ̃.kɑ̃t ↘]

Tintin est un jeune reporter très sympa et intelligent qui voyage aux quatre coins du monde avec son chien, Milou. Ensemble, ils vivent plein d'aventures dans des pays incroyables comme le Congo, les États-Unis, l'Amérique du Sud, le Tibet et même la lune. Leurs amis sont le capitaine Haddock, le professeur Tournesol et les frères Dupond et Dupont. Chacun apporte un certain humour, malgré les nombreux dangers qu'ils rencontrent. Le créateur de Tintin, Hergé, était Belge. Tintin est apparu pour la première fois en 1929 et a été traduit en quatre-vingt langues. Cette série de bandes dessinées, réaliste et à l'avant de son temps, est probablement la bande dessinée francophone la plus connue au monde. Il faut dire qu'Hergé a envoyé Tintin sur la lune dans les années 50.

III. Discrimination

▶ Exercice E

Voici la description de personnages de trois bandes dessinées francophones : Tintin, Astérix et Lucky Luke. Écoutez les phrases suivantes en indiquant quel son final vous entendez et si on parle d'un personnage au masculin ou au féminin.

DESCRIPTION	QUEL SON FINAL ENTENDEZ-VOUS ?	MASCULIN OU FÉMININ ?
1. mignon / mignonne	õ	M
2. américain / américaine	n	F
3. tibétain / tibétaine	ɛ̃	M
4. intelligent / intelligente	ɑ̃	M
5. paysan / paysanne	n	F
6. romain / romaine	ɛ̃	M
7. vilain / vilaine	ɛ̃	M
8. fin / fine	n	F

▶ **Exercice F**

Êtes-vous aussi sourd que le professeur Tournesol ? Le professeur Tournesol, un des amis de Tintin, ne comprend jamais ce qu'on lui dit car il est sourd et il utilise souvent un cornet pour mieux entendre. Écoutez les phrases suivantes et entourez le mot qui manque en faisant bien attention de distinguer la différence entre les voyelles orales et nasales.

1. Tintin (amène / (emmène)) toujours son chien avec lui.

2. Le professeur Tournesol (n'attend / (n'entend)) jamais quand c'est l'heure de partir.

3. Obélix serait encore plus ((gras) / grand) s'il ne se battait pas.

4. Pauvre Rantanplan … bien que ce soit un chien très maladroit, il est aussi très (beau / (bon)).

5. Les Dalton n'ont pas de longs ((manteaux) / mentons).

6. Jolly Jumper ne mange pas que du (foie / (foin)) ; il boit aussi du ((lait) / lin).

▶ **Exercice G**

Continuons avec d'autres descriptions de personnages tirés des BD de Tintin, d'Astérix et de Lucky Luke. Entourez le mot que vous entendez en faisant particulièrement attention aux distinctions entre les voyelles nasales.

	[ã]	[õ]
1.	(blancs)	blonds
2.	(fendu)	fondu
3.	rang	(rond)
4.	dents	(dons)

	[ã]	[ɛ̃]
5.	temps	(thym)
6.	romans	(romains)
7.	(vent)	vin
8.	pensée	(pincée)

	[ã]	[õ]	[ɛ̃]
9.	taon	(thon)	thym
10.	pend	pond	(peint)
11.	bancs	bons	(bains)
12.	paons	(ponts)	pins

▶ **Exercice H**

Gaston Lagaffe est un personnage très maladroit. Il a des chats et une mouette. Il ne fait jamais son travail parce qu'il est amoureux de la secrétaire Jeanne. Voici quelques phrases qui décrivent soit Gaston, soit Gaston et les autres personnages. À la première écoute, concentrez-vous sur la première colonne et indiquez si les verbes sont à l'indicatif ou au subjonctif. Lors de la deuxième écoute, si le verbe était à l'indicatif, complétez la deuxième colonne pour indiquer si le verbe est au singulier ou au pluriel.

VERBE	INDICATIF OU SUBJONCTIF ?	SI INDICATIF, IL OU ILS ?
1. venir	I	P
2. sentir	S	S
3. sentir	I	S
4. comprendre	S	P
5. apprendre	S	P
6. attendre	I	P

IV. EXPANSION

1. Orale ou nasale ?

A. Les voyelles nasales

On prononce une voyelle **NASALE** quand il y a :

1. **Une voyelle + <n> ou <m> à la fin d'un mot**

   pain [pɛ̃]   *nom* [nõ]   *en* [ã]

2. **Une voyelle + <n> ou <m> + une consonne autre que <n> ou <m>, à l'intérieur ou à la fin d'un mot**

   peindre [pɛ̃dʁ]   *(il) peindra* [pɛ̃.dʁa]

   long [lõ]   *longueur* [lõ.gœʁ]

   blanc [blã]   *blanchir* [blã.ʃiʁ]

B. Les voyelles orales

On prononce une voyelle **ORALE** quand il y a :

1. **Une voyelle + <n> ou <m> + une voyelle prononcée ou non**

   une [yn]   *unique* [y.nik]

   aime [ɛm]   *aimer* [e.me]

   lime [lim]   *limer* [li.me]

(*suite*)

2. **Une voyelle + <nn>, <mm> ou <mn> + une voyelle prononcée ou non**

   Anne [an]   *anniversaire* [a.ni.vɛʁ.sɛʁ]

   pomme [pɔm]   *pommier* [po.mje]

   automne [o.tɔn]   *automnal* [o.to.nal]

3. **Une voyelle + <n> + une liaison avec certains mots**

   un bon ami [ɛ̃.bɔ.na.mi]

   le Moyen Âge [lə.mwa.jɛ.naʒ]

⚠ **Attention :**

Avec le <h> muet, on a une voyelle + <n> car c'est comme si le <h> n'existait pas.

Exemples :

un bonhomme de neige [ɛ̃.bo.nɔm.də.nɛʒ], *un menhir* [ɛ̃.me.niʁ]

C. Importance

Il est important de faire la distinction entre les voyelles orales et les voyelles nasales pour éviter des problèmes de communication et bien distinguer les catégories grammaticales. Par exemple, contrastez bien les sons mis en évidence :

1. **Entre masculin et féminin :**

   Cert<u>ains</u> amis de Tintin sont américains ; cert<u>aines</u> de ses amies sont tibétaines.

   [sɛʁ.tɛ̃.za.mi.də.tɛ̃.tɛ̃.sõ.(t)a.me.ʁi.kɛ̃ ‖ sɛʁ.tɛn.də.se.za.mi.sõ.ti.be.tɛn]

   Le <u>bon</u> Schtroumpf est toujours de <u>bonne</u> humeur.

   [lə.bõ.ʃtʁump.→fe.tu.ʒuʁ.də.bɔ.→ny.mœʁ]

2. **La différence entre les verbes et les substantifs :**

   Un bon dessinateur <u>dessine</u> un <u>dessin</u> réaliste.

   [ɛ̃.bõ.de.si.na.tœʁ.de.si.→nɛ.de.sɛ̃.ʁe.a.list]

   *Astérix et Obélix voient des dindes pour la premiè*re *fois en Amérique. Ils les <u>nomment</u> des glouglous car ils ne connaissent pas leur <u>nom</u>.*

   [a.ste.ʁik.→se.#o.be.liks.vwa.de.dɛ̃d.puʁ.la.pʁə.mjɛʁ.fwa.#ã.na.me.ʁik ↘‖ il.le.nɔm.de.glu.glu.ka.→ʁil.nə.ko.nɛs.pa.lœʁ.nõ]

(suite)

3. La différence entre le singulier et le pluriel de certains verbes :

Astérix prend de la potion magique. Astérix et Obélix prennent des sangliers sur leur dos.

[a.ste.ʁiks.pʁɑ̃.də.la.po.sjõ.ma.ʒik ↘‖ a.ste.ʁik.→se.o.be.liks.pʁɛn.de.sɑ̃.gli.je.syʁ.lœʁ.do]

Les légions de Jules César viennent souvent près du village d'Astérix, mais Jules César ne vient jamais.

[le.le.ʒõ.də.ʒyl.se.zaʁ.vjɛn.su.vɑ̃.pʁe.dy.vi.laʒ.da.ste.ʁiks ↗‖ mɛ.ʒyl.se.zaʁ.nə.vjɛ̃.ʒa.mɛ]

4. La différence entre l'indicatif et le subjonctif :

Lucky Luke comprend les Dalton. Mais je doute que Rantanplan les comprenne.

[ly.ki.lyk.kõ.pʁɑ̃.le.dal.tɔn ↘‖ mɛ.ʒə.dut.kə.ʁɑ̃.tɑ̃.plɑ̃.le.kõ.pʁɛn]

Astérix prend de la potion magique pour être plus fort. Mais il ne faut pas qu'Obélix en prenne.

[a.ste.ʁiks.pʁɑ̃.də.la.po.sjõ.ma.ʒik.pu.→ʁɛ.tʁə.ply.fɔʁ ↘‖ mɛ.(z)il.nə.fo.pa.ko.be.lik.→sɑ̃.pʁɛn]

5. La différence entre les verbes et les adverbes :

Astérix et Obélix trouvent souvent des Romains.

[a.ste.ʁik.→se.#o.be.liks.tʁuv̥.su.vɑ̃.de.ʁo.mɛ̃]

⚠ Attention :

1. Dans le cas des liaisons, **une voyelle nasale reste en général nasale devant une consonne nasale** (détails et exceptions dans le chapitre 7) :

Exemples :

mon ami [mõ‿na.mi], *un ami* [ɛ̃‿na.mi], *en arrière* [ɑ̃‿na.ʁjɛʁ], *on a fait* [õ‿na.fɛ], *rien à faire* [ʁjɛ̃‿na.fɛʁ]

2. Dans certains mots avec le préfixe <en-> ou <em->, ou <in-> ou <im-> suivi d'une racine qui commence avec une voyelle ou un <n> ou <m> et dans certains mots isolés, on trouve une voyelle nasale devant une consonne nasale

Exemples :

emmêler [ɑ̃.me.le], *emmener* [ɑ̃m.ne], *immangeable* [ɛ̃.mɑ̃.ʒabl], *immanquable* [ɛ̃.mɑ̃.kabl], *ennui* [ɑ̃.nɥi] et les mots de la même famille : *s'ennuyer* [sɑ̃.nɥi.je], *ennuyeux* [ɑ̃.nɥi.jø], etc.

2. Les voyelles nasales

A. Le son [ɑ̃]

Pour prononcer le son [ɑ̃], votre bouche doit être ouverte, la pointe de votre langue placée derrière les dents inférieures et le dos de la langue soulevé vers le palais mou. Les lèvres sont écartées et, bien sûr, la luette est en position basse pour permettre à l'air de passer à la fois par la bouche et par le nez. La voyelle [ɑ̃] est donc une voyelle **postérieure, arrondie, ouverte et nasale**.

Note : le son [ɑ̃] est parfois décrit comme étant non arrondi. Comme c'est une voyelle ouverte, il est parfois difficile d'arrondir les lèvres avec la bouche ouverte. Toutefois, il semble que de façon générale, ce son a tendance à former des lèvres arrondies.

B. Le son [õ]

La voyelle [õ] est une voyelle **postérieure, mi-fermée, arrondie et nasale**. Ainsi, pour prononcer le son [õ], votre bouche doit être plutôt fermée, la pointe de votre langue placée derrière les dents inférieures et le dos de la langue soulevé vers le palais mou. Les lèvres sont arrondies et, bien sûr, la luette est en position basse pour permettre à l'air de passer à la fois par la bouche et par le nez.

C. Le son [ɛ̃]

La voyelle [ɛ̃] est une voyelle **antérieure, mi-ouverte, non arrondie et nasale**. Ceci signifie que pour prononcer le son [ɛ̃], votre bouche doit être plutôt ouverte, la pointe de votre langue soulevée vers les alvéoles, mais sans les toucher. Les lèvres sont écartées et, bien sûr, la luette est en position basse pour permettre à l'air de passer à la fois par la bouche et par le nez.

Le son [ɑ̃] et la graphie

GRAPHIE	EXEMPLES
<an>	*bandes* [bɑ̃d], *dans* [dɑ̃], *chantant* [ʃɑ̃.tɑ̃], *grand* [gʁɑ̃]

⚠ **Attention :**
Les mots anglais : *Stan* [stan], *man* [man], *fan* [fan], etc.

(suite)

GRAPHIE	EXEMPLES
<am>	*champignon* [ʃɑ̃.pi.ɲo], *champagne* [ʃɑ̃.paɲ], *lampe* [lɑ̃p], *ampoule* [ɑ̃.pul]
<en>	*enfant* [ɑ̃.fɑ̃], *en* [ɑ̃], *originellement* [o.ʁi.ʒi.nɛl.mɑ̃], *entendu* [ɑ̃.tɑ̃.dy]
	remplacer [ʁɑ̃.pla.se], *empêcher* [ɑ̃.pe.ʃe], *remplir* [ʁɑ̃.pliʁ]
<aon>	*faon* [fɑ̃], *paon* [pɑ̃], *taon* [tɑ̃], *Laon* [lɑ̃]
<aen>	*Caen* [kɑ̃]

⚠ Attention :

- En position finale, seul le nom *Adam* [a.dɑ̃] est prononcé avec [ɑ̃]. <am> est prononcé [am] dans *Amsterdam* [am.stɛʁ.dam], *Rotterdam* [ʁo.tɛʁ.dam], *macadam* [ma.ka.dam], *tamtam* [tam.tam].

- En position finale, est prononcé [ɛm] : *tandem* [tɑ̃.dɛm], *idem* [i.dɛm], etc.

- La graphie <en> est en général prononcée [ɑ̃], comme dans le tableau ci-dessus. Mais il existe des exceptions :
  - Les terminaisons <-ent> des verbes conjugués à la troisième personne du pluriel ne se prononcent pas : *ils aiment* [il.zɛm], *elles seraient* [ɛl.sə.ʁɛ], *ils pouvaient* [il.pu.vɛ]
  - Les terminaisons <-en>, dans les mots savants, se prononcent [ɛn] : *abdomen* [ab.do.mɛn], *amen* [a.mɛn], *Carmen* [kaʁ.mɛn], etc.
  - Dans certains mots, <en> se prononce [ɛ̃] : *examen* [ɛg.za.mɛ̃], *agenda* [a.ʒɛ̃.da], *pentagone* [pɛ̃.ta.gon]
  - Les terminaisons : <-yen>, <-éen>, <-ien> se prononcent aussi avec [ɛ̃] : *moyen* [mwa.jɛ̃], *lycéen* [li.se.ɛ̃], *martien* [maʁ.sjɛ̃]

Le son [õ] et la graphie

GRAPHIE	EXEMPLES
<on>	*sont* [sõ], *son* [sõ], *contre* [kõtʁ], *potion* [po.sjõ]
<om>	*tomber* [tõ.be], *ombre* [õbʁ], *plomb* [plõ]

⚠ Attention :

* *monsieur* [mə.sjø]

* *acupuncture* [a.ky.põk.tyʁ], *punch* [põʃ]

* les noms d'origine anglaise : *Dalton* [dal.tɔn], *Newton* [nju.tɔn], *Washington* [wa.ʃiŋ.tɔn]

Le son [ɛ̃] et la graphie

GRAPHIE	EXEMPLES
<in>	*Tintin* [tɛ̃.tɛ̃], *intelligent* [ɛ̃.te.li.ʒɑ̃], *incroyable* [ɛ̃.kʁwa.jabl]
<im>	*impossible* [ɛ̃.po.sibl], *simple* [sɛ̃pl]
<ain>	*certain* [sɛʁ.tɛ̃], *pain* [pɛ̃], *main* [mɛ̃]
<aim>	*faim* [fɛ̃], *daim* [dɛ̃]
<ein>	*plein* [plɛ̃], *éteindre* [e.tɛ̃dʁ]
<eim>	*Reims* [ʁɛ̃s]
<oin>	*coin* [kwɛ̃], *loin* [lwɛ̃], *soin* [swɛ̃]
<ooing>	*shampooing* [ʃɑ̃.pwɛ̃]
<un>	*un* [ɛ̃], *lundi* [lɛ̃.di], *brun* [bʁɛ̃]
<um>	*parfum* [paʁ.fɛ̃], *humble* [ɛ̃bl]
<yn>	*syndicat* [sɛ̃.di.ka], *synchronie* [sɛ̃.kʁo.ni]

(*suite*)

GRAPHIE	EXEMPLES
<ym>	*sympathique* [sɛ̃.pa.tik], *symbole* [sɛ̃.bɔl]
<en>	*examen* [ɛg.za.mɛ̃], *agenda* [a.ʒɛ̃.da], *pentagone* [pɛ̃.ta.gon]
<en> dans les mots en -*ien*	*chien* [ʃjɛ̃], *bien* [bjɛ̃], *vient* [vjɛ̃]
<en> dans les mots en -*éen*	*européen* [ø.ʁo.pe.ɛ̃], *lycéen* [li.se.ɛ̃]
<en> dans les mots en -*yen*	*moyen* [mwa.jɛ̃], *doyen* [dwa.jɛ̃]

⚠ **Attention :**

- les prénoms étrangers : *Kim* [kim], *Tim* [tim]

- les noms allemands : *Einstein* [ajn.stajn]

- les mots latins en <-um> prononcés [ɔm] comme *album* [al.bɔm], *maximum* [mak.si.mɔm], *minimum* [mi.ni.mɔm], *aluminium* [a.ly.mi.njɔm], etc.

V. Prononciation

▶ **Exercice I**

Le Marsupilami est un héros de bande dessinée, un animal peu ordinaire, qui vient à la rescousse de pauvres personnes en danger. Avant de lire les phrases, indiquez les voyelles orales (O) et les voyelles nasales (N) des mots soulignés. Justifiez votre choix. Puis, répétez les mots soulignés en vous concentrant sur la différence entre les voyelles orales et les voyelles nasales. Enfin, répétez les phrases.

1. Le M a r s u p i l a m i est apparu pour la p r e m i è r e fois en 1952,
   O   O

   conçu par André F r a n q u i n.
                              N

2. Cet a n i m a l mystique n'est pas devenu une vedette dès sa première
            O

   a p p a r i t i o n.
               O

3. En effet, il a d'abord fait partie d'une autre série de b a n d e s d e s s i n é e s
appelée «Spirou et F a n t a s i o».

4. Ce p e r s o n n a g e est basé sur le marsupial, un vrai animal v i v a n t
en Amérique du Sud, en Australie, en T a s m a n i e et en Nouvelle-G u i n é e.

5. Le Marsupilami vit des a v e n t u r e s qui f i n i s s e n t toujours bien.

6. Aujourd'hui, on peut c o l l e c t i o n n e r 25 a l b u m s.

▶ **Exercice J**

Astérix est probablement la bande dessinée française la plus répandue. Dans les phrases suivantes, soulignez toutes les voyelles nasales [ã]. Il y en a 21 en tout. Répétez les mots trouvés, puis les phrases.

1. Astérix le Gaulois est le héros d'une bande dessinée française.

2. Dans tous les albums, Astérix résiste contre les Romains, au temps de Jules César.

3. Étant enfant, l'ami d'Astérix, Obélix, est tombé dans un chaudron de potion magique, ce qui le rend toujours très fort.

4. Les membres du village gaulois chantent et mangent des sangliers à la fin de chaque histoire.

5. Ensemble, Astérix et Obélix voyagent dans le monde entier : à Rome, en Grande-Bretagne, en Belgique et même en Amérique.

▶ **Exercice K**

Une autre bande dessinée française, beaucoup plus sarcastique que celles présentées précédemment, s'appelle les Bidochon. En voici sa description. Dans les phrases suivantes, soulignez tous les 17 mots qui contiennent la voyelle nasale [õ] puis répétez ces mots et les phrases.

1. Il est presque impossible de trouver une famille comme celle des Bidochon.

2. Tout d'abord, parlons des personnages principaux : Robert Eugène Louis Bidochon et Raymonde Jeanne Martine Bidochon.

3. Raymonde ne se sent pas très comblée dans la vie. De l'acupuncture lui ferait grand bien !

4. Monsieur Bidochon aime son canapé et n'est pas romantique.

5. Ce couple se chamaille tout le temps car ils ne se comprennent pas du tout.

6. Mais au fond, ils s'aiment et se donnent beaucoup d'affection, disons, discrète.

7. Bon, c'est à vous de découvrir cette série qui vous montrera un style beaucoup moins conventionnel.

▶ Exercice L

Lucky Luke, un cowboy solitaire, est le héros d'une autre bande dessinée très appréciée du public francophone. Dans les phrases suivantes, trouvez les 14 mots contenant la voyelle nasale [ɛ̃]. Puis, répétez ces mots et les phrases.

1. Lucky Luke est un cowboy solitaire qui n'a peur de rien et qui tire plus vite que son ombre.

2. Il a un cheval, Jolly Jumper, qui est le cheval le plus intelligent de l'Ouest américain.

3. Les frères Dalton, des évadés de prison, sont minces et pas toujours très malins.

4. Rantanplan, le chien de la prison, est bien inepte dans la vie.

5. Un petit shampooing ne lui ferait pas de mal car il ne sent pas toujours très bon.

6. À la fin de chaque album, Lucky Luke chante un refrain de cowboy solitaire.

▶ Exercice M

Maintenant lisez ce texte qui explique comment la bande dessinée a débuté. Soulignez les 30 mots qui contiennent des voyelles nasales. Répétez-les seuls, puis accompagnés du texte entier.

Savez-vous comment la bande dessinée a fait ses débuts ? C'est un Suisse francophone qui s'appelle Rodolphe Töpffer qui publie le premier album en 1830. Il associe un texte à des dessins afin de leur donner plus d'histoire. Puis, cette nouvelle forme de littérature se répand dans le monde entier souvent pour exprimer un certain sarcasme vis-à-vis d'opinions politiques ou sociales. Au début du vingtième siècle, des revues principalement destinées aux adolescents apparaissent mais seuls les jeunes de la classe aisée peuvent se permettre de les acheter. Ce n'est qu'à partir des années quarante que la bande dessinée franco-belge commence à entrer dans de nombreux foyers. Aujourd'hui, tout le monde possède au moins quelques numéros des grands classiques.

Exercice N

Pour analyser les BD, il est important de connaître le vocabulaire lié au dessin. Transcrivez les mots suivants en vous concentrant sur les trois voyelles nasales.

1. le dessin   lə. de.sɛ̃
2. le crayon de papier   lə. kʁɛ.jõ, də. pa. pje
3. la bande   la. bɑ̃d
4. en noir et blanc   ɑ̃. nwa:ʁe. blɑ̃
5. le fusain   lə. fy.zɛ̃
6. la planche   la. plɑ̃ʃ
7. la séquence   la. se.kɑ̃s
8. l'ombre   lõbʁ
9. la peinture   la. pɛ̃. tyʁ
10. le pointillé   lə. pwɛ̃. ti. je

Exercice O

Voici quelques titres d'albums d'Astérix et de Tintin. Transcrivez-les en faisant particulièrement attention aux voyelles nasales.

1. Astérix chez les Bretons

2. Astérix et les Normands

3. Astérix aux Jeux olympiques

4. Astérix et le chaudron

5. Le combat des chefs

6. Tintin au Congo

____

7. Les Cigares du pharaon

____

8. Le Crabe aux pinces d'or

____

9. On a marché sur la lune

____

10. Le Temple du soleil

____

Exercice P

Lisez le texte sur les Schtroumpfs, une bande dessinée belge très connue grâce au dessin animé et au film dérivés. Transcrivez en orthographe conventionnelle.

[le.ʃtʁump.#→fɛ.(t)yn.se.ʁi.də.bɑ̃d.de.si.ne.bɛl.→ʒe.kʁit.paʁ.pe.jo ↘‖ ɛ.→le.(t) a.pa.ʁy.puʁ.la.pʁə.mjɛʁ.fwa.#ɑ̃.mil.nœf.sɑ̃.sɛ̃.kɑ̃.→tɥit ↘‖ ɛl.ʁa.kõt.li.stwaʁ.də. pə.tit.kʁe.a.tyʁ.blø.ki.a.bit̬.dɑ̃‿zɛ̃.vi.laʒ.də.ʃɑ̃.pi.ɲõ ↘‖ il.pas.la.ma.ʒo.ʁi.te.də.lœʁ. ʒuʁ.ne.#a.sa.my.ze.#e.#a.tʁa.va.je.tu‿tɑ̃.ʃɑ̃.tɑ̃ ↘]

____

____

____

____

____

____

____

____

____

____

____

Exercice Q

Voici maintenant la fin du texte précédent. Transcrivez-le.

Tous les Schtroumpfs portent un bonnet et un pantalon blanc, sauf le Grand Schtroumpf qui est le chef du village et qui porte des habits rouges. Il y aussi la Schtroumpfette avec ses beaux cheveux blonds. Le langage des Schtroumpfs est très simple : remplacez les noms par le mot « schtroumpf » et les verbes par le verbe « schtroumpfer ». Donc schtroumpfez les schtroumpfs ! Les Schtroumpfs sont maintenant des célébrités mondiales que l'on peut voir même à la télévision ou au cinéma.

_____

_____

_____

_____

_____

_____

_____

VII. Pour aller plus loin : les accents régionaux

Un des éléments les plus caractéristiques de l'accent régional en France et dans le monde francophone est la prononciation des voyelles nasales. Elle peut varier beaucoup selon les régions et les pays. Voici quelques exemples de cette variation.

Une quatrième voyelle nasale existe encore dans la prononciation de beaucoup de locuteurs dans tous les pays francophones : [œ̃]. Bien que sa présence soit forte au Québec, en Suisse, et en Belgique, par exemple, elle est beaucoup plus faible en France, et surtout dans le Nord de la France, où elle a tendance à disparaître. La voyelle nasale [œ̃] est associée à l'orthographe <un> et <um>. Cependant, cette orthographe et donc la voyelle [œ̃] qui lui est associée sont assez rares. Il n'est donc pas très utile de faire cette distinction : ainsi, on peut tout à fait comprendre et se faire comprendre si on utilise [œ̃] ou la prononciation proche [ɛ̃] comme le font de plus en plus de Français en France. En outre, il y a très peu de paires minimales (c'est-à-dire de mots exactement similaires sauf pour un son) où la distinction entre ces deux sons est nécessaire : *brun* [bʁœ̃] / *brin* [bʁɛ̃] ; *emprunte* [ɑ̃.pʁœ̃t] / *empreinte* [ɑ̃.pʁɛ̃t]. Par conséquent, les deux sons ont fusionné dans le Nord de la France et en français standard, et la voyelle [œ̃] a disparu (Martinet 1945 ; Walter 1988 ; Landick 1996 ; Tranel 2003 ; parmi beaucoup d'autres).

Par ailleurs, on observe aujourd'hui surtout dans le français parisien un autre glissement : celui de [ɛ̃] vers [ɑ̃], et de [ɑ̃] vers [õ]. Le mot *vin* peut alors ressembler à *vent*, par exemple, et celui-là se rapproche donc de plus en plus du mot *vont*. Cela peut parfois créer des confusions dans la perception (Fónagy 1989 ; Léon 1992 ; Hansen 1998).

Au Québec, les voyelles nasales diffèrent aussi. Tout d'abord, la voyelle postérieure [ɑ̃] est souvent prononcée avec une articulation antérieure [ã]. Pour les trois autres voyelles nasales, puisque le Québec conserve aussi le [œ̃], les voyelles sont souvent plus fermées et certaines sont même diphtonguées. C'est le cas en particulier de [ɛ̃], souvent prononcé [ãᵉ]. Pour plus de détails, vous pouvez consulter Ostiguy et Tousignant (1993), Martin, Beaudoin-Bégin, Goulet et Roy (2001) et Delvaux (2009).

▶ **Exercice R**

Voyons si vous entendez cette distinction régionale. Écoutez les mots qui manquent et dites si vous entendez [œ̃] ou [ɛ̃]. Ensuite, dites si la personne que vous entendez vient du Nord ou du Sud de la France.

	[œ̃]	[ɛ̃]	NORD ou SUD ?
1. Il faudrait que Rantanplan _emprunte_ le cerveau de Lassie de temps en temps.		X	S
2. Chaque _lundi_, Obélix mange un sanglier.	X		N
3. Les Gaulois cherchent les Romains. Tiens, en voilà _un_ qui se promène.		X	S
4. C'est dans la _____ qu'on peut retrouver le Marsupilami.			
5. Titeuf n'a pas les cheveux _brun_. En fait, il a très peu de cheveux.	X		N
6. Le _parfum_ de la Schtroumpfette sent la salsepareille.		X	S

VIII. Récapitulation

Exercice S

Dans ce labyrinthe nasal, essayez de retrouver votre chemin parmi les voyelles nasales et le monde de la BD. Pour cela, passez par les mots qui contiennent une voyelle nasale. Vous avez le choix entre la verticale et l'horizontale, mais vous ne pouvez pas faire de diagonale. Une fois le chemin trouvé, prononcez les mots trouvés et écrivez une phrase avec cinq des mots de cette liste.

DÉPART   ARRIVÉE
▼   ▲

champignon	bande	image	paysanne	francophonie	simple
Marsupilami	Tintin	chanter	journal	ennui	Dalton
international	Carmen	enfant	personnage	pantalon	roman
aventure	dessiner	chien	Bidochon	capitaine	télévision
cinq	album	Tournesol	chaudron	coin	monde
méchant	centurion	Dupont	bonhomme	ennemi	langue

▶ Exercice T

Complétez ces titres imaginaires et parodiques de bandes dessinées. D'abord, indiquez quelle voyelle vous entendez, et ensuite, d'après le son que vous avez indiqué, retrouvez l'orthographe correcte du mot.

	[ã]	[õ]	[ɛ̃]	TITRES PARODIQUES
1.				On a _____ la barbe du Capitaine Haddock.
2.				La cuisine d'Obélix avec du _____.
3.				Au soleil, Rantanplan se _____.
4.				Le _____ week-end de Gaston Lagaffe.
5.				Titeuf trouve un chien _____.
6.				Le _____ de Boule et Bill.
7.				Un _____ chez les Schtroumpfs.
8.				Les Gaulois et les _____.
9.				Les Bidochon et le _____ du Nord.
10.				Quick et Flupke jouent à la _____.

▶ **Exercice U**

Vous allez entendre quelques phrases sur le festival de la BD d'Angoulême. Dans chacune de ces phrases, vous entendrez plusieurs mots qui contiennent des voyelles nasales. Notez ces mots dans la première colonne et indiquez, dans la deuxième colonne, quelle(s) voyelle(s) nasale(s) ces phrases contiennent.

	MOTS AVEC VOYELLES NASALES	[ɑ̃] ? [ɔ̃] ? [ɛ̃] ?
1. (5 mots)		
2. (3 mots)		
3. (4 mots)		

Exercice V

Répondez aux questions suivantes.

1. Quelles sont les trois voyelles nasales ?

ɛ̃ ɔ̃ ɑ̃

2. Quelles sont les différences d'articulation entre les trois voyelles nasales ?

Pour les voyelles nasales, il faut baisser la luette pour laisser sortir l'air par le nez

3. Quelle est la différence d'articulation entre les voyelles nasales et les voyelles orales ?

4. Quelle partie d'un mot doit-on regarder pour savoir si une voyelle est orale ou nasale ? Donnez les règles.

S'il y un «m» ou «n» à la fin ou bien à l'intérieure du mot et il est suivi par une consonne autre que «m» ou «n».

5. Peut-on trouver une voyelle nasale devant une consonne nasale prononcée dans un même mot ? Donnez des exemples.

Non, «anniversaire», «pomme» et «automnal»

6. Pourquoi est-il important de bien faire la distinction entre les voyelles nasales et orales ?

parce qu'ils indiquent la différence entre masc + fem, indicatif + subjonctif, les verbes + les substantifs.

7. Voici une liste de mots. Dites si les voyelles soulignées sont orales ou nasales. Expliquez votre choix par rapport à l'environnement des voyelles.

a. M**on**sieur Tournesol — N *pq'elle est suivie par s*

b. Capit**ai**ne Haddock — O *pq'elle est suivie par consonne N*

c. le schtroumpf imp**atien**t — N

d. Robert Bidoch**on** — N

e. les inspecteurs Dup**on**d et Dup**on**t — N

f. les Dalt**on** — O *étranger*

▶ **Exercice W**

Lisez les paires de mots suivantes, liées à des bandes dessinées ou des concepts vus précédemment. Faites attention de bien prononcer les voyelles nasales et les voyelles orales. Ensuite, transcrivez chaque paire.

le monde	le monarque	[lə.mõd]	[lə.mo.naʁk]
l'album	le parfum	[al.bøm]	[lə.paʁ.fɛ̃]
l'année	l'an	[la.ne]	[lã]
le pharaon	la pharaonne	[lə.fa.ʁõ]	[la.fa.ron]
le vilain	la vilaine	[lə.vi.lɛ̃]	[la.vi.len]
un bon Français	une bonne Française	[ɛ̃.bõ.fʁã.sɛ]	[yn.bon.fʁã.sɛz]
la lune	lundi	[la.lyn]	[lɛ̃.di]
dessinée	dessin	[de.si.ne]	[de.sɛ̃]
le breton	la bretonne	[lə.bʁø.tõ]	[la.bʁø.ton]
le chien blanc	la chienne blanche	[lə.ʃjɛ̃.blã]	[la.ʃjen.blãʃ]

Exercice X

Voici un texte qui raconte un peu l'origine de la bande dessinée. Lisez-le puis réécrivez-le avec l'alphabet orthographique.

[la.bɑ̃d.de.si.ne.fʁɑ̃.ko.bɛlʒ.sə.di.di.fe.ʁɑ̃t̪.də.la.bɑ̃d.de.si.ne.a.me.ʁi.kɛn ↘‖ ɑ̃.ne. fe ↗‖ le.de.si.na.tœʁ.fʁɑ̃.ko.bɛlʒ.sə.sɛʁ.və.də.plɑ̃ʃ.puʁ.kʁe.e.lœʁ.zi.stwaʁ ↗‖ a.lɔʁ.ko.ze.ta.zy.ni ↗‖ õ.py.bli.de.bɑ̃d.dɑ̃.le.ʒuʁ.no ↘‖ se.bɑ̃d̪.ko.mɑ̃.→s(t)a.a.pa. ʁe.→tʁa.la.fɛ̃.dy.dis.nœ.vjɛm.sjɛ.→kle.ʁə.pʁe.zɑ̃t̪.de.pə.tit̪.zi.stwaʁ.dʁol ↗‖ kɔ.→ma.vɛk.kal.vi.→ne.ɔb̪s ↘‖ lə.ko.mik.buk.sɔʁ.(t)a.vɛk.lə.sy.pɛ.→ʁe.ʁo. sy.pɛʁ.ma.→nɑ̃.mil.nœf.sɑ̃.tʁɑ̃.→tɥit ↘‖ a.paʁ.tiʁ.də.la ↗‖ ply.zjœʁ.zo.tʁə.sy. pɛ.→ʁe.ʁo ↗‖ ki.ɛ.→da.so.vel.mõd ↗‖ nɛs ↘‖ bat̪.man ↗‖ spi.dɛʁ.man ↗‖ flaʃ ↗‖ ɛt.se.te.ʁa ↘‖ ɑ̃.nø.ʁɔp ↘‖ le.de.si.na.tœʁ.ʁe.stə.ply.ʁe.a.li.#→ste.nə.tuʃ.pa. vʁe.mɑ̃.(t)a.la.sjɑ̃s.fik.sjõ ↘‖ dɑ̃.le.za.ne.vɛ̃ ↗‖ tɛ̃.tɛ̃.ʁɑ̃.pɔʁ.→tɛ̃.syk.sɛ.#ɛ̃.kʁwa. ja.blə.syʁ.lə.plɑ̃.fʁɑ̃.ko.fɔn ↗‖ mɛ.(z)o.si.mõ.djal ↘]

_____

_____

_____

_____

_____

_____

_____

_____

_____

_____

_____

_____

_____

_____

_____

_____

▶ ⌣ **Exercice Y**

Voici un dernier texte sur les bandes dessinées. Lisez-le en faisant attention à toutes les voyelles nasales, puis transcrivez-le.

Un autre terme souvent utilisé pour parler de la bande dessinée est le roman graphique. Il représente un style destiné aux adultes, qui est souvent plus long et sérieux que les bandes dessinées. Bien que moins populaire, le roman graphique a ses fidèles lecteurs. Parmi les titres les plus appréciés, on retrouve *La ballade de la mer salée* et *Silence*. En 2012, *Chroniques de Jérusalem* a remporté le titre du meilleur album au festival d'Angoulême. Ce roman graphique est une sorte de journal intime qui relate l'expérience et les impressions d'un homme lors d'une année en Israël.

_____

_____

_____

_____

_____

_____

_____

_____

_____

_____

_____

IX. Conversation

1. Parmi les bandes dessinées mentionnées dans ce chapitre, nommez-en deux qui vous paraissent intéressantes, et deux qui ne vous intéressent pas. Expliquez pourquoi.

2. Lisez-vous beaucoup de bandes dessinées ? Si oui, quelles sont vos bandes dessinées préférées ? Expliquez pourquoi. Si non, pourquoi ne lisez-vous pas de BD ?

3. [pã.se.vu.kle.bãd.de.si.ne.fõ.paʁ.tid.la.kyl.tyʁ.li.te.ʁɛʁ ↗‖ le.vwa.je.vu.kɔm.
fə.zã.paʁ.ti.dɛ̃.naʁ ↗‖ ɛk.spli.ke.puʁ.kwa ↘]

4. [ko.ne.se.vu.de.bãd.de.si.ne.ki.õ.(t)e.te.mi.(z)ã.de.sɛ̃.(z)a.ni.me.#u.ã.film ↗‖
le.kɛl ↘‖ pã.se.vuk.sɛt.tʁã.zi.sjõ.swa.(t)yn.bɔ.→nu.yn.mo.vɛz̥.ʃoz ↗‖ puʁ.kwa ↘]

X. Matériel complémentaire

Chansons

- *On n'est pas à une bêtise près* de Renan Luce
- *Gaston* de Léo Ferré
- *La Corrida* de Francis Cabrel
- *Même si tu revenais* de Claude François
- *Bourrée de complexes* de Boris Vian

Films

- *Astérix et Obélix contre César* (1999)
- *Astérix et Obélix : Mission Cléopâtre* (2002)
- *Astérix aux Jeux olympiques* (2008)
- *Les Schtroumpfs* (2011)
- *Tintin : Le secret de la Licorne* (2011)
- *Sur la piste du Marsupilami* (2012)
- *Astérix et Obélix : Au service de Sa Majesté* (2012)
- *Boule et Bill* (2013)

10
Musique, Noël, gnôle et smoking!

I. Introduction

Nous allons explorer quelques fêtes francophones et leurs traditions. Certaines fêtes sont identiques à celles que l'on trouve dans d'autres parties du monde, comme Noël, mais d'autres, comme la Fête de la Musique, sont uniques à la culture francophone. Pour certaines, on s'habille bien, avec un smoking, pour d'autres, on boit des boissons particulières, comme du champagne, ou de la gnôle, une liqueur régionale qu'on trouve dans les Alpes. À travers ces fêtes, vous allez vous concentrer sur les consonnes nasales.

Questions de réflexion

Les consonnes nasales

1. Combien de consonnes nasales existe-t-il en français?

2. Quelles sont les caractéristiques articulatoires des consonnes nasales?

Les fêtes françaises

1. Quelles fêtes françaises connaissez-vous?

2. Quelles sont les fêtes célébrées dans votre pays et aussi en France?

3. Quelles sont les fêtes qui sont seulement fêtées dans votre pays?
   Et seulement en France?

II. Compréhension orale

▶ **Exercice A**

Vous allez maintenant entendre un texte qui décrit les fêtes en France. Répondez aux questions de compréhension suivantes.

1. Est-ce que les Français travaillent pendant les fêtes ?   _Non_,

2. Qu'est-ce que c'est qu'un « pont » quand on parle de fêtes en France ?

   Quand on ne travaille pas le lundi ou le vendredi pq mardi ou jeudi est un jour.

3. Est-ce que les magasins sont ouverts pendant les fêtes ?   _Non_

4. Quelle est l'origine de la plupart des fêtes ?

   Réligreuse

▶ **Exercice B**

Maintenant, réécoutez le texte en le lisant et entourez ou soulignez les mots dans lesquels vous entendez les sons [n], [m], [ɲ] et [ŋ].

1. Donnez des exemples de mots avec chacune des quatre consonnes nasales.

   [n] _journée   en_

   [m] _ame_

   [ɲ] _gagner_

   [ŋ] _shopping_

2. Dans ces mots, est-ce que les voyelles qui précèdent les consonnes nasales sont orales ou nasales ?

   orales

3. Dans quelle(s) position(s) du mot ou de la syllabe se trouvent les [ɲ] et [ŋ] ?

   [ɲ] dans l'attaque ou le coda
   [ŋ] dans le coda

[le.fʁɑ̃.sɛ.#ɛ̃m.lœʁ.fɛt ↗‖ syʁ.tuk.la.ply.paʁ.dɑ̃.→tʁɛl.ʁe.zyl.→tɑ̃.n̥ɛ̃.ʒuʁ.fe.ʁje
↘‖ kɑ̃.sə.ʒuʁ.fe.ʁje.ɛ.(t)ɛ̃.maʁ.di.u.ɛ̃.ʒø.di ↗‖ õ.fɛl.põ ↗‖ sɛ.ta.diʁ.kõn.tʁa.vaj.
pa.lə.lɛ̃.di.ul.vɑ̃.dʁə.di.puʁ ga.ɲe.(ʁ)yn.ʒuʁ.ned̥.kõ.ʒe.sy.ple.mɑ̃.tɛʁ ↘‖ tul.mõd̥.
pø.(t)a.lɔʁ.pʁo.fi.te.dɛ̃.wi.kɛnd.də.kat.ʒu.#→ʁe.paʁ.ti.→ʁa.la.kɑ̃. pa.→ɲu.a.la.
mɛʁ ↘‖ fɛt.(z)a.tɑ̃.sjõ.kɑ̃.vu.vwa.ja.ʒe.(z)ɑ̃.fʁɑ̃s ↘‖ nə.pʁe.vwa.je.pad̥.fɛʁ.dy ʃo.
piŋ.pɑ̃.dɑ̃.le.fɛt.paʁ.skə.tu.le.ma.ga.zɛ̃.sõ.fɛʁ.me ↘‖ la.ma.ʒo.ʁi.te.de.fɛt.sõ.do.
ʁi.ʒin.ʁə.li.ʒjøz ↗‖ mɛ.ʃa.→ka.ne ↗‖ õ.na.o.si.de.fɛt.ki.sõ.ply.to.so.sja.#→le.kin.
sõ.pa.fe.ʁje ↘‖ pa.→ʁɛg.zɑ̃pl ↗‖ õ.se.lɛ.bʁə.la.sɛ̃.va.lɑ̃.tɛ̃.lə.ka.tɔʁz̥.fe.vʁi.
je#.u.la.fɛt.də.la.my.zik.lə.vɛ̃.te.#ɛ̃.ʒɥɛ̃ ↘]

Les Français aiment leurs fêtes, surtout que la plupart d'entre elles résulte en un jour férié. Quand ce jour férié est un mardi ou un jeudi, on fait le pont, c'est-à-dire qu'on ne travaille pas le lundi ou le vendredi pour gagner une journée de congé supplémentaire. Tout le monde peut alors profiter d'un week-end de quatre jours et partir à la campagne ou à la mer. Faites attention quand vous voyagez en France! Ne prévoyez pas de faire du shopping pendant les fêtes parce que tous les magasins sont fermés. La majorité des fêtes sont d'origine religieuse, mais chaque année on a aussi des fêtes qui sont plutôt sociales et qui ne sont pas fériées. Par exemple, on célèbre la Saint-Valentin le 14 février ou la Fête de la Musique le 21 juin.

▶ Exercice C

Écoutez ce texte qui parle de la Fête de la Musique en France et répondez aux questions.

1. Quand la Fête de la Musique est-elle célébrée? _____ juin

2. En quel honneur?
   la musique

3. Quels genres de musique trouve-t-on pendant cette fête?
   tous les genres

4. Est-ce une fête locale ou nationale? _____ nationale

▶ Exercice D

Maintenant, écoutez ce texte en le lisant, puis répondez aux questions qui suivent.

1. Entourez tous les mots qui contiennent les sons [m] et [n].

2. Quelles sont deux graphies représentant les sons suivants?

   [m] _____ m ou mm

   [n] _____ n ou nn

[ɑ̃.ʒɥɛ̃ ↗‖dɑ̃.le.ɡʁɑ̃d.vil.kɔm.dɑ̃.le.pə.ti.vi.laʒ.də.fʁɑ̃s ↗‖ õ.na.yn.fɛt.paʁ.ti.ky.ljɛʁ. ki.a.kœj.lə.ko.mɑ̃s.mɑ̃d.le.te ↘‖ se.la.fɛt.də.la.my.zik ↘‖ ɛl.sə.de.ʁul.lə.vɛ̃.te.#ɛ̃.ʒɥɛ̃ ↘‖ne.ɑ̃.mwɛ̃ ↗‖ si.vu.za.ve.lo.ka.zjõd.vu.pʁom.ne.dɑ̃.le.ʁy.sə.swaʁ.la ↗‖vu.zo. ʁe.la.ʃɑ̃s.də.vwa.→ʁɛ̃.spɛk.ta.→kli.nu.bli.jabl ↘‖ vu.tʁu.vʁe.(z)yn.myl.ti.tyd.də. my.zi.sjɛ̃.(z)e.də.pʁo.ɡʁam ↗‖dɛ.pʁo.fe.sjo.nɛl.kɔm.de.za.ma.tœʁ ↗‖ di.mɑ̃s.zɔʁ. kɛstʁ ↗‖ tut.sɔʁ.tə.dɛ̃.stʁy.mɑ̃d.my.zik ↗‖ de.ɡʁup̃.də.ʒœn.ʁɔ.kœʁ ↗‖ de.dʒa.zist ↗‖ yn.ko.ʁal ↗‖ de.dɑ̃.sœʁ ↗‖ɛt.se.te.ʁa ↘‖ se.vʁɛ.mɑ̃.la.fɛt.puʁ.tus ↘]

En juin, dans les grandes villes comme dans les petits villages de France, on a une fête particulière qui accueille le commencement de l'été … C'est la Fête de la musique. Elle se déroule le 21 juin. Néanmoins, si vous avez l'occasion de vous promener dans les rues ce soir-là, vous aurez la chance de voir un spectacle inoubliable. Vous trouverez une multitude de musiciens et de programmes, des professionnels comme des amateurs, d'immenses orchestres, toute sorte d'instruments de musique, des groupes de jeunes rockeurs, des jazzistes, une chorale, des danseurs, etc. C'est vraiment la fête pour tous !

▶ **Exercice E**

Écoutez ce texte sur Mardi gras, et répondez aux questions suivantes.

1. Mardi gras vient d'une tradition religieuse.	Vrai	Faux
2. Mardi gras est célébré avant le début du carême.	Vrai	Faux
3. Pour Mardi gras, autrefois, on mangeait plus que d'habitude.	Vrai	Faux
4. Il y a un carnaval pour Mardi gras seulement à Paris.	Vrai	Faux
5. On mange des beignets.	Vrai	Faux
6. On ne fête Mardi gras qu'en France.	Vrai	Faux

▶ **Exercice F**

Écoutez maintenant ce texte en le lisant, puis répondez aux questions qui suivent.

1. Entourez tous les mots qui contiennent les sons [ɲ] et [ŋ].

2. Quelle est la graphie représentant les sons suivants ?

[ɲ] _____

[ŋ] _____

[maʁ.di.ɡʁa.#e.(t)yn.fɛt.do.ʁi.ʒin.ka.to.lik ↘‖ puʁ.maʁ.kel.de.by.dy.ka.ʁɛm ↗‖ la.pe.ʁjɔd.də.ka.ʁɑ̃t.ʒuʁ.pʁe.se.dɑ̃.pak ⇨‖ o.tʁə.fwa ‖ le.ʒɑ̃.sə.nu.ʁi.sɛ.ɛ̃.pø. ply.→sa.vɑ̃.də.ʒø.ne ↗‖ fɛ.→ʁab̥.sti.nɑ̃s ↘‖ sɛʁ.tɛn.ʁe.ʒjõd.fʁɑ̃s.se.lɛ.bʁə.tu.ʒuʁ.

lə.maʁ.di.gʁa ♪‖ a.tʁa.vɛʁ.lə.kaʁ.na.val ♪‖ pa.→ʁɛg.zɑ̃.→pla.kan ♪‖ a.dɛ̃.kɛʁk ♪‖a.nis ♪‖ tu.da.bɔʁ ♪‖ õ.fɛ.dy.ʃo.piŋ.puʁ.tʁu.ve.lə.mɛ.jœʁ.ko.stym ♪‖ õ.de.fil. dɑ̃.le.ʁy ♪‖ õ.ʃɑ̃t ♪‖ õ.mɑʒ.de.be.ɲe.(z)u.de.go.→fʁa.kõ.pa.ɲe.də.kʁɛm.ʃɑ̃.ti.ji ♪‖ a.pʁɛ.sa ♪‖ õ.na.ɛ̃.te.ʁɛ.#a.smɛ.→tʁɑ̃.dʒo.giŋ.puʁ.fɛ.→ʁɛ̃.pti.fu.tiŋ.pu.→ʁe. li.mi.ne.le.ka.lo.ʁi ♪‖ la.tʁa.di.sjõd.maʁ.di.gʁa.sə.ʁə.tʁuv.dɑ̃d.nõ.bʁø.→zo.tʁə. ʁe.ʒjõ.dy.mõd ♪‖ kɔ.→mɑ̃.lwi.zjan ♪‖ dɑ̃.le.zɑ̃.tij ♪‖ o.ka.na.da ♪‖ o.bʁe.zil ♪‖ɑ̃.nɛ.spaɲ ♪‖ ɑ̃.nal.maɲ ♪]

Mardi gras est une fête d'origine catholique. Pour marquer le début du carême (la période de quarante jours précédant Pâques), autrefois les gens se nourrissaient un peu plus avant de jeûner (faire abstinence). Certaines régions de France célèbrent toujours le Mardi gras, à travers le carnaval, par exemple à Cannes, à Dunkerque, à Nice. Tout d'abord, on fait du shopping pour trouver le meilleur costume, on défile dans les rues, on chante, on mange des beignets ou des gaufres accompagnées de crème chantilly. Après ça, on a intérêt à se mettre en jogging pour faire un petit footing pour éliminer les calories! La tradition de Mardi gras se retrouve dans de nombreuses autres régions du monde, comme en Louisiane, dans les Antilles, au Canada, au Brésil, en Espagne, en Allemagne.

III. Discrimination

▶ Exercice G

Voici une liste de fêtes célébrées en France. Écoutez et indiquez s'il y a des consonnes nasales, et si oui, combien. Ensuite, indiquez si vous pensez que ce sont des fêtes réelles ou imaginaires.

	Y-A-T-IL DES CONSONNE(S) NASALE(S)?	COMBIEN?	FÊTE RÉELLE OU IMAGINAIRE?
1. Chatelgne	ɲ	1	
2. St. Valentm	n	1	R
3. du Joggng	ŋ	1	
4. de la Gastronomre	n m	2	R
5. JI de la Femme	m	1	R
6. du Croissant	✗	✗	I

▶ **Exercice H**

Voici une liste de symboles liés à différentes fêtes françaises. Indiquez combien de consonne(s) nasale(s) vous entendez. Après une deuxième écoute, précisez celle(s) que vous entendez. Ensuite, essayez de deviner la fête qui correspond à ces symboles.

		COMBIEN?	[m]? [n]? [ɲ]? [ŋ]?	SA FÊTE?
1.		1	ɲ	
2.	masques	1	m	
3.		1	ɲ	Chategni
4.	marseillaise	1	m	bastille
5.	amour	1	m	
6.	le smoking	2	m ŋ	
7.		1	m	
8.	couronne	1	n	

▶ **Exercice I**

Écoutez les phrases suivantes sur certaines habitudes pendant les fêtes et dites si les adjectifs sont au masculin ou au féminin. Un indice : si vous entendez une voyelle nasale à la fin de l'adjectif, on fait référence à une personne ou un objet masculin, on parle d'une personne ou d'un objet au féminin. Par contre, si vous entendez une consonne nasale, il est au féminin.

	MASCULIN	FÉMININ
1. bons/bonnes	X	
2. aucun/aucune	X	
3. siens/siennes		X
4. américains/américaines	X	
5. aucun/aucune		X
6. bons/bonnes		X
7. contemporain/contemporaine		X
8. vilains/vilaines	X	

IV. Expansion

1. Les consonnes nasales

En français, il y a quatre consonnes nasales : [n], [m], [ɲ], [ŋ]. Comme nous l'avons vu précédemment, on prononce la consonne **NASALE** quand, dans l'orthographe, il y a :

Une voyelle + \<n\> + une liaison. Attention, ceci ne se passe que dans une liste limitée de mots (voir chapitre 7).

Exemples :

un ami [ɛ̃.na.mi], *mon ami* [mɔ̃.na.mi]

2. Le son [m]

Le [m] est une consonne **nasale, bilabiale et voisée**. L'air passe par la cavité nasale, les lèvres inférieures et supérieures se touchent et les cordes vocales vibrent. Faites attention de bien prononcer cette consonne en position finale.

Le son [m] et la graphie

GRAPHIE	EXEMPLES
\<m\>	*musique* [my.zik], *instrument* [ɛ̃.stʁy.mɑ̃]
\<mm\>	*comme* [kɔm], *programme* [pʁo.gʁam]
\<mn\>	*amnésique* [am.ne.zik], *amnistie* [am.nis.ti]

⚠ **Attention :** dans *automne* [o.tɔn] et *condamner* [kɔ̃.da.ne] (ainsi que les mots dérivés), on prononce seulement [n], pas le \<m\>.

Le <m> en position finale

GRAPHIE	EXEMPLES
Le <m> ne se prononce **pas**. On trouve une **voyelle nasale**.	*parfum* [paʁ.fɛ̃], *nom* [nõ]

⚠ **Attention :** On prononce le <m> final dans les mots empruntés directement au latin : *maximum* [mak.si.mɔm], *album* [al.bɔm], *aquarium* [a.kwa.ʁjɔm], etc. et dans certains mots étrangers : *rhum* [ʁɔm], *film* [film], *Amsterdam* [am.stɛʁ.dam], etc.

3. Le son [n]

Le [n] est une consonne **nasale, dentale et voisée**. L'air passe par la cavité nasale, la pointe de la langue touche les dents supérieures (et non pas les alvéoles comme en anglais) et les cordes vocales vibrent. Faites attention de bien prononcer cette consonne en position finale.

Le son [n] et la graphie

GRAPHIE	EXEMPLES
<n>	*Nicolas* [ni.ko.la], *certaine* [sɛʁ.tɛn]
<nn>	*année* [a.ne], *donner* [do.ne]
<mn>	*amnésique* [am.ne.zik], *amnistie* [am.nis.ti]

⚠ **Attention :** *automne* [o.tɔn], *condamner* [kõ.da.ne]

234

Le <n> en position finale

GRAPHIE	EXEMPLES
Le <n> ne se prononce **pas**. On trouve une **voyelle nasale**.	*en* [ɑ̃], *bonbon* [bɔ̃.bɔ̃], *saint* [sɛ̃]

⚠ **Attention :** on prononce le <n> final dans les mots empruntés : *pollen* [pɔ.lɛn], *abdomen* [ab.do.mɛn], *specimen* [spe.si.mɛn], etc.

4. Le son [ɲ]

Le [ɲ] est une consonne **nasale, palatale et voisée**. L'air passe par la cavité nasale, la partie antérieure de la langue touche le palais dur et les cordes vocales vibrent.

Le son [ɲ] et la graphie

GRAPHIE	EXEMPLES
Le <gn> en position initiale	*gnângnan* [ɲɑ̃.ɲɑ], *gnôle* [ɲol]
⚠ **Attention :** *gnôme* [gnom]	
Le <gn> en position médiale	*beignet* [be.ɲe], *accompagner* [a.kɔ̃.pa.ɲe], *magnifique* [ma.ɲi.fik]
⚠ **Attention :** *stagner* [stag.ne], *diagnostic* [djag.no.stik], *magnum* [mag.nɔm], *agnostique* [ag.no.stik]	
Le <gn> en position finale	*Espagne* [ɛ.spaɲ], *Allemagne* [al.maɲ], *châtaigne* [ʃa.tɛɲ]

5. Le son [ŋ]

Le [ŋ] est une consonne **nasale, vélaire et voisée**. C'est-à-dire que l'air passe par la cavité nasale, que l'arrière de la langue touche le palais mou, et que les cordes vocales vibrent. Ce n'est pas une consonne française, mais elle est empruntée de l'anglais. On la retrouve dans les mots en -*ing*. C'est le seul son en français qu'on trouve uniquement en position finale.

Le son [ŋ] et la graphie

GRAPHIE	EXEMPLES
<ng>	*parking* [paʁ.kiŋ], *shopping* [ʃo.piŋ], *jogging* [dʒo.giŋ]
⚠ **Attention :** *shampooing* [ʃɑ̃.pwɛ̃]	

V. Prononciation

▶ **Exercice J**

Voici cinq groupes de mots liés à des festivals francophones. Après avoir lu ces mots en faisant bien attention à prononcer les consonnes nasales, essayez de trouver à quelle fête puis à quelle région francophone ils font référence.

Fêtes possibles : Carnaval d'hiver, Ramadan, fête des vendanges, Têt Nguyen Dan, fête du trempage.

Régions possibles : Viêtnam, Montmartre, Québec, Maroc, Martinique.

Région 1 : _____

Bonhomme Carnaval

Rafting sur neige

Course en canot

Région 2 : _____

Bâtonnets d'encens

Offrandes de nourriture

Premier matin de l'année

Région 3 : _____
Feuilles de bananier
Morues
Tradition caribéenne

Région 4 : _____
Jeûne
Mosquée El Mouassine
Islam

Région 5 : _____
Vignoble
18ᵉ arrondissement
Automne

▶ Exercice K

Dans les phrases suivantes qui décrivent la fête de la châtaigne, soulignez tous les mots qui contiennent des consonnes nasales. Puis, répétez les phrases en vous concentrant sur les consonnes nasales et en faisant attention de ne pas nasaliser les voyelles qui précèdent ces consonnes nasales prononcées.

1. Dans certaines parties du Sud de la France, au moment de la moisson, c'est la fête de la châtaigne.

2. Mais qu'est-ce qu'une châtaigne ?

3. C'est un marron que l'on mange chaud, glacé, en gâteau, en crème et que l'on peut même boire sous forme de liqueur de marron.

4. Connaissez-vous en toutes les variétés ? Le marron comballe, le marron montagne, la maridonne, la belle épine n'en sont que d'infimes exemples.

5. En octobre, au moment de cette fête, les marchés vendent des produits artisanaux et accueillent des animations pour toute la famille.

6. On retrouve ce genre d'évènements dans plusieurs régions, comme les Cévennes ou en Haute-Provence.

7. N'oubliez pas votre monnaie pour faire votre shopping à un de ces nombreux marchés en plein air !

VI. Transcription

Exercice L

Chaque région en France célèbre les fêtes un peu différemment. Voici une liste de chants de Noël de différentes régions. Transcrivez les titres et leur région d'origine.

1. Touraine

   tu.rɛn

   Noël des oiseaux

   no.ɛl.de.zwa.zo

2. Auvergne

   o.vɛʁɲ

   Marie au pied de la crèche

   ma.ʁi.o.pje.də.la.kʁɛʃ

3. Bretagne

   bʁɛ.taɲ

   Notre Dame est bien assise

   notʁ.dam.e.bjɛ̃.na.siz

4. Haut-Limousin

   o.li.mu.zɛ̃

   Il n'y a pas longtemps

   il.nja.pa.lõ.tã

5. Haute-Normandie

   ot.nɔʁ.mã.di

   La naissance du Christ

   la.ne.sãs.dy.kʁi

6. Normandie

   nɔʁ.mã.di

   Les anges dans nos campagnes

   le.zãʒ.dã.no.kã.paɲ

Exercice M

Transcrivez les phrases suivantes qui parlent de différentes célébrations selon les régions de France.

1. Dans de nombreuses régions de France, on aime célébrer le passé pendant toute l'année.

2. Par exemple, en Bretagne, grâce à ses origines, la culture celte est mise à l'honneur par des fêtes, des danses, des costumes, des concerts de cornemuses et de la nourriture bretonne, comme les galettes.

238

3. En Picardie, il y a des festivals médiévaux, comme avec la Fête Jeanne d'Arc de Compiègne.

_____

_____

_____

4. En Normandie, on commémore le débarquement de la Deuxième Guerre mondiale qui a permis de gagner la guerre.

_____

_____

_____

5. En Alsace, pour les vendanges, des hommes et des femmes en costumes folkloriques défilent tout en chantant pour célébrer leur héritage franco-allemand.

_____

_____

_____

6. À Nice, on célèbre le carnaval avec des chars ornés de fleurs et de citrons.

_____

_____

7. À Avignon, il se déroule chaque année un festival dédié au spectacle vivant contemporain.

_____

_____

Exercice N

Voici le planning d'un étudiant français pendant un pont du mois de mai. Il contient des expressions utilisées en français qui sont empruntées de l'anglais. Concentrez-vous sur le son [ŋ]. Transcrivez-les et essayez d'en donner une définition, puis prononcez-les.

Pendant ses vacances,
Antoine va …

_____

1. faire du shopping

_____

2. porter un smoking

_____

3. faire du footing

_____

4. emmener sa sœur se
faire faire un brushing

_____

5. visiter un appartement
de grand standing

_____

6. emmener sa grand-mère
se faire faire un lifting

_____

7. faire un tour en
camping-car

_____

8. porter un jogging

_____

9. laisser tomber ses livres
de marketing

_____

10. peut-être ranger ses vêtements dans le dressing

_____

11. aller au pressing

_____

Exercice O

Voici un texte sur Noël et ses traditions en France. Lisez la transcription de ce texte puis retranscrivez en orthographe conventionnelle.

[no.ɛ.→le.pʁo.ba.blə.mã.la.fɛt.la.ply‿zɛ̃.pɔʁ.tã.→tã.fʁãs ↘‖ ply.zjœʁ.sə.mɛ.#→na. la.vãs ↗‖ õ.ko.mã.→sa.vɛk.lə.ʃo.piŋ.de.ka.do.#e.#a.vɛk.le.de.ko.ʁa.sjõ ↘‖ puʁ. la.ma.ʒo.ʁi.te.de.fʁã.sɛ ↗‖ lə.ʁe.ve.jõd.no.ɛ.→lel.mo.mã.#u.õ.mãʒ.lə.ply.gʁã. ʁə.pa ↘‖sɛʁ.tɛ̃.zɔm.sə.mɛt.mɛ.→mã.smo.kiŋ ↘‖ a.pʁɛ.(z)ɛ̃.na.pe.ʁi.tif. ↗‖ pə.ti. bi.skɥi.sa.le ↗‖ ka.na.pe ↗‖ ʒyḍ.fʁɥi.(z)u.bwa.sõ.(z)al.ko.li.ze ⇒‖ õ.mãʒ.də. nõ.bʁø.pla ↘‖ y.→nã.tʁe.tɛl.kə.de.zɛs.kaʁ.go ↗‖ de‿zɥi.#→tʁe.do.tʁə.fʁɥid.mɛʁ ↗‖ yn.vjãd ↗‖ su.vãd.la.pɛ̃.ta.→du.dy.pwa.sõ ↗‖ y.→na.sjɛt̯.də.de.li.sjø.fʁo. ma.#→ʒa.kõ.pa.ɲe.dyn.sa.lad.vɛʁt ↗‖ yn.byʃ‿də.no.ɛl.gla.se ↗‖ e.tu.sa.a.ʁo.ze. də.bõ.vɛ̃ ↘‖ yn.fwa.klə.vã.→tʁe.bjɛ̃.ʁã.pli ↗‖ i.→le.bjɛ̃.to.mi.nɥi ↘‖ dã.sɛʁ.tɛn. fa.mij ↗‖ se.lœʁ.da.le.(ʁ)a.la.mɛs.də.mi.nɥi ↘‖ puʁ.dotʁ ↗‖ le‿zã.fã.sõ.pʁɛ.(z) a.u.vʁiʁ.lœʁ.ka.do ↘]

_____

_____

_____

_____

_____

_____

_____

_____

_____

_____

_____

_____

_____

_____

▶ **Exercice P**

Maintenant, voici un texte sur la Saint-Nicolas, une fête très importante dans le Nord et l'Est de la France. Transcrivez-le en alphabet phonétique.

Même si Noël est la fête la plus célébrée en France, la Saint-Nicolas est aussi une fête qui a une place très importante dans certaines régions. En effet, chaque année, dans l'Est (en Alsace et en Lorraine) et dans le Nord de la France, on célèbre la Saint-Nicolas le 6 décembre. Dans le Nord, les enfants défilent dans les rues avec des lanternes et reçoivent des bonbons, des chocolats et des mandarines. À l'Est, ils ont des cadeaux. Cette fête, influencée par la culture germanique, a aussi une place très spéciale dans le cœur des enfants. Mais qui était Saint Nicolas ? Pendant le quatrième siècle après Jésus-Christ, Nicolas, qui vivait au Moyen-Orient, était un évêque généreux avec les enfants, les veuves et les pauvres.

_____

_____

_____

_____

_____

_____

_____

_____

_____

_____

_____

_____

VII. Pour aller plus loin : [ɲ] ou [nj] ? Question de préférence ?

Le manque de distinction claire entre la consonne nasale [ɲ] et les sons [nj] s'explique par un phénomène qui est observé surtout en France. En effet, il est de plus en plus courant d'entendre [nj] au lieu de [ɲ]. Par exemple, on entend pour le mot *espagnol* [ɛ.spa.ɲɔl] ou [ɛ.spa.njɔl].

Toutefois, chez les personnes plus âgées en France et dans le reste du monde francophone, comme au Canada, on peut toujours entendre clairement cette distinction, surtout quand le sens des mots peut changer. Par exemple :

se magner (mot familier pour *se dépêcher*) se prononce [ma.ɲe]

manier (*manipuler*) se prononce [ma.nje]

Quand <gn> est en attaque de syllabe, il peut être prononcé [ɲ] ou [nj] ou [n] :

[ɲ] ou [nj]		[ɲ] ou [n]	
agneau	[a.ɲo] ou [a.njo]	*baignoire*	[be.ɲwaʁ] ou [be.nwaʁ]
espagnol	[ɛ.spa.ɲɔl] ou [ɛ.spa.njɔl]	*compagnie*	[kõ.pa.ɲi] ou [kõ.pa.ni]
ignorant	[i.ɲo.ʁɑ̃] ou [i.njo.ʁɑ̃]	*magnifique*	[ma.ɲi.fik] ou [ma.ni.fik]
peigner	[pe.ɲe] ou [pe.nje]	*peignoir*	[pe.ɲwaʁ] ou [pe.nwaʁ]
signature	[si.ɲa.tyʁ] ou [si.nja.tyʁ]		

Quand [ɲ] est en coda de syllabe, sa prononciation reste [ɲ], comme dans :

châtaigne [ʃa.tɛɲ]

montagne [mõ.taɲ]

champagne [ʃɑ̃.paɲ]

La raison? Il semblerait que la consonne nasale [ɲ] vienne d'une ancienne prononciation précipitée de [nj] souvent trouvée dans les mots latins. Peu à peu, la consonne [ɲ] est apparue et fut complètement acceptée au dix-neuvième siècle. Toutefois le phénomène inverse semble aujourd'hui se produire en réintégrant le [nj] au dépend de [ɲ]. http://tinyurl.com/nasalepalatale (voir http://www.tinyurl.com/nasalepalate2).

Exercice Q

Voici une liste de mots dont le sens change, pour certaines personnes, selon la prononciation. Transcrivez ces mots selon les règles vues précédemment.

1. magner _____   manier _____

2. l'agnelle _____   la nielle (une plante) _____

3. régner _____   Rainier _____

4. daigner _____   dénier _____

5. ignore _____   Niort _____

VIII. Récapitulation

▶ **Exercice R**

Écoutez la description de fêtes ou de mots liés aux fêtes mentionnées précédemment dans le chapitre. Après avoir écrit les mots qui manquent, transcrivez ce que vous avez trouvé. Ensuite, lisez ces mots transcrits.

	TRANSCRIPTION
1. On célèbre la _fête de la musique_ le 21 juin pour marquer l'arrivée de l'été.	fɛt.də.la.my.zik
2. Dans de nombreuses régions du monde, en février ou en mars, on célèbre le _carnaval_ .	kaʁ.na.val
3. Si un homme va à une soirée formelle, il porte un _smoking_ .	smo.kiŋ
4. On mange beaucoup de _châtaigne_ au moment de la moisson.	ʃa.tɛɲ

(*suite*)

5. Dans l'Est de la France, la ___saint nicolas___ est presqu'aussi importante que Noël.	sɛ̃.ni.kɔ.la
6. Les meilleurs ___beignets___ se trouvent en Louisiane.	bɛ.ɲe
7. On fait beaucoup de ___shopping___ aux alentours des anniversaires et de Noël.	ʃɔ.piɲ

Exercice S

Après avoir lu les paires minimales suivantes en faisant bien attention de distinguer les consonnes nasales des voyelles nasales, utilisez trois des six paires pour créer un petit poème que vous pourriez présenter un jour à la Fête de la poésie qui se célèbre au printemps en France. Ensuite, transcrivez votre poème.

1. grammaire ___gʁa.mɛʁ___   grand-mère ___gʁɑ̃.mɛʁ___

2. amène ___a.mɛn___   emmène ___ɑ̃.mɛn___

3. monnaie ___mo.ne___   mon nez ___mɔ̃.ne___

4. tonnerre ___tɔ.nɛʁ___   ton nerf ___tɔ̃.nɛʁ___

5. émérite ___e.me.rit___   un mérite ___ɛ̃.me.rit___

_____

_____

_____

_____

_____

Exercice T

Répondez aux questions suivantes.

1. Combien de consonnes nasales existe-t-il en français ? ___4___

2. Sont-elles voisées ou non voisées ? ___voisées___

3. Quelles sont les différences articulatoires entre les quatre consonnes nasales ?

___labiale, dentale, palatale et vélaire___

4. Quelle est la consonne nasale qui est empruntée à l'anglais? Donnez des exemples de mots utilisés en français.

[ŋ] shopping, smoking, camping

5. Quelle est la seule consonne nasale qu'on peut trouver dans une seule position? Quelle position?

_____

6. Quelle catégorie de voyelles phonétiques trouve-t-on avant une consonne nasale phonétique en général? Donnez deux illustrations, puis donnez deux exceptions à cette règle.

_____

_____

_____

_____

Exercice U

Lisez le texte suivant sur le Ramadan, une fête musulmane, et réécrivez-le en orthographe conventionnelle.

[dɑ̃.bo.kud̥.pe.i.fʁɑ̃.ko.fɔn.my.zyl.mɑ̃ ↗‖ kɔm.lə.ma.ʁɔk ↗‖ la.ty.ni.zi.e.lə.se.ne. gal ↗‖ lə.ʁa.ma.dɑ̃.#e.se.le.bʁe ↘‖ sɛt.fɛt.dy.→ʁyn.tʁɑ̃.tɛn.də.ʒuʁ.pɑ̃.dɑ̃.le.kɛl. le.my.zyl.mɑ̃.sab̥.stjɛn.də.mɑ̃.ʒe ↗‖ də.bwa.→ʁe.də.fy.me.dy.lə.ve.dy.so.lɛj.ʒy. ska.sɔ̃.ku.ʃe ↘‖ paʁ.la.pʁi.jɛ.→ʁe.lə.jø.→nɔ̃.na.pʁɑ̃.la.pa.sjɑ̃s ↗‖ la.spi.ʁi.tɥa. li.te ↗‖ ly.mi.li.te.e.la.su.mi.sjɔ̃.#a.djø ↘]

Dans beaucoup de pays francophones musulmans, comme le Maroc, la Tunisie et le Sénégal, le Ramadan est célébré. Cette fête dure une trentaine de jours pendant lesquels les musulmans s'abstiennent de manger, de boire et de fumer du levé du soleil jusqu'à son couche. Par la prière et le jeûne on apprend la patience, la spiritualité, l'humilité et la soumission à dieu.

▶ 💬 **Exercice V**

Voici un dernier texte sur les fêtes. Lisez-le en faisant attention à toutes les consonnes nasales, puis transcrivez-le.

La France est connue pour ses nombreuses fêtes et ses jours fériés, mais il y a aussi beaucoup d'autres fêtes francophones. Par exemple, au Canada, on célèbre le Jour d'Action de grâce en octobre. En hiver, les Québécois célèbrent aussi le Carnaval avec son personnage le «Bonhomme Carnaval». Dans les îles, comme en Martinique ou à Haïti, le Carnaval est aussi un événement prépondérant et magnifique pour tous. Dans certains pays africains francophones, on célèbre des fêtes musulmanes comme la Tabaski ou le Ramadan. Et bien sûr, les fêtes engendrent toujours beaucoup de shopping, surtout quand il est question d'offrir des cadeaux.

la.fʁã→se.ko.ny.puʁ.se.nõ.bʁøz.fɛt.e.se.ʒuʁ.
fe.ʁje↗‖me.ll.ja.o.si.bo.ku.dotʁ.fɛt.fʁã.ko.fɔn↘‖
pa→ʁɛg.zãpl↗‖o.ka.na.da↗‖õ.se.lɛbʁ.lə.ʒuʁ.dak
sjõ.də.gʁa.→sã.nɔk.tobʁ↘‖ã˞.ni.vɛʁ↗‖le.ke.be.kwa.
se.lɛ↓→bʁo.si.la.kaʁ.na.va→la.vɛk.sõ.pɛʁ.sɔ.naʒ.lə.
bɔ.nɔm.kaʁ.na.val↘‖dã.le.zil↗‖kɔ.→mã.maʁ.
ti.nik.u.a.a:.ti↗‖lə.kaʁ.na.va.→le.to.si.ɛ̃.ne.
vɛn.mã.pʁe.põ.de.rã.e.ma.ɲi.fik.puʁ.tus↘‖
dã.sɛʁ.tɛ̃.pe.i.za.fʁi.kɛ̃.fʁã.ko.fɔn↗‖õ.se.lɛbʁ.
de.fɛt.my.syl.mɛn.kɔm.la.ta.ba.ski.u.le.
ʁa.ma.dã↘‖e.bjɛ̃.syʁ↗‖le.fɛt.zã.zãdʁ.tu.ʒuʁ.
bo.ku.də.ʃɔ.piŋ↗‖syʁ.tu.kã.→ti.→le.kɛs.tjõ.
dɔ.fʁiʁ.de.ka.do↘‖

Exercice W

Voici un jeu de mots fléchés. Mettez les réponses aux définitions dans les cases correspondantes.

Horizontalement :

2. Prénom du saint célébré en décembre
4. Célébrée le 21 juin
6. Vêtement d'homme très élégant
7. Friandise que les enfants adorent
9. Adjectif signifiant qu'on ne travaille pas ou qu'on ne va pas à l'école à cause d'une fête
11. Pays européen où on célèbre la Saint-Nicolas et parfois le Carnaval
13. Opposé de « ville »
14. Groupe de chanteurs
15. Mois de la fête nationale française

Verticalement :

1. Gâteau sucré et frit, souvent mangé pendant la période de Mardi gras
3. Il faut en faire beaucoup pour acheter les cadeaux de Noël.
4. Fête d'origine religieuse, mais qui est souvent célébrée en costume
5. Région francophone où l'on retrouve le Bonhomme Carnaval
8. Fête chrétienne la plus célèbre qui se déroule en décembre
10. Fête musulmane
11. Avant les repas de famille ou entre amis, on a des petits biscuits salés et une boisson. C'est le nom de cette partie du repas.
12. À minuit, le 25 décembre, les catholiques vont à l'église pour cela.

IX. Conversation

1. Quelle est votre fête préférée dans votre culture ? Pourquoi ?

2. Que faites-vous pendant vos jours fériés ?

3. [puʁ.kwa.ɛ.skə.le.fɛt.sõ.(t)ɛ̃.pɔʁ.tɑ̃ț.dɑ̃.la.kyl.tyʁ.de.pe.i ↘‖ kə.ʁə.pʁe.zɑ̃t.tɛl ↘]

4. [pɑ̃.se.vu.kle.fɛț.də.vɔt.pe.i.ʁə.pʁe.zɑ̃t.sa.di.vɛʁ.si.te.kyl.ty.ʁɛl ↗‖ ɛk.spli.ke ↘]

X. Matériel complémentaire

Chansons

- *Il est né le divin enfant* ou autres chants de Noël
- *Bal masqué* de La Compagnie créole
- *C'est la fête* de Michel Fugain
- *La Chenille* de La Bande à Basile (chanson de fête)
- *Savoir aimer* de Florent Pagny

Films

- *Jour de fête* (1949)
- *Les Bronzés* (1978)
- *Les Bronzés font du ski* (1979)
- *Le Père Noël est une ordure* (1982)
- *La Bûche* (1999)
- *Joyeux Noël* (2005)
- *Un Conte de Noël* (2008)
- *Le Code a changé* (2009)

11
Lumières, regards et angles de vues

I. Introduction

Dans ce chapitre, nous allons parler du cinéma français, en particulier de ses débuts et de la façon dont la culture française le célèbre. En même temps, nous verrons comment le graphème <e> peut être ou ne pas être prononcé.

Questions de réflexion

Le <e> muet

1. Quelles sont les prononciations possibles de la lettre <e> en français ?

2. Que veut dire le mot « muet » ? À votre avis, pourquoi l'utilise-t-on pour décrire le <e> ?

3. À votre avis, quand le graphème <e> est-il muet ?

Le cinéma

1. Quels genres de films préférez-vous ? Lesquels n'aimez-vous pas ?

2. Quels acteurs et réalisateurs francophones connaissez-vous ? Quels films francophones avez-vous déjà vus ?

II. Compréhension orale

▶ **Exercice A**

Vous allez maintenant entendre un texte qui retrace l'histoire du cinéma français. Écoutez-le puis répondez aux questions de compréhension suivantes.

1. Les frères Lumières sont nés à Paris.   Vrai (Faux)

2. Ils ont inventé le cinématographe au vingtième siècle.   Vrai (Faux)

3. Leur premier film était muet.   (Vrai) Faux

4. La plupart des films étaient des documentaires.   (Vrai) Faux

5. Ils ont perdu de l'argent avec la première projection publique. Vrai (Faux)

▶ **Exercice B**

Maintenant réécoutez le texte en lisant la transcription phonétique, puis comparez-la avec la transcription orthographique.

1. Identifiez au moins quatre mots qui contiennent un <e> qui n'est pas prononcé (c'est-à-dire un <e> muet).

   frère   cinématographe   déposent   originaire   neuvième

2. Donnez deux situations différentes dans lesquelles on trouve un <e> qui n'est pas prononcé.

   1: à la fin d'un mot   2: dans une conjugaison

3. En comparant la transcription phonétique et à la transcription orthographique, donnez au moins quatre mots dans lesquels le graphème <e> est prononcé comme les sons suivants :

   [e] _et   inventé   cinématographe   des_
   [ɛ] _frère   lumière   neuvième   siècle_
   [ə] _le   de   se   première_

4. Par quelle(s) lettre(s) est-ce que chacun des trois sons précédents est suivi ? Et dans quel type de syllabes (ouvertes ou fermées) se trouvent-ils chacun le plus souvent ?

   [e] _____

   _____

   [ɛ] _____

   _____

   [ə] _____

   _____

[le.fʁɛ.#→ʁo.gy.→ste.lwi.ly.mjɛʁ ↗‖ o.ʁi.ʒi.nɛʁ.də.ljõ ⇁‖ õ.(t)ẽ.vã.tel.si.ne.ma.
to.→gʁa.→fa.la.fẽ.dy.diz.nœ.vjɛm.sjɛkl ↘‖ lə.tʁɛz.fe.vʁi.je.mi.→lɥi.sã.ka.tʁə.
vẽ.kẽz ↗‖ il.zã.de.poz.lə.bʁə.vɛ.#a.vãd.lə.pʁe.zã.te.(ʁ)ẽ.mwa.ply.ta.#→ʁã.pʁo.
ʒɛk.sjõ.pʁi.ve.a.pa.ʁi.#a.vɛk.lœʁ.kuʁ.me.tʁaʒ.mɥɛ ↗‖ la.sɔʁ.tid.ly.zin.ly.
mjɛ.→ʁa.ljõ ↘‖ lə.ʒã.→ʁã.vo.→ga.le.pɔ.→ke.klɛʁ.mãl.do.ky.mã.tɛʁ ↘‖ le.zo.
pe.ʁa.tœʁ.sə.kõ.tãt.lə.ply.su.vãḍ.po.ze.lœʁ.ka.me.ʁa.puʁ.fil.me.la.vi.tɛl.kɛ.→lɛ.
(t)o.bud.la.ʁy.u.a.lo.tʁə.bu.dy.mõd ↘‖ a.pʁɛ.(z)yn.tuʁ.ne.tʁi.jõ.fa.→lã.fʁã̩ş.də.
vã.de.spɛk.ta.tœʁ.ʃwa.zi ↗‖ le.fʁɛʁ.ly.mjɛʁ.tãt.lɛk.spe.ʁjãs.ko.mɛʁ.sja.→la.vɛk.
la.pʁə.mjɛʁ.pʁo.ʒɛk.sjõ.py.bli.→ke.pe.jãt ↘‖ sɛ.(t)i.me.djat.mãl.syk.sɛ ↘]

Les frères Auguste et Louis Lumière, originaires de Lyon, ont inventé le cinématographe à la fin du dix-neuvième siècle. Le 13 février 1895, ils en déposent le brevet
avant de le présenter un mois plus tard en projection privée à Paris avec leur court-
métrage muet « La Sortie de l'usine Lumière à Lyon ». Le genre en vogue à l'époque
est clairement le documentaire. Les opérateurs se contentent le plus souvent de
poser leur caméra pour filmer la vie telle qu'elle est au bout de la rue ou à l'autre
bout du monde. Après une tournée triomphale en France devant des spectateurs
choisis, les frères Lumière tentent l'expérience commerciale avec la première projection publique et payante. C'est immédiatement le succès.

III. Discrimination

▶ **Exercice C**

Écoutez les noms des acteurs et réalisateurs francophones et complétez leur transcription avec la bonne prononciation des <e> soulignés : [e], [ɛ], [ə] ou rien.

ACTEURS ET ACTRICES	TRANSCRIPTION
1. Arletty (1898–1992)	[aʁ.l _ɇ_ .ti]
2. Michel Simon (1895–1975)	[mi.ʃ _ɛ_ l.si.mõ]
3. Jean-Paul Belmondo (1933–)	[ʒã.pɔl.b _ɛ_ l.mõ.do]
4. Gérard Depardieu (1948–)	[ʒe.ʁaʁ.d _ə_ .paʁ.djø]
5. Sabine Azéma (1949–)	[sa.bi.→na.z _ɇ_ .ma]
6. Yolande Moreau (1953–)	[jo.lãd _#_ .mo.ʁo]

RÉALISATEURS ET RÉALISATRICES	TRANSCRIPTION
1. Jean Renoir (1894–1979)	[ʒɑ̃.ʁ_ə_.nwaʁ]
2. Claude Chabrol (1930–2010)	[kloḍ_#_.ʃa.bʁɔl]
3. Denys Arcand (1941–)	[d_ə_.ni.aʁ.kɑ̃]
4. Michel Ocelot (1943–)	[mi.ʃ_ɛ_.→lo.s_#_lo]
5. Coline Serreau (1947–)	[ko.lin.s_e_.ʁo]
6. Luc Besson (1959–)	[lyḳ.b_ɛ_.sõ]

▶ **Exercice D**

Écoutez l'interview de cette actrice et décidez si elle parle du film qu'elle a tourné le mois dernier (passé composé) ou de ce qu'elle faisait habituellement quand elle était plus jeune (imparfait). Cette différence s'entend principalement dans la présence des sons [e] ou [ə] dans la première syllabe : [e] représente l'auxiliaire avoir et donc le passé composé (ex : *j'ai joué* [ʒe.ʒwe]), [ə] le pronom sujet seul et donc l'imparfait (ex : je jouais [ʒə.ʒwɛ]).

	EXPRESSIONS	PASSÉ COMPOSÉ	IMPARFAIT
1.	j'ai porté	✕	
2.	je dansais		✕
3.	je voyageais		✕
4.	j'ai parlé	✕	
5.	je regardais		✕
6.	j'ai trouvé	✕	

▶ **Exercice E**

Écoutez les expressions suivantes qui montrent un dialogue entre deux amies cinéphiles. Le dialogue va être répété deux fois. Indiquez si le schwa (c'est-à-dire le son [ə]) est toujours présent (schwa obligatoire), présent une fois sur deux (schwa facultatif) ou jamais présent (schwa interdit). Ensuite, essayez de déterminer dans quels contextes les *schwas* sont obligatoires, facultatifs et interdits.

EXPRESSIONS	TOUJOURS	PARFOIS	JAMAIS
1. J'aime les mercredis.	X		
2. C'est la sortie de la semaine.		X	
3. Quel est le meilleur film ?		X	
4. C'est « La Première étoile ».	X		
5. Prends ton portefeuille.	X		
6. Toi aussi, prends tes cartes.			X
7. Je t'invite.		X	
8. Tu es exceptionnellement généreuse !			X

▶ 💬 **Exercice F**

En général, comme pour la liaison facultative, on choisit de faire des schwas dans des situations plutôt formelles, comme pour un discours ou dans la lecture d'un poème pour avoir le bon nombre de pieds. Imaginez que vous avez écrit un script magnifique pour un film, mais les feuilles de la scène du discours formel ont été mélangées avec celles de la conversation informelle. Remettez-les dans le bon ordre. Si vous entendez un *schwa*, marquez une croix dans la colonne formelle. Si vous n'en entendez pas, marquez une croix dans la colonne informelle.

EXPRESSIONS	FORMELLE	INFORMELLE
1. Nous ne savons pas.	X	
2. C'est cela.	X	
3. Tout de même !		X
4. Il se trompe.		X
5. Donnez-moi le ticket.		X
6. J'ai repris l'argent.	X	
7. Ils verront demain.	X	
8. C'est la semaine prochaine.		X

IV. Expansion

1. Le schwa

A. Définition du schwa

Le terme schwa est un mot hébreu signifiant *vain* ou *vide*. On l'appelle aussi *e caduc* ou *e muet* parce que par défaut il n'est pas prononcé. Son émergence n'est due qu'à des contextes phonétiques spécifiques que nous allons voir plus loin. Lorsque le schwa apparaît dans ces situations, il est réalisé par la voyelle [ə], qui est une voyelle **centrale**. On l'appelle souvent la voyelle neutre parce que quand on relâche sa bouche, c'est cette voyelle qu'on prononce. Le **schwa** ressemble néanmoins beaucoup aux voyelles [œ] et [ø]. Dans un premier temps, il est important d'apprendre à reconnaître les *schwas* parmi tous les <e> de l'orthographe.

B. Schwa ou pas ?

1. **La lettre <e> est un schwa** dans les situations suivantes.

   a. Dans les **syllabes ouvertes**, sauf si la syllabe suivante commence par un <s> prononcé [s] ou par deux lettres identiques : *prenez* [pʁə.ne], *dehors* [də.ɔʁ], *revoir* [ʁə.vwaʁ], *mesure* [mə.zyʁ], mais pas *dessiner* [de.si.ne] ni *effacer* [e.fa.se] ni *descendre* [de.sãdʁ].

   b. **Dans les préfixes *re-* et *de-***, même suivi de la lettre <s> : *dessous* [də.su], *ressembler* [ʁə.sã.ble], *ressentir* [ʁə.sã.tiʁ], *ressource* [ʁə.suʁs], *restructurer* [ʁə.stʁyk.ty.ʁe].

   c. Dans les **mots monosyllabiques** : *je* [ʒə], *me* [mə], *ne* [nə], *que* [kə], *de* [də], etc.

   d. **Exceptionnellement** dans <on> pour *monsieur* [mə.sjø] et dans <ai> pour certaines personnes du verbe *faire* : *nous faisons* [fə.zõ], *je faisais* [fə.zɛ] (toutes les personnes de l'imparfait), *en faisant* [fə.zã], et aussi l'oiseau *le faisan* [fə.zã].

2. **La lettre <e> n'est pas un *schwa*** dans les situations suivantes.

   a. **À la fin d'un mot seul**, suivi ou non d'un <s>, le <e> final est silencieux : *être* [ɛtʁ], *avocate/avocates* [a.vo.kat], *grande/grandes* [gʁãd], *montagne/montagnes* [mõ.taɲ], *regarde/regardes* [ʁə.gaʁd].

   b. **Avec un diacritique :** <é> est prononcé [e], <è>, <ê> et <ë> sont prononcés [ɛ] : *été* [e.te], *père* [pɛʁ], *forêt* [fo.ʁɛ], *Noël* [no.ɛl].

   c. **Dans les syllabes fermées** <e> est prononcé [ɛ] : *sec* [sɛk], *mer* [mɛʁ], *sel* [sɛl].

(*suite*)

    d. Dans les syllabes ouvertes, **si la syllabe suivante commence par un \<s\> prononcé [s] ou par deux lettres identiques**, alors \<e\> est prononcé soit [ɛ] soit [e]. Le choix se fait selon les préférences personnelles : *essence* [e.sãs] ou [ɛ.sãs], *terrestre* [te.ʁɛstʁ] ou [te.ʁɛstʁ], *descendre* [de.sãdʁ] ou [dɛ.sãdʁ], *respect* [ʁe.spe] ou [ʁɛ.spe] ou [ʁɛ.spɛ].

    e. **Exceptionnellement** avec les adverbes en -*emment*, prononcés [amã], et le mot *femme* [fam].

2. Maintien ou chute du *schwa* ?

A. Formalité du style

En général, les *schwas* ne sont pas prononcés dans les conversations naturelles. C'est pour cette raison qu'on les appelle aussi des \<e\> muets. Ils émergent surtout dans certaines situations contextuelles (formalité du style, poésie, par exemple) ou parce que sans l'insertion d'une voyelle certaines séquences sont difficiles à articuler. Ainsi, **les locuteurs francophones laissent tomber les *schwas* autant que possible**, comme par défaut. Il est bon de s'habituer à ne pas les prononcer, et il est essentiel de ne pas s'attendre à les entendre pour bien comprendre les francophones.

B. Le *schwa* tombe par défaut

1. **À l'intérieur d'un mot**, s'il y a moins de trois consonnes prononcées : *samedi* [sam.di], *tellement* [tɛl.mã], *acheter* [aʃ.te], *appeler* [a.ple], *semaine* [smɛn]

2. **Dans les mots monosyllabiques** (articles, prépositions, etc.) : *tout le monde* [tul.mõd], *tu ne vois pas* [tyn.vwa.pa], *tout de suite* [tud̥.sɥit], *maillot de bain* [ma.jod.bɛ̃]

3. Dans **une série de \<e\> muets consécutifs**, on en garde un sur deux : *je me dis* [ʒəm.di] ou [ʒmə.di], *devenu* [dəv.ny] ou [dvə.ny], *je te le dis* [ʃtəl.di] ou [ʒət.lə.di], *je ne te le dis pas* [ʒnət.lə.di.pa] ou [ʒən.təl.di.pa] ou [ʃtəl.di.pa], *ce que je veux* [skəʒ.vø], *nous le faisons* [nu.ləf.zõ] ou [nul.fə.zõ].

⚠ **Attention :** L'expression *ce que* se prononce en général [skə], même avec plusieurs \<e\> consécutifs.

(*suite*)

4. Dans les **mots composés** ou avec **la structure *nom + adjectif*,** quand le deuxième mot a au moins deux syllabes : *un porte-manteau* [pɔʁt.mã.to], *un porte-monnaie* [pɔʁt.mo.nɛ], *une carte mensuelle* [kaʁt.mã.sɥɛl], *un film dramatique* [film.dʁa.ma.tik].

C. Le schwa émerge dans des cas précis.

1. En **position initiale** de phrase ou de groupe prosodique (sauf avec *je* et *ce*) : *le film est bien* [lə.fil.→mɛ.bjɛ̃], *demande-lui* [də.mãd.lɥi], *ne fais pas ça* [nə.fɛ.pa.sa]

2. **Devant un <h> aspiré** : *dehors* [də.ɔʁ], *rehausse* [ʁə.os], *une harpe* [y.nə.aʁp], *la grande hausse* [la.gʁã.də.os], *le onzième chapitre* [lə.õ.zjɛm.ʃa.pitʁ]

3. **Devant une liquide + semi-voyelle** : *aimerions* [e.mə.ʁjõ], *atelier* [a.tə.lje], *Richelieu* [ʁi.ʃə.ljø], *appelleriez* [a.pɛ.lə.ʁje], *celui* [sə.lɥi]

4. Quand **un mot monosyllabique est à la fin d'un groupe prosodique** : *parce que !* [paʁ.skə] *bien que …* [bjɛ̃.kə], *fais-le !* [fɛ.lə]

5. **La règle des trois consonnes** (voir ci-dessous) : *vendredi* [vã.dʁə.di], *gouvernement* [gu.vɛʁ.nə.mã], *parmesan* [paʁ.mə.zã].

---

3. La règle des trois consonnes

A. Importance

La règle des trois consonnes aide à savoir quand on doit prononcer un *schwa*. Cette règle est illustrée dans la prononciation de son nom : la règle des trois consonnes [la.ʁɛ.glə.de.tʁwa.kõ.sɔn]. Quand trois consonnes prononcées se suivent, et que la lettre <e> est présente entre la deuxième et la troisième consonne, alors le [ə] doit être prononcé (comme entre les mots *règle* et *des*). Cette règle sert à faciliter l'articulation.

Exemples :

la table blanche [la.ta.blə.blãʃ], *orphelin* [ɔʁ.fə.lɛ̃], *la grenadine* [la.gʁə.na.din], *finir de travailler* [fi.niʁ.də.tʁa.va.je], *elle ne voit pas* [ɛl.nə.vwa.pa], *salle de bain* [sal.də.bɛ̃]

(suite)

⚠ **Attention :** cette règle ne s'applique pas aux mots composés étudiés plus haut tels que *porte-manteau* [pɔʁt.mɑ̃.to].

B. Alternative

Dans les styles parlés informels, on peut parfois éviter l'insertion d'un *schwa* en enlevant la consonne qui précède (le cas le plus fréquent est l'omission d'une liquide comme [ʁ] ou [l]).

Exemples :

quatre chats [ka.tʁə.ʃa] (neutre) ou [kat.ʃa] (informel), *prendre l'avion* [pʁɑ̃. dʁə.la.vjõ] ou [pʁɑ̃d.la.vjõ], *c'est celui-là* [se.sə.lɥi.la] ou [se.sɥi.la]

4. La formalité du style

Comme pour la liaison, moins le style est formel, moins on prononce le *schwa*. Plus le style est formel, plus on le prononce. Ainsi, la même phrase lue dans un poème sera prononcée différemment dans une conversation. Mais il faut faire attention à ne pas tous les laisser tomber : certains doivent toujours rester, comme nous l'avons vu ci-dessus. En plus, on peut donner l'impression d'être très informel, voire trop informel selon la situation, si on en laisse trop tomber.

Exemples :

Samedi, je vais rendre visite à ma petite amie.

style littéraire, poétique : [sa.mə.di ⤴‖ ʒə.vɛ.ʁɑ̃.dʁə.vi.zi.→ta.ma.pə.ti.→ta. mi ⤵]

style neutre : [sam.di ⤴‖ ʒə.vɛ.ʁɑ̃.dʁə.vi.zi.→ta.ma.pti.→ta.mi ⤵]

style parlé informel : [sam.di ⤴‖ ʒvɛ.ʁɑ̃d.vi.zi.→ta.ma.pti.→ta.mi ⤵]

Je ne suis pas d'accord avec votre décision.

style littéraire, poétique : [ʒə.nə.sɥi.pa.da.kɔ.#→ʁa.vɛḵ.vo.tʁə.de.si.zjõ ⤵]

style neutre : [ʒən.sɥi.pa.da.kɔ.#→ʁa.vɛḵ.vo.tʁə.de.si.zjõ ⤵]

style parlé informel : [ʃɥi.pa.da.kɔ.#→ʁa.vɛḵ.voṱ.de.si.zjõ ⤵]

V. Prononciation

▶ **Exercice G**

Vous réalisez enfin votre film! Voici la liste d'accessoires dont vous disposez. Prononcez les mots suivants qui contiennent des <e> prononcés [ɛ] ou [e]. Ensuite, expliquez avec un partenaire l'intrigue de votre film, en utilisant le plus d'accessoires possibles.

1. un restaurant

2. une libellule

3. une salle d'examen

4. un instrument celtique

5. un requin géant

6. une statue de Neptune

7. une perceuse

8. un char de techno parade

9. une lessiveuse

10. un costume de religieuse

▶ **Exercice H**

Vous cherchez un bon titre pour votre film. Regardez les titres des films suivants pour vous donner de l'inspiration. Déterminez la prononciation des <e>: *schwa* (prononcé ou non), [ɛ], [e] ou autre. Justifiez votre décision auprès d'un partenaire. Ensuite, prononcez-les.

1. *Un Secret* (2007)

2. *Monsieur Ibrahim* (2003)

3. *La Femme spectacle* (1964)

4. *Le Faisan d'or* (2002)

5. *La Prophétie des grenouilles* (2003)

6. *Ressources humaines* (1999)

7. *Descente aux enfers* (1986)

8. *4 mois, 3 semaines, 2 jours* (2007)

9. *Le perroquet rouge* (2006)

10. *Je m'appelle Élisabeth* (2006)

▶ Exercice I

Voici un peu de vocabulaire technique employé dans le milieu du cinéma. Regardez la liste de mots suivante et prédisez la prononciation du graphème <e>. Lisez chaque mot à votre partenaire qui vous dira s'il est d'accord. Ensuite, écoutez votre partenaire et décidez si vous avez la bonne réponse. Enfin, écoutez les corrections et répétez tous les mots.

l'intertitre _____

la contre-plongée _____

la caméra subjective _____

la fenêtre _____

le relief _____

les effets spéciaux _____

le regard du réalisateur

la projection _____

le repérage _____

les angles différents _____

les reflets _____

une ellipse _____

la vedette _____

la leçon de montage _____

▶ Exercice J

Vous êtes maintenant un technicien en repérage dans un petit village de France pour votre prochain film car vous devez savoir dans quels endroits vous pouvez filmer. Téléphonez au metteur en scène pour lui faire part des endroits que vous avez trouvés. Répétez les mots suivants en laissant tomber les *schwas*.

1. l'épicerie

2. la boulangerie-pâtisserie

3. la boucherie

4. la laverie-blanchisserie

5. la quincaillerie

6. la droguerie

7. la poissonnerie

8. la laiterie

▶ ☺ **Exercice K**

Lisez la filmographie partielle de Jean Gabin, l'un des acteurs les plus célèbres du cinéma classique français. Faites bien attention de prononcer <e> correctement, et de le laisser tomber quand il est muet.

1. *Tout ça ne vaut pas l'amour* (1931)

2. *La Foule hurle* (1932)

3. *Les Gaîtés de l'escadron* (1932)

4. *Le Tunnel* (1933)

5. *Maria Chapdelaine* (1934)

6. *Pépé le Moko* (1937)

7. *Le Messager* (1937)

8. *La Bête humaine* (1938)

9. *Remorques* (1941)

10. *Au-delà des grilles* (1949)

11. *Fille dangereuse* (1952)

12. *Chiens perdus sans collier* (1955)

13. *La Traversée de Paris* (1956)

14. *Verdict* (1974)

▶ ☺ **Exercice L**

Lisez le dialogue suivant entre deux amis cinéphiles qui se disputent. L'un pense que le meilleur acteur français contemporain est Jean Dujardin, alors que l'autre pense que c'est Omar Sy. Pensez bien à représenter le style spontané et informel en ne prononçant pas les *schwas*.

— C'est évident que le meilleur acteur en ce moment, c'est Jean Dujardin. Même les Américains le pensent, puisqu'il a remporté un Oscar en 2012 !

— Oui, mais si les Américains connaissaient Omar Sy, ils oublieraient vite Dujardin ! C'est quand même Omar que les Français ont récompensé avec un César, je te ferais dire.

— C'est drôle, je trouve qu'il y a quand même pas mal de points communs entre ces deux acteurs finalement.

— Ah bon ? Comme quoi ? Je sais pas, moi …

— Ben, par exemple, ils ont tous les deux commencé à la télé dans des petites émissions humoristiques de cinq minutes.

— Ah tiens, oui, j'avais pas remarqué. On se met d'accord pour dire qu'ils sont tous les deux géniaux. Ce serait trop bien s'ils faisaient un film ensemble, un de ces quatre.

😊 Exercice M

Un réalisateur exigeant est en colère. Voici ce qu'il dit à ses assistants. Pour chacune des phrases, indiquez les [ə] qu'on prononce et ceux qu'on ne prononce pas, justifiez avec un partenaire, puis faites la transcription.

1. Parce que ! _____

2. Le chien de Sabine est trop grand. _____

3. Refaites ça ! _____

4. Ne te le fais pas redire ! _____

5. Je suis plus intelligent que toi. _____

6. Vous aimeriez acheter une nouvelle harpe pour cette séquence ? Je ne sais pas où en acheter.

_____

_____

7. Fais-le tout de suite ! _____

8. C'est celui-là que je veux.

_____

9. Je ne le refuse pas, mais c'est à contrecœur.

_____

_____

10. Où est ce bon à rien ? Il travaille toujours dans un atelier.

_____

11. Quelle honte ! _____

☺ Exercice N

Lisez ce texte sur le réalisateur René Clair. Transcrivez-le en orthographe conventionnelle.

[ʁə.ne.klɛ.→ʁɛ.ne.ã.mi.→lɥi.sã.ka.tʁə.vɛ̃.di.zɥi.→te.#a.gʁã. di.a.pa.ʁi ↘‖ a.laʒ. də.vɛ̃‿tã ↗‖ i.→lɔb̥.tjɛ̃.(t)ɛ̃.tʁa.vaj.də.ʒuʁ.na.li.stə.pʁo.fe.sjo.nɛl.mɛ.(z)e.kʁi.(t)o. si.de.pa.ʁɔl.də.ʃã.sõ ↘‖ il.ʒu.e.gal.mã.dã.kɛl.kə.film ↗‖ e ↗‖ o.de.by.de.za.ne.vɛ̃ ↗‖ i.→le.kʁi.sõ.pʁɔp.se.na.ʁjo.el.ʁe.a.li.→zã.mil.nœf.sã.vɛ̃t.kat.sul.tit̬.də.pa.ʁi. ki.dɔʁ ↘‖ sɛ.(t)a.vɛ.→kɛ̃.not.film ↗‖ su.le.twad̬.paʁi ⇒‖ sɔʁ.ti.ã.mil.nœf.sã.tʁãt ↗‖ kil.ʁã. kõt.lɔ.syk.sɛ.#ɛ̃.tɛʁ.na.sjo.nal ↘]

▶ Exercice O

Transcrivez maintenant la fin du texte en phonétique.

C'est le premier film parlant en France. René Clair a utilisé des techniques innovantes de photographie et de prise de son pour ce film. En fait, il entremêle des séquences muettes avec des séquences parlées. C'est extrêmement ingénieux, et cela économise énormément d'argent. C'est à cette époque que les salles de cinéma commencent à s'équiper pour présenter des œuvres sonores, et la fréquentation des salles augmente progressivement jusqu'au début de la Seconde Guerre mondiale.

Exercice P

Comment prononce-t-on les phrases ci-dessous dans un discours très formel et très informel ? Transcrivez chaque phrase deux fois, une fois en montrant les *schwas* prononcés (style très formel) et une autre fois en laissant tomber autant de *schwas* que possible (style très informel). Ensuite, prononcez-les.

1. Je te dis que René Clair est le meilleur réalisateur.

[ʒə.tə.di.kə.ʁø.ne.klɛ.→ʁe.lə.me.jœ.→ʁe.a.li.za.tœʁ]
[ʃtə.dik.ʁø.ne.klɛ.→ʁe.lme.jœ.→ʁe.a.li.za.tœʁ]

2. Ce que j'aimerais, c'est regarder plus de films en noir et blanc.

[sə.kə.ʒɛ.mə.ʁe↗‖se.ʁə.gaʁ.de.plys.də.film.zɑ̃.nwa.→ʁe.blɑ̃]
[skə.ʒɛm.ʁe↗‖se.ʁgaʁ.de.plys.dfilm.zɑ̃.nwa.→ʁe.blɑ̃]

3. Il y a eu une grande hausse de la fréquentation des salles dans les années 30.

[il.ja.y.yn.gʁɑ̃d.os.də.la.fʁe.kɑ̃.ta.sjɔ̃.de.sal.dɑ̃.le.za.ne.tʁɑ̃t]
[ja.y.yn.gʁɑ̃.→dos.dla.fʁe.kɑ̃.ta.sjɔ̃.de.sal.dɑ̃.le.za.ne.tʁɑ̃t]

4. Je suis sûr que Clair et toi, si vous le pouviez, vous discuteriez de ses films pendant des heures.

[ʒə.sɥi.syʁ.kə.klɛ.→ʁe.twa↗‖si.vu.lə.pu.vje.vu.di.sky.tə.ʁje.də.se.film.pɑ̃.dɑ̃.de.zœʁ]
[ʃɥi.syʁ.kə.klɛ.→ʁe.twa↗‖si.vul.pu.vje.↗‖vu.di.sky.tʁje.d̥se.film.pɑ̃.dɑ̃.de.zœʁ]

5. Je ne sais pas combien de films il a réalisés, mais je crois que c'est beaucoup.

[ʒə.nə.se.pa.kɔ̃.bjɛ̃.də.film.il.a.ʁe.a.li.ze.me.ʒə.kʁwa.kə.se.bo.ku]
[ʃe.pa.kɔ̃.bjɛ̃.d̥fil.→mi.→la.ʁe.a.li.ze.me.ʃkwak.se.bo.ku]

VII. Pour aller plus loin : le *schwa* dans les régions

Dans le Sud de la France (la région du Midi), en plus de voyelles nasales différentes du français standard (voir chapitre 9), on a tendance à prononcer tous les
schwas, même en fin de mots. Par exemple, on peut entendre *il chante cette belle
chanson* [il.ʃɑ̃.tə.sɛ.tə.bɛ.lə.ʃɑ̃.sõ](cette transcription ne représente pas exactement
l'accent du Midi dans sa totalité, mais juste la prononciation du schwa). Cette tendance est si forte que certains endroits sont associés avec leur prononciation locale,
même dans le Nord : Toulouse est surnommée «la ville rose» [la.vi.lə.ʁɔ.zə], et
non pas [la.vil.ʁoz]. La basilique de Marseille s'appelle Notre-Dame de la Garde,
mais est surnommée «la bonne mère» (en référence à la vierge Marie) et prononcée [la.bɔ.nə.mɛ.ʁə], et non pas [la.bɔn.mɛʁ].

En Suisse francophone (appelée la Romandie), un <e> qui indique le féminin des
noms et des adjectifs n'est pas prononcé, mais est reflété par un allongement de la
voyelle qui précède (marqué par les deux points dans la transcription), avec une
légère diphtongaison. Ainsi, le genre des mots qui se terminent par une voyelle est
distingué dans la prononciation : on trouve une voyelle courte au masculin et une
voyelle longue et diphtonguée au féminin. Par exemple : *ami* [ami] vs. *amie* [ami:j] ;
né [ne] vs. *née* [ne:j].

Exercice Q

Que savez-vous maintenant sur le français parlé dans le Midi ? Récapitulez ce que
vous en avez appris depuis le début du semestre.

_____

_____

_____

_____

_____

_____

▶ Exercice R

Voici un résumé du film *Le Château de ma mère* (1990) adapté du roman autobio-
graphique de Marcel Pagnol (1895–1974), lui-même cinéaste originaire du Midi.
Faites-en une transcription qui reflète bien la prononciation du Midi.

Chaque fin de semaine et chaque été, Marcel et sa famille partent en vacances au-
dessus de Marseille. Ils doivent passer par les berges d'un canal à travers des
grands domaines de Provence pour atteindre leur lieu de repos rapidement. C'est
pendant cette aventure sur fond de pinèdes, de garrigue et d'oliveraies que Marcel
découvre l'amour et la force de l'amitié.

_____
_____
_____
_____
_____
_____
_____
_____
_____
_____

VIII. Récapitulation

▶ **Exercice S**

Vous allez jouer dans le nouveau film de Jean-Pierre Jeunet! Pratiquez vos répliques. D'abord prédisez la prononciation du graphème souligné. Ensuite écoutez le modèle pour vérifier vos réponses. Enfin, prononcez les mots et justifiez leur prononciation selon les règles que vous avez apprises.

MOTS	SON ?	JUSTIFICATION
1. dét<u>e</u>ster		
2. autr<u>e</u> part		
3. détourn<u>e</u>ment		
4. f<u>e</u>mme		
5. rendr<u>e</u> visite		
6. prendr<u>e</u> un bus		
7. prud<u>e</u>mment		
8. entr<u>e</u> eux		
9. fièr<u>e</u>ment		
10. r<u>e</u>commencer		

Exercice T

Répondez aux questions suivantes.

1. Donnez la définition articulatoire du *schwa*.

2. D'après l'orthographe, comment sait-on si le graphème <e> correspond à un *schwa* ?

3. Citez au moins deux cas où un <e> n'est pas un *schwa*.

4. Citez au moins deux cas où un *schwa* n'est pas un <e>.

5. En général, que fait-on avec les *schwas* quand on parle naturellement ?

6. Décrivez trois situations dans lesquelles on ne prononce pas le *schwa*.

7. Décrivez trois situations dans lesquelles on doit prononcer le *schwa*.

☺ **Exercice U**

Écrivez en orthographe le texte suivant sur les festivals du cinéma en France, notamment celui de Deauville, de l'Alpe d'Huez et de Cannes. Attention, il est transcrit dans un style informel.

[le.fʁɑ̃.sɛ.se.lɛb.lœ.→ʁa.muʁ.dy.si.ne.ma.a.tʁa.vɛʁ.le.fɛ.sti.val ↘‖ lə.ply.
ko.ny.ɛ.sɑ̃. dut.lə.fɛ.sti.val.də.kan ↗‖mɛ.(z)i.→ljɑ̃.na.bo.ku.dot ↗‖ kɔm.sɥid.do.
vi.→lɑ̃.nɔʁ.mɑ̃. di.e.sɥid.lal.pə.dɥɛz.dɑ̃.le̯zalp ↘‖ də.pɥi.sa.kʁe.a.sjɔ̃.#ɑ̃.mil.nœf.
sɑ̃.swa.sɑ̃t.kɛz ↗‖ lə.fɛ.sti.val.dy.si.ne.ma.a.me.ʁi.kɛ̃d.do.vil.mɛ.(t)ɑ̃.na.vɑ̃.la.
di.vɛʁ.si.te.si.ne.ma.to.gʁa.fiḵ.de̯ze.ta.zy.ni ↗‖ en.sɛs̩.də.de.ku.vʁiʁ.də.nu.vo.
ta.lɑ̃ ↘‖ lə.fɛ.sti.va.→lɛ.(t)ɛ̃.ne.vɛn.mɑ̃.#u.vɛ.#→ʁa.tus ↗‖ pʁo.fɛ.sjo.nɛ.→lu.pa.
sjo.ned.si.ne.ma ↗‖ ki.pœv.(t)i.ʁɑ̃. kɔ̃.tʁe.lœʁ.və.dɛt.fe.tiʃ ↘‖ si.vu.vu.le.(z)a.le.
(ʁ)a.do.vil ↗‖ vu.pu.ve.(z)aʃ.te.(ʁ)ɛ̃.badʒ̩.pɛʁ.ma.nɑ̃ ↗‖ ki.ɛ.dɔ̃.→ka.se.ʃɛʁ ⇥‖
u.ɛ̃.ba.dʒə.ʒuʁ.na.lje ↘]

_____

_____

_____

_____

_____

_____

_____

_____

_____

_____

_____

▶ ⌒⌒ **Exercice V**

Transcrivez la suite du texte comme s'il était prononcé dans un style informel.

Unique festival consacré aux comédies en France, le Festival de l'Alpe d'Huez
s'est construit une réputation grâce aux films qu'il a mis à l'honneur et qui sont
devenus des références, comme par exemple *Bienvenue chez les Ch'tis*, plus gros
succès du cinéma français de tous les temps. C'est pourquoi, chaque année, en
l'espace d'une semaine, la station s'investit et porte haut les couleurs de la comédie. Cette semaine rassemble l'ensemble de la profession qui se retrouve autour de
films qui feront rire la France.

_____

_____

_____

IX. Conversation

1. À quel festival aimeriez-vous assister ? Celui de Deauville, de l'Alpe d'Huez ou de Cannes ? Pourquoi ?

2. Aimez-vous regarder les films muets ? Les films en noir et blanc ? Pourquoi ?

3. [da.pʁɛ.vu ↗‖ kɛl.sõ.le.ʒɑ̃ʁ.də.film.le.ply.po.py.lɛ.#→ʁo.ʒuʁ.dɥi.ʃe.le. ʒœn.də.vɔ.→tʁaʒ ↘‖ puʁ.kwa ↘]

4. [puʁ.kwa.ja.→til.si.pø̞d.fil.#→me.tʁɑ̃.ʒe.#o.ze.ta.zy.ni.#a.vɔ.→tʁa.vi ↘]

X. Matériel complémentaire

Chansons

- *Quand on s'promène au bord de l'eau* de Jean Gabin (dans le film *La Belle Équipe* de 1936) ou la reprise de Patrick Bruel

- *La Dernière séance* d'Eddy Mitchell

- *Devenir Cheyenne* de PowwoW

- *Comme d'habitude* de Claude François

- *C'est écrit* de Francis Cabrel

Films

- *La Sortie de l'usine Lumière à Lyon* (1895)

- *Entrée d'un train en gare de La Ciotat* (1895)

- *Sous les toits de Paris* (1930)

- *À bout de souffle* (1960)
- *Je hais les acteurs* (1986)
- *Le Château de ma mère* (1990)
- *Marius et Jeannette* (1997)
- *The Artist* (2011)

12
Crêpes, ratatouille et multiples délices

I. Introduction

Que connaissez-vous de la cuisine française ? Et de la cuisine francophone ? Dans ce chapitre, nous allons voyager à travers le monde de la gastronomie francophone. En même temps, nous pratiquerons les liquides.

> **Questions de réflexion**
>
> **Les liquides**
>
> 1. Combien de consonnes liquides existe-t-il en français ? Lesquelles ?
>
> 2. Quelles sont les caractéristiques articulatoires des liquides ?
>
> **La cuisine**
>
> 1. Est-ce que la nourriture a une place importante dans votre culture ?
>
> 2. Quels plats typiques français et francophones connaissez-vous ?
>
> 3. Pourquoi, à votre avis, la cuisine a-t-elle une place aussi grande en France ?

II. Compréhension orale

▶ **Exercice A**

Voici un texte où Sophie nous raconte l'importance de la cuisine en France. Écoutez-le attentivement puis répondez aux questions qui suivent.

1. Comment Sophie qualifie-t-elle la cuisine ?

2. Nommez deux des plats préférés de Sophie.

_____

_____

_____

3. Quel jour de la semaine est réservé aux repas en famille ?

_____

4. Quels sont les différents plats qui font partie d'un repas traditionnel français ?

_____

_____

▶ **Exercice B**

Maintenant, écoutez le texte en le lisant et répondez aux questions suivantes.

1. Entourez tous les mots qui contiennent le son [l] et soulignez les mots qui contiennent un <l> orthographique, mais pas dans la prononciation.

2. Classez les mots avec le son [l] dans le tableau suivant.

AU DÉBUT DU MOT	AU MILIEU DU MOT	À LA FIN DU MOT

3. Entendez-vous quelque chose de particulier quant à la prononciation du [l] selon son emplacement dans le mot ?

_____

_____

[bõ.ʒuʁ ↗‖ ʒma.pɛl.so.fi ↘‖ dã.mõ.pe.i ↗‖ la.kɥi.zi.→na.yn.plas.pʁi.mɔʁ.djal ↗‖ mɛm.pʁɛ.skə.sa.kʁe ↘‖ nu ↗‖ le.fʁã.sɛ ↗‖ sɔm.tʁɛ.fjɛʁ.də.no.pla.ʁe.ʒjo.no.#ed. no.de.sɛʁ ↘‖ me.pla.fa.vo.ʁi.sõl.bœf.buʁ.gi.ɲõ ↗‖ le.mul.fʁit ↗‖ lə.la.pɛ̃.#o.pʁy. no ↗‖ la.ʁa.ta.tu.→je.#yn.bɔn.ʃu.kʁu.→tal.za.sjɛn ↘‖ puʁ.le.de.sɛʁ ↗‖ ʒʁa.fɔl. dy.ʃo.ko.la ↗‖ dõk.ʒ̃fɛ.su.vãd.la.kʁɛ.→mo.ʃo.ko.la.#u.de.ʃaʁ.lɔt ↘‖ ʒa.dɔ.→ʁo.si. le.mil.fœ.#→je.le.ba.ba.#o.ʁɔm ↘‖ lə.di.mãʃ ↗‖ ã.fa.mij ↗‖ nu.mã.ʒõ.tu.ʒuʁ.le. ka.→tʁu.sɛk.pla.tʁa.di.sjo.nɛ.#→la.ɛ̃.bõʁ.pa.ko.pjø ↗‖ lã.tʁe ↗‖ lə.pla.pʁɛ̃.si.pal ↗‖ lə.fʁo.ma.→ʒa.vɛ.→kyn.sa.lad.vɛʁt ↗‖ lə.de.sɛ.→#ʁel.ka.fe ↘‖ bɔ̪na.pe.ti ↘]

Bonjour, je m'appelle Sophie. Dans mon pays, la cuisine a une place primordiale, même presque sacrée. Nous, les Français, sommes très fiers de nos plats régionaux et de nos desserts. Mes plats favoris sont le bœuf bourguignon, les moules-frites, le lapin aux pruneaux, la ratatouille et une bonne choucroute alsacienne. Pour les desserts, je raffole du chocolat, donc je fais souvent de la crème au chocolat ou des charlottes. J'adore aussi les millefeuilles et les babas au rhum. Le dimanche, en famille, nous mangeons toujours les quatre ou cinq plats traditionnels à un bon repas copieux : l'entrée, le plat principal, le fromage avec une salade verte, le dessert et le café. Bon appétit !

▶ Exercice C

Écoutez le texte d'Awa sur la cuisine sénégalaise puis répondez aux questions. Cet enregistrement est disponible avec un accent standard ou un accent sénégalais.

1. Pourquoi est-ce que les Sénégalais mangent beaucoup de mouton ?

_____

_____

2. En général, que boit-on au petit déjeuner ?

_____

3. En quoi consiste le « thiébou djen » ? Pourquoi est-ce un plat important ?

_____

4. Quels plats mange-t-on le soir ?

_____

_____

▶ Exercice D

Écoutez le texte une nouvelle fois en le lisant, puis répondez aux questions qui suivent.

1. Entourez tous les mots qui contiennent le son [ʁ]. Soulignez les mots avec un <r> orthographique non prononcé.

2. Dans quelle position trouve-t-on ces <r> non prononcés ? Dans quel type de mots ?

_____

_____

3. Classez les mots avec le son [ʁ] dans le tableau suivant.

AU DÉBUT DU MOT	AU MILIEU DU MOT	À LA FIN DU MOT

4. Entendez-vous quelque chose de particulier quant à la prononciation du [ʁ] selon son emplacement dans le mot ?

[o.se.ne.gal ⤴‖ la.kɥi.zi.→ne.(t)yn.tʁa.di.sjõ ⤵‖ kɔm.la.ma.ʒo.ʁi.te.de.fɛt.sõ.my. zyl.man ⤴‖ nu.mã.ʒõ.bo.kud.mu.tõ ⤴‖ me.(z)i.→lja.o.si.de.fɛt.kʁe.tjɛn.kɔm.no.ɛl ⤵‖ a.bi.tɥɛl.mã ⤴‖ lə.ma.tɛ̃ ⤴‖ nu.by.võ.dy.kɛ̃.ke.li.ba ⤴‖ te ⤴‖ dy.ka.fe.o.le.#u. dy.ka.fe.tu.ba.a.vɛk.dy.pɛ̃ ⤵‖ la.pʁɛ.mi.di.õ.mãʒ.ʒe.ne.ʁal.mã.dy.ʁi.#o.pwa.sõ ⤴‖ u.tje.bu.dʒɛ.→nã.wo.lɔf ⤵‖ sə.pla.#e.kõ.si.de.ʁe.kɔm.lə.pla.na.sjo.nal.paʁ. skə.tul.mõ.→do.se.ne.ga.→lã.ʁa.fɔl ⤵‖ ɛ̃.di.ne.ti.pik.kõ.si.→stã.dy.kus.kus ⤴‖ de.pwa.sõ.gʁi.je.#u.bjɛ̃d.la.vjã.→da.vɛk.di.fe.ʁãt.so.#→se.dy.tje.bu.jap ⤴‖ ʁi.gʁa ⤵]

Au Sénégal, la cuisine est une tradition. Comme la majorité des fêtes sont musulmanes, nous mangeons beaucoup de mouton, mais il y a aussi des fêtes chrétiennes comme Noël. Habituellement, le matin nous buvons du quinquéliba (thé), du café au lait ou du café touba avec du pain. L'après-midi on mange généralement du riz au poisson (ou thiébou djen en wolof). Ce plat est considéré comme le plat national parce que tout le monde au Sénégal en raffole. Un dîner typique consiste en du couscous, des poissons grillés ou bien de la viande avec différentes sauces et du thiébou yapp (riz gras).

III. Discrimination

▶ Exercice E
Écoutez des noms de desserts français et indiquez la liquide que vous entendez, si vous en entendez une. Attention, certains mots peuvent contenir plus d'une liquide.

MOTS	[l]	[ʁ]
1.		
2.		
3.		
4.		
5.		
6.		
7.		
8.		
9.		
10.		
11.		
12.		

▶ **Exercice F**

Écoutez les phrases suivantes sur des noms de métier liés à l'alimentation. Décidez si ces personnes sont des hommes ou des femmes en vous basant sur la prononciation de la consonne finale. Comme nous l'avons vu précédemment, la prononciation de la consonne finale indique souvent le féminin. Attention, tous ces prénoms sont mixtes, c'est-à-dire qu'ils peuvent être donnés à un garçon ou à une fille.

DESCRIPTION	HOMME	FEMME
1. chocolatier / chocolatière		
2. glacier / glacière		
3. boulanger / boulangère		
4. cuisinier / cuisinière		
5. épicier / épicière		
6. pâtissier / pâtissière		
7. poissonnier / poissonnière		
8. sommelier / sommelière		

IV. Expansion

1. Le [l]

Le [l] est une consonne **liquide, alvéolaire et voisée**. La pointe de la langue s'élève contre les alvéoles, l'air passe seulement par la cavité buccale et les cordes vocales vibrent (en général, mais nous allons voir les exceptions).

Le son [l] et la graphie

GRAPHIE	EXEMPLES
<l>	*la* [la], *plat* [pla], *religion* [ʁə.li.ʒjõ], *table* [tabl], *sel* [sɛl]

⚠ **Attention :** Le <l> se prononce [j] dans les combinaisons <-*ail*>, <-*euil*>, <-*ouil*>, <-*eil*> et le mot *œil* : *ail* [aj], *deuil* [dœj], *fenouil* [fə.nuj], *soleil* [so.lɛj], *œil* [œj]

Le <l> n'est pas prononcé devant un <s> : *fils* [fis], *pouls* [pu] et après <au-> en fin de mots : *Renault* [ʁə.no] *Thibault* [ti.bo]

<ll>	*habituellement* [a.bi.tɥɛl.mã], *culturelle* [kyl.ty.ʁɛl], *elle* [ɛl], *balle* [bal]
<ill>	*ville* [vil], *mille* [mil], *tranquille* [tʁã.kil], *Achille* [a.ʃil] et les mots dérivés *village* [vi.laʒ], *million* [mi.ljõ], etc.

⚠ **Attention :** Dans les autres cas, <*ill*> se prononce [ij] ou [j] comme dans *fille* [fij], *briller* [bʁi.je] et dans les combinaisons <-*aille*>, <-*euille*>, <-*ouille*>, <-*eille*>: *aille* [aj], *feuille* [fœj], *bouillir* [bu.jiʁ], *veille* [vjɛj]

2. Le [l] en position finale

Nous avons vu que le [l] en français est une consonne alvéolaire. Il est important de souligner que le [l] en français garde toujours cette articulation, quelle que soit sa position dans un mot ou une syllabe. Ce n'est pas le cas en anglais puisque le [l] est prononcé différemment en attaque et en coda. Répétez les mots anglais suivants et concentrez-vous sur le [l]. Entendez-vous deux sons différents ?

lip vs. *pill*, *lap* vs. *pal*, *lie* vs. *I'll*

(*suite*)

Vous avez dû remarquer que le son [l] en coda est beaucoup moins clair que celui en attaque. Il peut même ressembler un peu à une voyelle, un peu comme [ɔ].

En français, il n'existe qu'un seul [l]. Il faut donc faire attention à bien positionner sa langue contre les alvéoles pendant l'articulation d'un [l] en coda et à bien prononcer le [l] en position finale de la même façon qu'un [l] initial ou médial.

Donc dans les exemples suivants le [l] est identique :

lit [li] vs. *fil* [fil], *las* [las] vs. *salle* [sal]

Le <l> en position finale

GRAPHIE	EXEMPLES
Le <l> se prononce.	*Sénégal* [se.ne.gal], *habituel* [a.bi.tɥɛl], *bel* [bɛl], *avril* [a.vʁil]

⚠ **Attention :**
1. Le <l> ne se prononce pas dans des mots courants comme : *gentil* [ʒɑ̃.ti], *outil* [u.ti], *fusil* [fy.zi] (et les autres mots en une consonne + i + l), *cul de sac* [ky̦d.sak]
2. Sa prononciation est variable comme [l] ou [j] dans les mots *nombril* [nõ.bʁil] ou [nõ.bʁi], *persil* [pɛʁ.sil] ou [pɛʁ.si], *sourcil* [suʁ.sil] ou [suʁ.si]
3. Dans le langage plus familier, vous trouverez assez souvent que le <l> dans le pronom sujet <il> disparaît devant une consonne, dû à son caractère plus faible. Donc vous entendrez : *il mange* [i.mɑ̃ʒ], *il boit* [i.bwa], *il préfère* [i.pʁe.fɛʁ] mais *il a* [i.→la] ou *il est* [i.→le]

---

3. Le [ʁ]

Le [ʁ] est une consonne **liquide, uvulaire et voisée**. Le dos de la langue est proche de la luette et la pointe de la langue se trouve derrière les dents inférieures. L'air passe seulement par la cavité buccale et les cordes vocales vibrent (en général, mais nous allons voir des exceptions).

Le son [ʁ] et la graphie

GRAPHIE	EXEMPLES
<r>	*reine* [ʁɛn], *francophone* [fʁɑ̃.ko.fɔn], *arrivé* [a.ʁi.ve], *labeur* [la.bœʁ]
⚠ **Attention :** Voir le tableau suivant sur les <r> en position finale	
<rr>	*beurre* [bœʁ], *terre* [tɛʁ]
<rh>	*rhume* [ʁym], *rhum* [ʁɔm], *rhinocéros* [ʁi.no.se.ʁɔs]

Le <r> en position finale

GRAPHIE	EXEMPLES
Le <r> se prononce.	*chômeur* [ʃo.mœʁ], *dur* [dyʁ], *labeur* [la.bœʁ], *directeur* [di.ʁɛk.tœʁ], *facteur* [fak.tœʁ]

⚠ **Attention :** Le <r> ne se prononce pas :
1. Dans la terminaison infinitive des verbes en <-er> : *manger* [mɑ̃.ʒe], *danser* [dɑ̃.se], *inviter* [ɛ̃.vi.te]
2. Dans les noms et les adjectifs de plusieurs syllabes en *-ier* : *premier* [pʁə.mje], *papier* [pa.pje], *quartier* [kaʁ.tje], *pommier* [po.mje] (par contraste aux adjectifs monosyllabiques comme *fier* [fjɛʁ])
3. Dans les noms de profession en *-er* et *-ier* : *boulanger* [bu.lɑ̃.ʒe], *pâtissier* [pa.ti.sje], *boucher* [bu.ʃe], *plombier* [plɔ̃.bje]
4. Dans les noms et les adjectifs en *-ger* : *léger* [le.ʒe], *étranger* [e.tʁɑ̃.ʒe], *Roger* [ʁo.ʒe]
5. Dans certains mots : *gars* [ga], *monsieur* [mə.sjø], *messieurs* [me.sjø].

4. Le dévoisement des liquides

Selon l'environnement consonantique des liquides, les sons [l] et [ʁ] changent légèrement de qualité sonore. Lorsqu'ils sont en contact avec une consonne non voisée, la liquide a tendance à devenir non voisée. Le symbole API pour le dévoisement est représenté par un petit cercle sous la consonne : [l̥] ou [ʁ̥]. Par contre, dans les autres environnements, [l] et [ʁ] seront voisés. Entendez-vous la différence entre les mots suivants ?

long [lo]   *blond* [blõ]   *plomb* [pl̥õ]   *alcool* [al̥.kɔl]

rue [ʁy]   *brune* [bʁyn]   *prune* [pʁ̥yn]   *tarte* [taʁ̥t]

La distinction entre le [ʁ] voisé et non voisé est souvent plus facile à entendre que celle entre les deux [l]. Par contre, elle est plus difficile à faire car les non-natifs ont tendance à dévoiser le [ʁ] trop souvent, dans l'espoir de bien le prononcer. En fait, il est plus souvent voisé. Pensez donc à bien voiser le [ʁ] quand c'est nécessaire, dans les mots comme *au revoir, arriver, rarement*, etc. Lorsqu'il est dévoisé, le [ʁ] est beaucoup plus fort et ressemble plus à une fricative qu'à une liquide.

Notez que le dévoisement des liquides se passe lorsque qu'une liquide est en contact avec une consonne non voisée. C'est un effet d'assimilation (voir chapitre 4). Ceci signifie qu'elle peut être avant ou après. Pour illustrer ceci, pensez à la forme du symbole qu'on utilise pour marquer le dévoisement : un cercle. La présence du [k] dévoise le [ʁ] qui le précède et le [l] qui le suit : [seʁ̥kl̥].

Autres exemples :

les Alpes [le.zal̥p], *culturel* [kyl̥.ty.ʁel], *verte* [veʁ̥t], *particulier* [paʁ̥.ti.ky.lje]

V. Prononciation

▶ **Exercice G**

Voici des listes de mots liés à la cuisine française. Répétez les mots suivants en vous concentrant sur le son [l] selon sa position dans le mot. Attention de prononcer le [l] de la même façon dans toutes les positions. Puis, décidez si ces plats sont une entrée, un plat principal, une sauce, une boisson, du fromage ou un dessert.

En position initiale :

1. le lapin aux pruneaux
2. la quiche lorraine
3. la langoustine
4. la langue de veau
5. le lait

En position médiale :

1. le flan
2. le poulet rôti
3. la salade
4. la sole meunière
5. les madeleines

En position finale :

1. les moules-frites
2. la mortadelle
3. les profiteroles
4. la béchamel
5. la tarte à la mirabelle

▶ Exercice H

En France, on dit qu'il y a autant de fromages que de jours dans l'année … 365 ! Voici une liste de quelques-uns de ces fromages. Répétez-les en vous concentrant sur le son [ʁ] selon sa position dans le mot.

En position initiale :

1. Reblochon
2. Raclette
3. Rocamadour
4. Roquefort

En position médiale :

1. Maroilles
2. Boursin
3. Morbier
4. Port-Salut

En position finale :

1. Chèvre
2. Munster
3. Camembert
4. Beaufort

À côté d'une consonne voisée :

1. Gruyère
2. Brie
3. Bleu de Bresse
4. Chevrotin

À côté d'une consonne non voisée :

1. Caprice des dieux
2. Crème de Brie
3. Rocroi
4. Boucantrin

▶ Exercice I

Voici des noms de restaurants situés dans des pays ou régions francophones. Distinguez les [l] voisés des [l̥] dévoisés. Ensuite, essayez de trouver à quel pays ou à quelle région ils appartiennent.

1. Le Toukouleur

___

2. Les Délices de Marrakech

___

3. Le Fleur de Lis

___

4. L'Hôtel Joël Robuchon Monte Carlo

___

5. La Plantation

___

6. L'Ami Louis

___

7. Bleu et Blanc

___

8. Montréal Poutine

___

9. Restaurant du Léman

___

10. La Brasserie de Bruxelles

___

Pays ou régions francophones : Belgique, France, Haïti, Louisiane, Monaco, Maroc, Québec, Sénégal, Suisse, Tunisie

▶ Exercice J

Voici maintenant la recette de la pâte à gaufres. Avec un partenaire, indiquez tous les [l̥] et [ʁ̥] dévoisés puis justifiez votre décision. Pour finir, répétez chacune des étapes de la recette en faisant attention à tous les [l] et [ʁ].

1. Pour faire la pâte à gaufres, il faut très peu d'ingrédients, on peut donc en faire tous les jours.

2. 250 grammes de farine, 125 grammes de sucre, 2 œufs, 75 centilitres de lait, une pincée de sel et 50 grammes de beurre fondu.

3. Pour donner plus de goût, on peut rajouter une cuillère à soupe de rhum ou un autre alcool, ou utiliser de la bière à la place du lait.

4. Pour commencer, dans un saladier, versez la farine, le sucre, le beurre fondu et les œufs.

5. Puis ajoutez progressivement le lait (ou le liquide) tout en mélangeant avec votre fouet.

6. Puis faites cuire dans un gaufrier préalablement chauffé.

7. Vous pouvez manger les gaufres nature, ou avec du sucre glace, du Nutella, ou de la crème de marrons.

VI. Transcription

Exercice K

Voyons si vous et votre partenaire pouvez retrouver les définitions de certains termes culinaires. Réécrivez les phrases en orthographe conventionnelle, tout en marquant le dévoisement des liquides [l̥] et [ʁ̥]. Ensuite, avec un partenaire, lisez la définition à tour de rôle. L'autre personne qui ne lit pas doit trouver le mot qui correspond à la définition.

a. [kɥi.→ʁɛ̃.di.ʁɛk.tə.mɑ̃.#ɛ̃.na.li.mɑ̃.de.li.ka.dɑ̃.z̃ɛ.ʁe.si. pjɑ̃.lɥi.mɛm.po.ze.dɑ̃.zyn.kas.ʁ̥ɔl.ʁ̥ɑ̃.pl̥i.do]

_____

_____

b. [na.pe.(ʁ)ɛ̃.de.sɛʁ.dɛ̃.gla.sa.→ʒo.ʃo.ko.la]

_____

_____

c. [mɛ.→tʁ̥yn.syb̥.stɑ̃.→sa.ʁo.ma.tik̥.dɑ̃.zyn. pʁ̥e.pa.ʁa.sjɔ̃.puʁ.la.paʁ̥.fy.me]

_____

_____

1. aromatiser _____
2. le bain-marie _____
3. blanchir _____
4. éplucher _____
5. farcir _____
6. glacer _____
7. réserver _____
8. travailler _____

d. [kɥiʁ̥.kɛl̥.kə.mi.nyt̪.dɑ̃ɔ̃zyn.gʁɑ̃d̪.kɑ̃.ti.te.do.sa.le]

_____

_____

e. [mɛ.tʁ̥əd̪.ko.te.yn.pʁ̥e.pa.ʁa.sjɔ̃.#a.fɛ̃d.
ly.ti.li.ze.(ʁ)yl.te.ʁjœʁ.mɑ̃]

_____

_____

f. [ʁɑ̃.pl̥iʁ.lɛ̃.te.ʁjœʁ.dɛ̃.fʁ̥ɥi ⌀‖ dɛ̃.le.gy.→mu.dyn.
vjɑ̃→da.vɛ.→kyn.pʁ̥e.pa.ʁa.sjɔ̃]

_____

_____

g. [me.lɑ̃.ʒe.vi.gu.ʁøz.mɑ̃.#yn.pat]

_____

h. [e.li.mi.ne.la.po.dɛ̃ɔ̃na.li.mɑ̃]

_____

Exercice L

Maintenant, c'est à vous de faire la cuisine ! Voici la recette des crêpes. Lisez et transcrivez-la en alphabet phonétique. Puis, si vous en avez envie, pratiquez-la à la maison ! N'oubliez pas de marquer le dévoisement des liquides.

Ingrédients : _____

250 g de farine _____

4 œufs _____

50 g de beurre fondu _____

½ litre de lait _____

1 pincée de sel _____

1 cuillère à soupe de rhum (si vous le désirez)

_____

1 sachet de sucre vanillé (pour des crêpes sucrées)

_____

Préparation:

Mettre l'ensemble des ingrédients, sauf le beurre et le rhum, dans un grand bol. Fouetter avec un fouet jusqu'à obtenir de la pâte liquide et sans grumeaux. Ajouter le beurre fondu, puis le rhum. Bien mélanger. Laisser reposer pendant ½ heure, puis étaler une petite louche de pâte dans une poêle chaude préalablement graissée. Laisser cuire à feu doux jusqu'à ce que la crêpe se détache de la poêle. Puis retourner la crêpe pour la laisser cuire de l'autre côté. Bon appétit!

_____

_____

_____

_____

_____

_____

_____

⊙ **Exercice M**

Lisez un texte sur la cuisine québécoise. Transcrivez-le en orthographe conventionnelle.

[mwa ↗‖ ʒma.pɛl.ʒɔn.vjɛ.→veʒ.vjɛ̃d.ʁo.bɛʁ.va.→lo.ke.bɛk ↗‖ yn.pʁo.vɛ̃s.fʁã. ko.fɔn.dy.ka.na.da ↘‖ gʁa.→sa.nɔ→tʁi.stwaʁ ↗‖ no.spe.sja.li.te.ky.li.nɛʁ.ʁe.ʒjo. naḷ.sõ.ʁiʃ.(z)e.kõ.si.stãt ↘‖ kã.no.zã.sɛ.tʁə.sõ.(t)a.ʁi.ve.syʁ.lə.kõ.ti.nã ↗‖ il.zõ. dy.fɛʁ.fa.→so.kḷi.ma.fʁwa.#e.#o.dyʁ.la.bœʁ ↗‖ kɔm.lə.de.fʁi.ʃaʒ.de.fo.ʁɛ ↗‖ la.ʃa.→se.la.gʁi.kyḷ.tyʁ ↗‖dõk.lœʁ.kɥi.zi.→ne.tɛ.su.vã.ko.pjøz ↘‖ ã.kɔ.→ʁo. ʒuʁ.dɥi ↗‖ nu.ze.mõ.mã.ʒe.(ʁ)yn.bɔn.tuʁ.tjɛʁ ↗‖ yn.sɔʁ.tə.də.taʁ.tə.ʒe.ãt.ʁã. pḷid.pɔm.də.tɛ.→ʁe.də.vjãḍ.so.vaʒ̊.kɔm.lo.ʁi.ɲa.→le.lə.ljɛvʁ ↗‖ u.ã.kɔʁ.də. bœ.→feḍ.pɔʁ ⇒‖ ɛ̃.ʁa.gud.bu.lɛt ↗‖ u.nɔ.tʁə.fa.møz̊.pu.tin ↘‖ ɛ̃.pḷad.fʁit ↗‖ də.so.→seḍ.fʁ̊o.maʒ̊.ʃe.da.→ʁã.gʁɛ̃ ⇒‖ no.de.sɛʁ̊.sõ.su.vã.(t)a.baz.də.pʁo.dɥi. lo.ko ↗‖kɔm.lə.pu.diɲ.ʃo.mœʁ ↗‖ ɛ̃.ga.to.ʁã.vɛʁ̊.se.a.vɛ.→kyn.so.→so.si.ʁo. de.ʁabl ⇒‖e.la.taʁ.→to.blø.e ↘]

_____

_____

_____

_____

_____

▶ **Exercice N**

Voici la fin du texte sur la cuisine québécoise. Transcrivez-le en alphabet phonétique. N'oubliez pas d'indiquer le dévoisement des liquides. Cet enregistrement est disponible avec un accent standard ou un accent canadien.

Si vous venez au Québec au printemps, faites-vous inviter dans une érablière. C'est le meilleur endroit pour manger un repas traditionnel et pour découvrir comment le sirop d'érable est produit. Vous pourrez aussi manger de la tir d'érable sur la neige. Ce bonbon n'est fabriqué que pendant une courte période de l'année. Mais il fait encore froid au printemps. Alors pour vous réchauffer, vous pourrez manger une grosse assiette de soupe de fèves. Puis, pour éliminer toutes les calories, vous danserez une gigue endiablée au son de la musique d'antan jouée avec le violon, l'harmonica et l'accordéon !

VII. Pour aller plus loin : les prononciations du <r>

Dans certaines régions de France et dans d'autres pays francophones, la prononciation du <r> peut varier du [ʁ] standard. Aujourd'hui, en France, la majorité des Français prononcent un <r> liquide uvulaire comme vous l'avez appris. Mais ce n'était pas le cas à Paris dans le passé. En effet, si vous écoutez les chansons d'Édith Piaf, vous entendez un <r> différent. Son <r> est plutôt roulé et uvulaire. Cette prononciation était caractéristique de la classe sociale la plus basse de la capitale avant la Seconde Guerre mondiale.

À l'heure actuelle, dans certaines régions du Sud de la France, surtout parmi les gens plus âgés, les <r> sont roulés avec la pointe de la langue contre les dents supérieures (qu'on appelle un <r> apical). Vous pouvez entendre ceci dans les chansons de Georges Brassens ou dans la parole d'une cuisinière du Sud-Ouest qui s'appelle Maïté (clips sur YouTube). En Alsace aussi, dans l'Est de la France, le <r> est parfois apical (pharyngal chez les jeunes). Vous pouvez aller sur le site http://accentsdefrance.free.fr pour écouter la description des vins alsaciens.

Dans le français québécois, le <r> est plutôt alvéolaire autour de Québec et uvulaire près de Montréal. Ceci se trouve surtout chez les personnes plus âgées. Réécoutez le texte de la section sur la cuisine québécoise pour voir si vous pouvez entendre des différences dans la prononciation du <r>.

Pour finir, dans plusieurs pays d'Afrique, tels que le Congo ou le Sénégal, le <r> a aussi tendance à être roulé, un peu comme le <r> uvulaire de Montréal. Malgré ces différences régionales, le [ʁ] standard semble se répandre, en partie par l'intermédiaire des médias.

▶ Exercice O

Avec le script sous les yeux, écoutez le texte suivant sur la tradition sénégalaise du thé attaya, lu par une jeune femme sénégalaise. Entourez les [ʁ] qui sont roulés et soulignez ceux qui sont prononcés de façon plutôt standard.

Une des traditions de mon pays est le thé attaya, que l'on boit juste après le déjeuner. L'attaya se prépare d'une manière très particulière. On le fait bouillir et on le sert à quatre reprises. La première fois, il est très amer et souvent seuls les hommes en boivent. Et puis pour le deuxième et le troisième tour, on ajoute plus de sucre et de la menthe, et aussi bien les hommes que les femmes en boivent. Le quatrième tour est réservé aux enfants qui y mettent encore plus de sucre.

VIII. Récapitulation

▶ **Exercice P**

Connaissez-vous les vins, les bières et les liqueurs de France ? Voici quelques noms de boissons alcoolisées. Écoutez les phrases et essayez de trouver les mots qui manquent. Puis dites si les liquides [l] et [ʁ] que vous entendez sont voisées ou dévoisées. Justifiez votre choix. Attention, il est possible d'entendre les deux liquides dans un même mot.

	[l]	[l̥]	[ʁ]	[ʁ̥]
1. Le _ferrm_ est produit en Haïti.			X	
2. Le _cidre_ est un alcool à base de pommes et qui trouve ses origines en Normandie.			X	
3. On ajoute souvent de la _crème_ de cassis dans le champagne.				X
4. Le Saint-_emHron_ est un des vins les plus chers.	X			
5. Le _crémon_ est une sorte de champagne, mais produit en dehors du département de la Champagne.				X
6. Un des meilleurs vins blancs est le _riessing_.	X		X	
7. Les côtes du _roussillon_ est un vin sec du Sud de la France.			X	X
8. La _blanche_ de _combré_ est une bonne bière blonde de style belge, mais d'origine française.		X	X	

Exercice Q

Voici maintenant le nom d'autres alcools. Prononcez ces mots et transcrivez-les en indiquant le dévoisement des liquides qui sont dévoisées.

1. le calvados _____
2. le Cointreau _____
3. le Riesling _____
4. le cognac _____
5. la chartreuse _____
6. le cidre _____
7. la cervoise _____
8. la liqueur de framboise _____
9. le Grand Marnier _____
10. le Saint-Ambroise _____

Exercice R

Répondez aux questions suivantes.

1. Quelles sont les caractéristiques articulatoires du [l] et du [ʁ]?

   Les deux sont des liquides qui sont voisée

2. Quelles sont les différentes orthographes possibles pour le son [l]? Donnez des exemples.

   <l> dans <le> ou <ll> dans <habituelle>

3. Quelles sont les différentes orthographes possibles pour le son [ʁ]? Donnez des exemples.

   <r> comme <reine>, <rr> comme <beurre> et <rh> comme <rhume>

4. Quelles sont des situations où les graphies <l> et le <r> ne sont pas prononcées?

   Le <l> se prononce comme [j] quand il suit un <i>, le <r> se prononce comme [e] quand il suit un <e>

287

5. Lorsque [l] et [ʁ] sont mis en contact avec une consonne dévoisée, que se passe-t-il ? Donnez des exemples qui illustrent ce phénomène. Puis contrastez avec des situations où les consonnes en contact sont voisées.

Ils deviennent non-voisés. [ʁ] → [ʁ̥] dans « consacrer ». [l] → [l̥] dans « alpine ».

😊 Exercice S

Lisez ce texte qui vous présente Olivier et son pays, la Suisse. Lisez-le à haute voix en faisant attention à ces sons, puis transcrivez-le en orthographe conventionnelle.

[lɛ̃.de.pl̥y.bo.pe.i.dy.mõd ↗‖ la.sɥis ↘‖ bõ.ʒuʁ ↘‖ ʒma.pɛ.→lo.li.vje.#e.ʃɥi.sɥis.
ʁo.mã ↗‖ se.ta.diʁ̥.fʁ̥ã.ko.fɔn ↘‖ ʒɛm.vwa.ja.ʒe.paʁ̥.tu.dãl.mõd ↗‖ mɛ.ʁjɛ̃n.mə.
ʁe.ʒwi.pl̥ys.kə.dɛt.ʃe.mwa ↘‖ ʒvjɛ̃d.ly.tʁ̥i ↗‖ ɛ̃.pti.vi.laʒ.pʁ̥ed.lo.zan.kis.si.ty.dãl̥.
kã.tõd.vo ↘‖ nu.sɔm.tu.pʁ̥ɛ.dy.lak̥.dəʒ.nɛv ↗‖ kə.le.fʁ̥ã.sɛ.#a.pɛl.lə.lak.l̥e.mã ⇒‖
dõk.ʒfɛ.(z)a.se.su.vãd.la.vwal ↘‖ ʒɛ.→mo.si.le.ʁã.do.ne.syʁ.le.sã.tje.(z)al̥.pɛ̃.#e.
la.fo.to.gʁa.fi ↘]

_____

_____

_____

_____

_____

_____

_____

▶ 😊 Exercice T

Olivier termine sa description de la nourriture en Suisse. Transcrivez-la en alphabet phonétique. N'oubliez pas d'indiquer le dévoisement des liquides.

L'hiver, je fais du ski alpin ou des raquettes. Toutes ces activités ouvrent l'appétit, donc quelle joie de rentrer à la maison pour déguster la bonne cuisine de ma mère : elle aime préparer les plats traditionnels de la région comme une bonne fondue moitié-moitié (à deux fromages), une raclette, un papet (des poireaux et de la saucisse) ou des *röstis* (des galettes de pomme de terre). Une des spécialités du pays, renommée partout dans le monde, est notre chocolat !

_____

_____

_____

_____

_____

_____

_____

_____

_____

_____

IX. Conversation

1. À partir des textes que nous avons lus dans cette leçon, quel est celui qui vous a le plus inspiré à découvrir la cuisine de ce pays ? Pourquoi ?

2. Quel type de cuisine préférez-vous ? Pourquoi ? Quel type de cuisine aimeriez-vous un jour essayer ? Pourquoi ?

3. [kə.mã.ʒe.vu.pã.dã.vo.fɛt ↘‖ puʁ̥.kwa ↘]

4. [a.vɔ.→tʁ̥a.vi ↗‖ puʁ̥.kwa.ɛ.skə.la.kɥi.zi.→na.yn.si.gʁã.→dɛ̃.pɔʁ̥.tãs̥.dãd. nõ.bʁøz̥.kyl.tyʁ ↘]

X. Matériel complémentaire

Chansons

- _Ne me quitte pas_ de Jacques Brel
- _Non, je ne regrette rien_ d'Édith Piaf
- _L'encre de tes yeux_ de Francis Cabrel
- _Chanson pour l'Auvergnat_ de Georges Brassens
- _Rare_ de Calogero

- *Je reviendrai à Montréal* de Robert Charlevoix
- *La cabane du pêcheur* de Francis Cabrel
- *La lettre* de Renan Luce

Films sur la gastronomie

- *Cuisine américaine* (1998)
- *Merci pour le chocolat* (2000)
- *Vatel* (2000)
- *Une Affaire de goût* (2000)

Films avec des exemples de <r> différent

- *La Gloire de mon père* (1990) avec le personnage de l'oncle Jules
- *Kirikou et la sorcière* (1998)
- *Mme Brouette* (Sénégal 2002)
- *La Grande séduction* (Québec 2003)

13

Jeunes ou vieux, en été ou en hiver : les francophones chantent !

I. Introduction

Dans ce chapitre, vous allez lire des informations sur la chanson en France et sur quelques chanteurs. Vous allez aussi apprendre à prononcer les voyelles moyennes et comprendre les règles sur leur distribution.

> ### Questions de réflexion
>
> **Les syllabes**
>
> 1. Quelle est la différence entre une syllabe ouverte et une syllabe fermée ? Donnez des exemples.
>
> 2. Revoyez les règles de division syllabique et séparez les mots suivants en syllabes : *célèbre, année, premier, chanter, parole, minorité, adresse, métaphorique, album.*
>
> **La chanson**
>
> 1. Quel est votre chanteur ou chanteuse préféré(e) ? Pourquoi ?
>
> 2. Quelle est votre chanson préférée ? Pourquoi ?
>
> 3. Quels chanteurs et chanteuses francophones connaissez-vous ? Connaissez-vous aussi certaines de leurs chansons ?

II. Compréhension orale

▶ **Exercice A**

Écoutez le texte sur la chanteuse Lââm et répondez aux questions suivantes.

1. À quelle période est-ce que Lââm est devenue célèbre ?

2. Quel est le titre de sa première chanson ?

3. Donnez le titre d'une autre chanson.

4. Comment Lââm voit-elle son rôle de chanteuse ?

▶ **Exercice B**

Écoutez encore une fois le texte en lisant la transcription en même temps. Soulignez les mots qui contiennent [ø] et [œ]. Puis répondez aux questions suivantes.

[la.→me.(t)yn.ʃɑ̃.tøz̻.ki.e.dəv.ny.se.lɛ.bʁə.dɑ̃.le.za.ne.mil.nœf.sɑ̃.ka.tʁ̥ə.vɛ̃.dis ↘‖ sõ.pʁ̥ə.mje.syk.sɛ.sɛ̃.ti.ty.lɛ.ʃɑ̃.te.puʁ̥.sø ↘‖ dɑ̃.sɛt.ʃɑ̃.sõ ↗‖ ɛ.→lɛk.splik.kɛl.vø. ʃɑ̃.te.puʁ̥.sø.ki.sõ.lwɛ̃d̻.ʃe.zø ↘‖ sõ.ʁol.də.pɔʁ̥t.pa.ʁɔl.de.mi.no.ʁi.teş.vwa.(t)o. si.dɑ̃.la.ʃɑ̃.sõ.pə.tit.sœʁ.dɑ̃.la.kɛ.→lɛl̻.sa.dʁɛ.→sa.de.ʒœn.fam ↗‖ se.sœʁ.me. ta.fo.ʁik ↘]

Lââm est une chanteuse qui est devenue célèbre dans les années 1990. Son premier succès s'intitulait *Chanter pour ceux*. Dans cette chanson, elle explique qu'elle veut chanter pour ceux qui sont loin de chez eux. Son rôle de porte-parole des minorités se voit aussi dans la chanson *Petite sœur* dans laquelle elle s'adresse à des jeunes femmes, ses sœurs métaphoriques.

1. En regardant les mots soulignés, indiquez à quelles orthographes les sons suivants correspondent.

[ø] ___

[œ] ___

2. Dans quel type de syllabe (ouverte ou fermée) est-ce qu'on trouve les sons ?

[ø] _____

[œ] _____

3. Si ces sons sont dans une syllabe fermée, par quelle consonne phonétique sont-ils suivis ?

[ø] _____

[œ] _____

▶ **Exercice C**

Écoutez le texte sur la chanteuse Zazie et répondez aux questions suivantes.

1. Elle parle d'autres langues que le français.	Vrai	Faux
2. Son premier album est sorti en 1982.	Vrai	Faux
3. Zazie écrit la musique de toutes ses chansons.	Vrai	Faux
4. Elle préfère travailler seule.	Vrai	Faux

▶ **Exercice D**

Écoutez encore une fois le texte en lisant la transcription en même temps. Soulignez les mots qui contiennent [o] et [ɔ]. Puis répondez aux questions suivantes.

[za.zi.a.fɛ.bo.kud̥.ʃo.#→za.vã.d̥.ko.mã.se.(ʁ)a.ʃã.te ↘‖ ɛ.→la.fɛ.de.ze.tyd.də.lãg ↗‖ ã.glɛ ↗‖ ɛ.spa.ɲɔ.→le.ʒa.po.nɛ ⇢‖ e.#ɛ.→la.o.si.e.te.man.kɛ̃ ↘‖ sõ.pʁ̥ə. mje.ʁal.bom.sɔʁ.(t)ã.ka.tʁ̥ə.vɛ̃.duz̥.ʃe.fo.no.gʁam ↘‖ sõ.dø.zjɛ.→mal.bɔm ↗‖ puʁ.lə.kɛ.→lɛ.→la.e.kʁ̥i.tut.l̥e.pa.ʁɔl ↗‖ a.bo.kud̥.syk.sɛ ↘‖ ɛl̥.ko.mã.→sa. lɔ.#→ʁa.ko.la.bo.ʁe.(ʁ)a.vɛk̥.bo.kud̥.ʃã.tœʁ̥.tʁɛ.ko.ny.kɔm.fl̥o.ʁã.pa.ɲi.u.dʒo. ni.a.li.de ↗‖ paʁ.mi.dotʁ̥ ↘]

Zazie a fait beaucoup de choses avant de commencer à chanter. Elle a fait des études de langues (anglais, espagnol et japonais) et elle a aussi été mannequin. Son premier album sort en 1992 chez Phonogram. Son deuxième album, pour lequel elle a écrit toutes les paroles, a beaucoup de succès. Elle commence alors à collaborer avec beaucoup de chanteurs très connus comme Florent Pagny ou Johnny Hallyday, parmi d'autres.

1. En regardant les mots soulignés, indiquez à quelles orthographes les sons suivants correspondent.

[o] _____

_____

[ɔ] _____

_____

2. Dans quel type de syllabe (ouverte ou fermée) est-ce qu'on trouve les sons?

[o] _____

[ɔ] _____

3. Si ces sons sont dans une syllabe fermée, par quelle consonne phonétique sont-ils suivis?

[o] _____

[ɔ] _____

▶ **Exercice E**

Écoutez le texte suivant sur le chanteur Bénabar. Puis répondez aux questions qui suivent.

1. De quel pays est-ce que la famille de Bénabar est originaire?

_____

2. Quelle est sa date de naissance?

_____

3. Quelle est l'origine du nom de ce chanteur?

_____

4. De quoi parle-t-il dans ses chansons?

_____

_____

▶ Exercice F

Écoutez encore une fois le texte en lisant la transcription en même temps. Soulignez les mots qui contiennent [e] et [ɛ]. Ensuite, répondez aux questions suivantes.

[lə.vʁe.nõd.be.na.ba.→ʁe.bʁy.no.ni.ko.li.ni ↘‖ sa.fa.mi.→je.do.ʁi.ʒi.→ni.ta.ljɛn ↘‖ i.→le.ne.dã.la.vil.də.tjɛ ↗‖ a.ko.teḏ.pa.ʁi ↗‖ lə.sɛz.ʒɥɛ̃.mil.nœf.sã.swa.sãṭ. nœf ↘‖ lə.nõ.be.na.baʁ.vjɛ̃.də.baʁ.na.be.ã.vɛʁ.lã ↘‖ sel.nõ.tʁɛ.(z)o.ʁi.ʒi.nal.kɛ̃ḏ. se.za.mi.lɥi.a.do.ne ↘‖ le.tɛm.pʁɛ̃.si.poḏ.se.ʃã.sõ.sõ.le.fɛd.la.vi.ko.ti.djɛn ↗‖ u.le. tʁɛ.ka.ʁak.te.ʁi.stiḳ.də.la.so.sje.te.fʁã.sɛz.mo.dɛʁn ↘]

Le vrai nom de Bénabar est Bruno Nicolini. Sa famille est d'origine italienne. Il est né dans la ville de Thiais, à côté de Paris, le 16 juin 1969. Le nom Bénabar vient de Barnabé, en verlan. C'est le nom très original qu'un de ses amis lui a donné. Les thèmes principaux de ses chansons sont les faits de la vie quotidienne, ou les traits caractéristiques de la société française moderne.

1. En regardant les mots soulignés, indiquez à quelles orthographes les sons suivants correspondent.

[e] _____

_____

[ɛ] _____

_____

2. Dans quel type de syllabe (ouverte ou fermée) est-ce qu'on trouve les sons ?

[e] _____
[ɛ] _____

3. Si ces sons sont dans une syllabe fermée, par quelle consonne phonétique sont-ils suivis ?

[ɛ] _____

III. Discrimination

▶ Exercice G

Pour commencer, nous allons étudier deux sons. Répétez les sons et concentrez-vous sur le symbole qui correspond : [ø], [œ].

Maintenant, décidez si ces titres de chansons annoncent une chanson d'amour que vous aimeriez écouter. Avant de faire cela, indiquez si vous entendez un [ø] ou un [œ] dans la dernière syllabe du dernier mot du titre, puis indiquez si cette syllabe et ouverte ou fermée. Si elle est fermée, donnez la consonne finale.

	[ø] OU [œ]?	OUVERTE OU FERMÉE?	CONSONNE FINALE
1. Je suis _____.			
2. Tu me rends _____.			
3. Donne-moi ton _____.			
4. Tu as les plus beaux _____.			
5. Je préfère être _____.			
6. Tu sens le _____.			

▶ **Exercice H**

Passons maintenant aux sons [o] et [ɔ]. Répétez les sons et concentrez-vous sur le symbole qui correspond. Lorsque vous prononcez le son [o], faites attention à garder la qualité de la voyelle constante et stable, c'est-à-dire, à ne pas faire de diphtongue : [o] [ɔ].

Maintenant, écoutez et décidez si les titres des chansons suivantes sont de belles chansons d'amour. Comme avant, écrivez le dernier mot du titre et indiquez si vous entendez un [o] ou un [ɔ], puis indiquez si cette syllabe et ouverte ou fermée. Si elle est fermée, donnez la consonne finale.

	[o] OU [ɔ]?	OUVERTE OU FERMÉE?	CONSONNE FINALE
1. Comme tu es _____.			
2. Je veux des _____.			
3. J'aime les _____.			
4. Envoie-moi des _____.			
5. Pourquoi es-tu _____ ?			
6. J'aime ta _____.			

▶ Exercice I

Pour finir, répétez les sons [e] et [ɛ] et concentrez-vous sur le symbole qui correspond. Lorsque vous prononcez le son [e], faites attention à garder la qualité de la voyelle constante et stable, c'est-à-dire à ne pas faire de diphtongue : [e] [ɛ].

Maintenant, écoutez et décidez pour les titres des chansons suivantes. Comme avant, écrivez le dernier mot du titre et indiquez si vous entendez un [e] ou un [ɛ], puis indiquez si cette syllabe et ouverte ou fermée. Si elle est fermée, donnez la consonne finale.

	[e] OU [ɛ] ?	OUVERTE OU FERMÉE ?	CONSONNE FINALE
1. J'aime ton _____.			
2. Je veux un _____.			
3. Je te trouve _____.			
4. Donne-moi du _____.			
5. Passe-moi le _____.			
6. Je veux embrasser ton _____.			

▶ Exercice J

Essayez maintenant de distinguer entre les six sons. Écoutez ces mots extraits d'une chanson d'amour et indiquez quels sons vous entendez.

	[e]	[ɛ]	[o]	[ɔ]	[ø]	[œ]
1.						
2.						
3.						
4.						
5.						
6.						
7.						
8.						

IV. Expansion

1. Les trois paires de voyelles moyennes

Ces trois paires sont toutes des voyelles orales mais varient entre elles en terme d'avancement de la langue et d'arrondissement des lèvres. En plus, l'aperture varie pour chacun des deux sons à l'intérieur de chaque paire.

A. Les sons [ø] et [œ]

Pour bien prononcer ces deux sons, il faut arrondir les lèvres et garder la langue vers l'avant de la bouche car ce sont des voyelles arrondies et antérieures. La différence entre ces deux sons est la position de la langue sur l'axe vertical : la langue est un peu plus haute pour [ø] que pour [œ]. [ø] est une voyelle mi-fermée, alors que [œ] est mi-ouverte.

B. Les sons [o] et [ɔ]

Pour bien prononcer ces deux sons, il faut arrondir les lèvres et garder la langue vers l'arrière de la bouche puisque ces deux voyelles sont arrondies et postérieures. La différence entre ces deux sons est la position de la langue sur l'axe vertical : la langue est un peu plus haute pour [o] que pour [ɔ]. [o] est une voyelle mi-fermée, alors que [ɔ] est mi-ouverte.

C. Les sons [e] et [ɛ]

Pour finir, ces deux voyelles sont non arrondies et antérieures. Ceci signifie que, pour bien les prononcer, il ne faut pas arrondir les lèvres et il faut garder la langue vers l'avant de la bouche. La différence entre ces deux sons est la position de la langue sur l'axe vertical : la langue est un peu plus haute pour [e] que pour [ɛ]. [e] est une voyelle mi-fermée, alors que [ɛ] est mi-ouverte.

2. La loi de position

Cette loi, qui est plutôt une tendance avec des exceptions qu'une loi systématique, explique la prononciation des voyelles moyennes d'une façon assez générale : le plus souvent, on trouve les voyelles mi-ouvertes [ɛ, œ, ɔ] dans les syllabes fermées :

faire [fɛʁ], *peuvent* [pœv], *poche* [pɔʃ]

Et on trouve les voyelles mi-fermées [e, ø, o] dans les syllabes ouvertes :

fée [fe], *peut* [pø], *peau* [po]

(*suite*)

Certaines paires de voyelles (comme [ø] et [œ]) suivent plutôt bien la loi de position, les autres moins. Dans les syllabes finales, le choix de la voyelle dépend souvent de l'orthographe ou de la consonne qui suit.

Il existe beaucoup de variation dans les syllabes non finales. Certaines personnes, selon la loi de position, prononcent toujours une voyelle ou l'autre, d'autres prononcent les deux sans raison apparente, d'autres enfin prononcent une voyelle avec une aperture entre les voyelles mi-fermées et les voyelles mi-ouvertes. Pour cette raison, nous n'allons pas inclure ces syllabes non finales dans les expansions suivantes. Il faut cependant noter que dans les syllabes non finales fermées par le son [ʁ], on trouve une voyelle mi-ouverte (donc [ɛ], [ɔ] ou [œ]).

Exemples :

fermer [fɛʁ.me], *porter* [pɔʁ.te], *meurtrier* [mœʁ.tʁi.je]

Certains dictionnaires proposent des transcriptions qui ne suivent pas toujours ce principe. Dans ce manuel, on a choisi de montrer une tendance à la fois simple et neutre dans la mesure où aucune attitude négative n'est associée aux prononciations présentées. Cette simplification peut donc masquer le fait qu'il existe une variation assez importante dans la prononciation de ces voyelles (voir la section « Pour aller plus loin »). Il se peut donc que votre professeur adapte les règles suivantes pour mieux refléter sa prononciation personnelle.

Dans les syllabes ouvertes, on trouve le son [ø] (loi de position).

Les sons [ø] et [œ] et la graphie

GRAPHIE	EXEMPLES
<eu>	*ceux* [sø], *veut* [vø], *eux* [ø], *mieux* [mjø]
<œu>	*nœud* [nø]

⚠ Attention :

- Le <r> final de *monsieur* ne se prononce pas, on trouve donc la voyelle [ø] dans la deuxième syllabe.

- Le <f> final ne se prononce pas dans les mots *œufs* et *bœufs* (au pluriel seulement). On trouve donc la voyelle [ø] : *des œufs* [de.zø], *des bœufs* [de.bø].

- L'orthographe <eu> correspond au son [y] dans certaines formes du verbe *avoir* : *eu* (participe passé) et le passé simple : *j'eus* [ʒy], *tu eus* [ty.y], *il eut* [i→ly], *nous eûmes* [nu.zym], *vous eûtes* [vu.zyt], *ils eurent* [il.zyʁ].

Dans les syllabes fermées, on prononce le son [œ] (loi de position).

GRAPHIE	EXEMPLES
<eu>	*neuf* [nœf], *jeune* [ʒœn], *peur* [pœʁ], *heure* [œʁ], *seul* [sœl]
<œu>	*cœur* [kœʁ], *sœur* [sœʁ], *œuvre* [œvʁ], *mœurs* [mœʁ] ou [mœʁs]
<œ> dans	*œil* [œj]
<ue> dans	*cueille* [kœj], *orgueil* [ɔʁ.gœj]

⚠ Attention : Exceptions à la loi de position

- Quand la consonne qui suit est [z], on trouve [ø] : *chanteuse* [ʃɑ̃.tøz], *heureuse* [ø.ʁøz], *menteuse* [mɑ̃.tøz], *perceuse* [pɛʁ.søz], *heureusement* [ø.ʁøz.mɑ̃], etc.

- Quand la consonne finale est [t] ou [tʁ], on trouve [ø] : *meute* [møt], *émeute* [e.møt], *neutre* [nøtʁ]

- L'orthographe <eû> dans *jeûne* correspond à [ø] : [ʒøn]

Dans une syllabe ouverte, on trouve en général le son [o] (loi de position).

Le son [o] et la graphie

GRAPHIE	EXEMPLES
<o>	*dos* [do], *mot* [mo], *gros* [gʁo], *pro* [pʁo], *haricot* [a.ʁi.ko], *coquelicot* [ko.kli.ko], *zoo* [zo] ou [zo.o]
<ô>	*tôt* [to], *aussitôt* [o.si.to], *bientôt* [bjɛ̃.to]
<au>	*chaud* [ʃo], *faux* [fo], *aux* [o], *haut* [o], *animaux* [a.ni.mo]
<eau>	*peau* [po], *beau* [bo], *eau* [o], *veau* [vo], *bureau* [by.ʁo]

Dans une syllabe fermée, on trouve les deux sons selon l'orthographe (exception à la loi de position).

	GRAPHIE	EXEMPLES
[o]	<au>	*autre* [otʁ], *jaune* [ʒon], *paume* [pom], *haute* [ot], *cause* [koz], *chaude* [ʃod]
	<ô>	*côte* [kot], *nôtre* [notʁ], *vôtre* [votʁ], *diplôme* [di.plom], *rôle* [ʁol]
	<o>+[z]	*chose* [ʃoz], *rose* [ʁoz], *ose* [oz], *dose* [doz], *pose* [poz]
[ɔ]	<o>	*espagnol* [ɛs.pa.ɲɔl], *sort* [sɔʁ], *paroles* [pa.ʁɔl], *alors* [a.lɔʁ], *pomme* [pɔm], *notre* [nɔtʁ]
	<oo> dans	*alcool* [al.kɔl]
	<u>+[m] dans	les mots en -*um* : *album* [al.bɔm], *maximum* [mak.si.mɔm], *minimum* [mi.ni.mɔm], *calcium* [kal.sjɔm], *rhum* [ʁɔm], etc.

⚠ Attention :

- Certains mots en *-osse* et *-os* (avec un [s] final prononcé) sont prononcés [os] comme *grosse* [gʁos], *fosse* [fos], *albatros* [al.ba.tʁos], *albinos* [al.bi.nos], *tétanos* [te.ta.nos]. EXCEPTIONS : *rhinocéros* [ʁi.no.se.ʁɔs], *un os* [ɔs]

- Les mots techniques en *-one* et *-ome* sont prononcés [on] et [om] comme *zone* [zon], *ozone* [o.zon], *cyclone* [si.klon], *hexagone* [ɛg.za.gon], *atome* [a.tom], *idiome* [i.djom].

- Le <s> final ne se prononce pas dans le mot *os* au pluriel seulement. On trouve donc la voyelle [o] au pluriel : des os [de.zo] (mais *un os* [ɔs]).

- La voyelle est différente dans les prénoms *Paul* (masculin [pɔl]) et *Paule* (féminin [pol]).

Dans une syllabe ouverte, on trouve en général [e] (loi de position).

Les sons [e] et [ɛ] et la graphie

	GRAPHIE	EXEMPLES
[e]	<é>	*né* [ne], *côté* [ko.te], *Barnabé* [baʁ.na.be], *donné* [do.ne], *société* [so.sje.te]
	<er>	*chanter* [ʃɑ̃.te], *danser* [dɑ̃.se], *aller* [a.le], *papier* [pa.pje], *boulanger* [bu.lɑ̃.ʒe]
	<ez>	*nez* [ne], *chantez* [ʃɑ̃.te], *dansez* [dɑ̃.se], *allez* [a.le], *avez* [a.ve]
	<es>	dans les mots grammaticaux *mes* [me], *tes* [te], *ses* [se], *ces* [se], *les* [le], *des* [de], *(tu) es* [e]
[e] et [ɛ]	<et>	*concret* [kõ.kʁe/ɛ], *crochet* [kʁo.ʃe/ɛ], *effet* [e.fe/ɛ], *bleuet* [blø.e/ɛ]
	<ect>	*aspect* [as.pe/ɛ], *respect* [ʁɛs.pe/ɛ], *suspect* [sys.pe/ɛ]
plutôt [ɛ]	<è>	*très* [tʁɛ/e], *après* [a.pʁɛ/e], *décès* [de.sɛ/e], *excès* [ɛk.sɛ/e], *succès* [syk.sɛ/e]
	<ê>	*prêt* [pʁɛ/e], *forêt* [fo.ʁɛ/e]
	<ai>	*Thiais* [tjɛ/e], *fait* [fɛ/e], *trait* [tʁɛ/e], *français* [fʁɑ̃.sɛ/e]

3. Variation

En syllabe finale ouverte, il existe de nombreuses variantes, qui ne semblent pas être basées entièrement sur l'origine géographique. Les dictionnaires et ouvrages traditionnels opposent typiquement les orthographes <é>, <er> et <ez> prononcées [e] avec les autres du tableau précédent prononcées [ɛ]. Ainsi, on trouve des paires de mots qui ne sont distinguées que par la voyelle finale, comme c'est le cas par exemple, entre le participe passé et l'imparfait.

Exemples :

chanté [ʃɑ̃.te] et *chantait* [ʃɑ̃.tɛ], *allé* [a.le] et *allais* [a.lɛ]

On trouve aussi des paires de mots différents. Il est cependant extrêmement rare, voire impossible, qu'une confusion survienne.

Exemples :

le thé [te] vs. *la taie* [tɛ] (mais dans ce cas l'article aide à la distinction, et bien sûr, le contexte)

ses ou *ces* [se] vs. *sais* [sɛ] (il s'agit ici de catégories de mots différentes)

les [le] vs. *lait* [lɛ] (catégories différentes encore une fois)

Certaines personnes et certains manuels très conservateurs utilisent aussi ces deux sons pour montrer la différence entre le futur (*je chanterai* [ʃɑ̃.tʁe]) et le conditionnel (*je chanterais* [ʃɑ̃.tʁɛ]). Cette opposition se fait de plus en plus rare et peut parfois sembler affectée.

⚠ Attention :

- Le verbe *être* est prononcé [e] ou [ɛ] dans *il/elle/on/c'est*, selon les préférences personnelles. Les directions *est* et *ouest* sont prononcées [ɛst] et [wɛst]

- On ne prononce pas le <f> final dans le mot *chef d'œuvre* [ʃe.dœvʁ] (mais on le prononce dans les autres mots avec *chef*) ni dans le mot *clef* [kle] qui s'écrit souvent *clé*.

Dans une syllabe fermée, on trouve toujours le son [ɛ] (loi de position).

GRAPHIE	EXEMPLES
<e> + cons. prononcée	*italienne* [i.ta.ljɛn], *quotidienne* [ko.ti.djɛn], *moderne* [mo.dɛʁn], *sec* [sɛk], *tel* [tɛl], *appelle* [a.pɛl]
<ê> + cons.	*bête* [bɛt], *fête* [fɛt], *pêche* [pɛʃ], *gêne* [ʒɛn], *tête* [tɛt], *extrême* [ɛk.stʁ̥ɛm]
<è> + cons.	*thème* [tɛm], *père* [pɛʁ], *mère* [mɛʁ], *achète* [a.ʃɛt], *Thérèse* [te.ʁɛz]
<ai> + cons.	*française* [fʁɑ̃.sɛz], *faire* [fɛʁ], *laide* [lɛd], *aime* [ɛm], *laisse* [lɛs]
<aî> + cons.	*maître* [mɛtʁ̥], *connaître* [ko.nɛtʁ̥], *disparaître* [dis.pa.ʁɛtʁ̥], *apparaître* [a.pa.ʁɛtʁ̥], *naître* [nɛtʁ̥]
<ei> + cons.	*seize* [sɛz], *treize* [tʁ̥ɛz], *beige* [bɛʒ], *baleine* [ba.lɛn]

⚠ **Attention :**

• <ai>

– Dans les mots avec <ai> + consonne prononcée, on prononce [aj] quand <ai> est suivi d'un <l> ou <lle> : *travail* [tʁa.vaj], *ail* [aj], *faille* [faj], *maille* [maj], etc.

– Pour certaines personnes du verbe *faire* <ai> est prononcé [ə] : *nous fai-sons* [nu.fə.zõ], *faisais* [fə.zɛ] (toutes les personnes de l'imparfait) et *en faisant* [fə.zɑ̃]

• < ay> + voyelle

– Cette combinaison est normalement prononcée en deux syllabes comme dans *crayon* [kʁ̥e.jõ] ou [kʁ̥ɛ.jõ], *effrayant* [e.fʁe.jɑ̃] ou [e.fʁɛ.jɑ̃], *(nous) ayons* [e.jõ] ou [ɛ.jõ], etc. La lettre <y> peut ici être considérée comme deux <i>. On peut ainsi analyser *crayon* comme *crai-* [kʁ̥e] ou [kʁ̥ɛ] + *-ion* [jõ].

– Mais on prononce [aj] dans *mayonnaise* [ma.jo.nɛz], *cobaye* [ko.baj], *Bayonne* [ba.jɔn].

– On prononce [e.i] dans *pays* [pe.i] (et mots de la même famille) et *ab-baye* [a.be.i].

V. Prononciation

▶ Exercice K

Voici une liste d'anciens ou d'actuels festivals de musique dans le monde francophone. Soulignez les mots avec le son [ø] et entourez ceux avec le son [œ]. Ensuite, répétez les mots en vous concentrant sur les sons [ø] et [œ].

1. À Fleur de Rock (dans le Bassin d'Arcachon, en France)

2. Le Festival international de percussion de Longueuil (à Longueuil, au Canada)

3. Le Festival de musique de La Chaise-Dieu (à La Chaise-Dieu, en France)

4. Le Boulevard des jeunes musiciens (à Casablanca, au Maroc)

5. Festi'neuch (à Neuchâtel, en Suisse)

6. Reggae Teuf (à Loudéac, en France)

7. Montreux Jazz Festival (à Montreux, en Suisse)

8. Les Rendez-vous des Terres Neuves (à Bègles, en France)

▶ Exercice L

Voici une liste de chanteurs français et de chansons que beaucoup considèrent comme des classiques. Soulignez les mots avec le son [o] et entourez ceux avec le son [ɔ]. Puis, répétez ces mots en faisant attention aux voyelles [o] et [ɔ]. N'oubliez pas qu'une des différences principales entre le son [o] en français et en anglais est le fait qu'il n'y a pas de diphtongue en français. Il faut donc faire attention à garder la qualité de la voyelle constante en français.

1. *Les Copains d'abord* par Georges Brassens

2. *Le Bateau miracle* par Gilbert Bécaud

3. *Le Piano du pauvre* par Léo Ferré

4. *En cloque* par Renaud

5. *Comme d'habitude* par Claude François

6. *La Vie en rose* par Edith Piaf

7. *La Bande à Jojo* par Joe Dassin

8. *Quand la musique est bonne* par Jean-Jacques Goldman

▶ **Exercice M**

Voici une deuxième liste de chanteurs français et de chansons classiques. Soulignez les mots avec le son [e] et entourez ceux avec le son [ɛ]. Ensuite, répétez ces mots en faisant attention aux voyelles [e] et [ɛ]. N'oubliez pas qu'une des différences principales entre le son [e] en français et en anglais est le fait qu'il n'y a pas de diphtongue en français. Il faut donc faire attention à garder la qualité de la voyelle constante en français.

1. *Être une femme* par Michel Sardou

2. *La Javanaise* par Serge Gainsbourg

3. *Je voudrais tant que tu sois là* par Serge Lama

4. *Trois milliards de gens sur Terre* par Mireille Mathieu

5. *L'Aigle noir* par Barbara

6. *Aimer est plus fort que d'être aimé* par Daniel Balavoine

7. *Si j'étais président* par Gérard Lenorman

8. *Aimer à perdre la raison* par Jean Ferrat

▶ **Exercice N**

Comment parler de la chanson française sans parler de celui qui est certainement le plus grand chanteur de langue française, Jacques Brel. Voici quelques détails sur ce chanteur. Répétez le texte suivant à faisant attention à distinguer les six voyelles étudiées et à ne pas diphtonguer [e] et [o].

Jacques Brel est né le 8 avril 1929 près de Bruxelles en Belgique. Son père était un industriel du carton. Sa carrière commence vraiment en 1956 avec Quand on n'a que l'amour. Parmi ses chansons les plus connues, on compte Les Vieux, Les Bonbons et bien sûr Ne me quitte pas. Il fait ses adieux à la chanson en 1967 avec un récital à Roubaix et joue dans des films et des comédies musicales. Il part en voilier aux Îles Marquises où il repose, pas très loin de Paul Gauguin.

VI. Transcription

Exercice O

Avez-vous déjà pensé à écrire une chanson en français ? Voici quelques mots pour vous aider. Transcrivez-les et écrivez les numéros des mots qui riment. Notez que certains mots ne riment avec aucun autre mot de la liste. Ensuite, essayez d'écrire le titre et le refrain d'une chanson.

Ex. 0

1. aimer [ɛ.me] 8
2. cœur [kœʁ] 10 19
3. rose [ʁoz] 12
4. heureux [ø.ʁø] 9 18
5. hiver [i.vɛʁ]
6. autre [otʁ]
7. après [a.pʁɛ] 11 15 17
8. été [e.te] 1
9. merveilleux [mɛʁ.vɛ.jø] 4 18
10. peur [pœʁ] 2 19

11. je faisais [ʒə.fə.zɛ] 7 15 17
12. cause [koz] 3
13. automne [o.tɔn]
14. seul [sœl]
15. très [tʁɛ] 7 11 17
16. heureuse [ø.ʁøz]
17. tu sais [ty.sɛ] 7 11 15
18. amoureux [a.mu.ʁø] 4 9
19. erreur [ɛ.ʁœʁ] 2 10
20. œil [œj]

Exercice P

Dans chaque pays, on trouve des chanteurs qui n'existent que pendant une chanson. Voici une liste de ces chanteurs et de leur succès unique. Transcrivez-les.

1. Certaines chanteuses ont peu d'imagination : Hélène chante *Je m'appelle Hélène* et le groupe À cause des garçons chante *À cause des garçons*.

_____

_____

2. Parmi les très jeunes, on compte Jordy qui n'a pas encore 5 ans quand il chante *Dur, dur d'être bébé* !

_____

_____

3. Un des thèmes préférés est les bateaux avec *Oh ! mon bateau* par Éric Moréna ou *Cargo de nuit* par Axel Bauer.

_____

_____

4. Parfois on mélange la parole et la chanson, comme dans *Chacun fait ce qu'il lui plaît* ou *Canoë Rose*.

_____

_____

5. Certains sont revenus des années plus tard avec la même chanson, comme *Nuit de folie* par Début de Soirée.

_____

_____

6. Pour d'autres, une seule chanson est une chanson de trop !

_____

_____

☺ Exercice Q

Le texte suivant vous présente Pascal Obispo, un chanteur très célèbre et extrêmement prolifique. Écrivez cette courte biographie en utilisant l'orthographe du français.

[pa.ska.→lo.bi.spo.e.(t)ẽ.de.ʃã.tœʁ.le.p̯ly.ta.lã.tᵾ̯d.nɔ.→tʁ̯e.pɔk ↘‖ il̯.ko.
mã.→sa.ʃã.te.(ʁ)a.kẽ.→zã ↘‖ mɛ.(z)il̯.fo.dʁa.a.tãd̯.sõ.dø.zjɛ.→mal.bɔm ↗‖ sɔʁ̯.
ti.ã.mil.nœf.sã.ka.tʁ̯ə.vẽ.duz ↗‖ puʁ̯.ki.ko.nɛs.lə.syk.sɛ ↘‖ se.ʃã.sõ.le.p̯ly.se.lɛb̯.
sõ.tõ.be.pu.→ʁel ↗‖ pɛʁ̯.sɔn ↗‖ e.siʒ.mã.ked̯.ta.po ↗‖ paʁ.mi.bo.ku.dot ↘‖ il̯.
ko.la.bɔ.→ʁo.ʒuʁ.dᵾi.a.vɛk.le.p̯ly.gʁã.ʃã.tœʁ.(z)e.ʃã.tøz ↗‖ mɛ.(z)o.si.a.vɛk.le.
de.by.tã ↘‖ i.→le.(t)o.si.tʁ̯ɛ.(z)ẽ.p̯li.ke.dã.le.zœy.ka.ʁi.ta.ti.#→ve.paʁ̯.ti.sip.
ʃa.→ka.ne.o.kõ.seʁ̯.puʁ.le.ʁe.sto.dy.kœʁ ↗‖ y.→nɔʁ.ga.ni.za.sjõ.ki.dɔn.də.la.
nu.ʁi.ty.→ʁo.pɛʁ̯.sɔn.(z)ã.di.fi.kyl̯.te ↘]

_____

_____

_____

_____

_____

_____

_____

_____

_____

▶ Exercice R

L'amour semble un thème privilégié pour les chansons. Voici une courte description des chansons d'amour connues ou moins connues, à découvrir ou à oublier. Transcrivez ce texte en API.

Parmi les meilleures chansons d'amour en langue française, on trouve *La Vie en rose* et *L'Hymne à l'amour* d'Édith Piaf. Ces deux chansons parlent d'un amour pur et éternel. Il existe aussi des chansons plus simples comme *Que je t'aime* de Johnny Hallyday ou *Je l'aime à mourir* de Francis Cabrel ou *Pour que tu m'aimes encore* de Céline Dion. Certaines chansons osent des paroles plus descriptives comme *Je t'aime … moi non plus* de Serge Gainsbourg ou *J'ai encore rêvé d'elle* par Il était une fois. Enfin, certaines peuvent simplement être qualifiées de mièvres, ou fades et manquant de vigueur. Parmi ces chansons très vite oubliées, citons *À toutes les filles que j'ai aimées avant*, *Les mots bleus*, *Mon cœur te dit je t'aime*, entre autres.

[paʁ.mi.le.me.jœʁ.ʃɑ̃.sõ.da.mu.ʁɑ̃.lɑ̃g.fʁɑ̃.sez↗ ‖ õ.tʁu.v‿la.vi.ɑ̃.ʁo.ze.li.mal‿a.muʁ.de.dit.pjaf↘ ‖ se.dø.ʃɑ̃.sõ.paʁl.dɛ̃.na.muʁ.py.ʁe.e.teʁ.nel↘ ‖ il‿.eg.zis.to.si.de.ʃɑ̃.sõ.ply.sɛ̃pl.kom.kø.ʒə.tɛm.də.ʒɔ.ni.a.li.de.u.ʒə.lɛm‿a.la.mu.ʁiʁ.də.fʁɑ̃.sis.ka.bʁe.lu.puʁ.kø.ty.mɛm‿ɑ̃.koʁ.də.se.lin.djõ↘ ‖ sɛʁ.ten.ʃɑ̃.sõ.oz.de.pa.ʁol.ply.de.skʁip.tiv.kom.ʒə.tɛm.mwa.nõ.ply.də.sɛʁʒ.gɛns.buʁ.gu.ʒe.ɑ̃.ko.ʁe.ʁe.ve.del.pa.ʁi.le.te.tyn.fwa↘ ‖ ɑ̃.fɛ̃↗ ‖ sɛʁ.ten.pøv.sɛ̃pl.mɑ̃.tɛtʁ.ka.li.fje.də.mjɛvʁ↗ ‖ u.fa.de.mɑ̃.kɑ̃.də.vi.gœʁ↘ ‖ paʁ.mi.se.ʃɑ̃.sõ.tʁe.vi.tu.bli.e↗ ‖ si.tõ.za.tut.le.fij.kø.ʒe.e.me.a.vɑ̃↗ ‖ le.mo.blø↗ ‖ mõ.kœʁ.tə.di.ʒə.tɛm↗ ‖ ɑ̃.tʁotʁ↘ ‖]

VII. Pour aller plus loin : les variations régionales

Il existe beaucoup de variation dans la prononciation des voyelles moyennes dans différentes régions de France.

Dans les syllabes non finales, on note une tendance grandissante vers l'utilisation de la loi de position, comme nous l'avons décrit dans les tableaux précédents. Il existe cependant de nombreuses autres possibilités. Ainsi, certaines personnes prononcent plutôt un [ɔ] dans les syllabes non finales ouvertes : *soleil* [sɔ.lɛj], *pos-sibilité* [pɔ.si.bi.li.te], *automne* [ɔ.tɔn], *restaurant* [ʁɛ.stɔ.ʁɑ̃]. Pour d'autres, la prononciation [ɔ] ne se trouve que pour l'orthographe <o> (*soleil* [sɔ.lɛj], *possibilité* [pɔ.si.bi.li.te]) et on trouve [o] pour <au> (comme dans *automne* [o.tɔn] et *restaurant* [ʁɛ.sto.ʁɑ̃]). De même, en syllabes non finales fermées, la prononciation de certaines personnes reflète la différence d'orthographe : [ɔ] pour <o> (comme dans *sortir* [sɔʁ.tiʁ] et *costume* [kɔ.stym]) et [o] pour <au> (comme dans *augmenter* [og.mɑ̃.te].) Ceci explique les différences entre les certains manuels et dictionnaires.

En ce qui concerne les syllabes finales, la variation est davantage liée à la région que dans les syllabes non finales. Ainsi, certaines régions du Nord et tout le Sud de la France sont connus pour avoir des règles différentes et beaucoup plus simples pour la prononciation des voyelles. En effet, quelle que soit l'orthographe d'un mot, on trouve les voyelles mi-ouvertes dans les syllabes fermées et les voyelles mi-fermées dans les syllabes ouvertes. Dans ces régions, on a donc une tendance presque exclusive à suivre la loi de position, quelle que soit l'orthographe ou la position dans le mot.

Au Québec, il est courant d'entendre une diphtongue pour certaines voyelles. Selon le site http://wwwens.uqac.ca/~flabelle/socio/fqcop.htm, ces diphtongues se trouvent surtout en syllabes finales fermées. Le site www.ciral.ulaval.ca /phonetique/phono/debutph.htm ajoute qu'il existe aussi des régions dans lesquelles ces diphtongues sont plus rares (comme dans le Saguenay) et que les classes sociales ne sont pas toutes touchées de la même façon.

▶	FRANÇAIS STANDARD	FRANÇAIS QUÉBÉCOIS
père	[pɛʁ]	[paᵋʁ]
peur	[pœʁ]	[paˮʁ]
jeûne	[ʒøn]	[ʒœᵋn]
fort	[fɔʁ]	[fɑᵓʁ]
rose	[ʁoz]	[ʁoᵘz]

▶ **Exercice S**

Regardez les exemples suivants qui viennent tous (sauf deux, à vous de trouver lesquels) des chansons de Francis Cabrel. Ce chanteur est originaire du Sud de la France et fait des rimes différentes du français standard. Donnez la prononciation des mots soulignés en français standard. Ensuite, concentrez-vous pour entendre les différences.

PAROLES	FRANÇAIS DU SUD	FRANÇAIS STANDARD
Y a soixante-cinq millions d'années	[da.ne]	
Un de nos grands-parents faisait	[fə.ze]	
Quand tu es partie ça m'a coupé les ailes	[ɛl]	
Et depuis le plancher m'appelle	[ma.pɛl]	
Qu'est-ce qu'elle aime, qu'est-ce qu'elle veut ?	[vø]	
Et ses ombres qu'elle te dessine autour des yeux ?	[jø]	
Je t'aimais quand tu étais belle et jeune	[ʒœn]	
Maintenant je t'aime même quand tu jeûnes	[ʒœn]	
Elle les fixait à s'en brûler la peau	[po]	
Après le dernier morceau	[mɔʁ.so]	
Sur ces pistes trempées d'alcools,	[al̩.kɔl]	
Les cheveux collés aux épaules.	[e.pɔl]	

▶ **Exercice T**

Écoutez les mots suivants et décidez de déterminer l'origine géographique de la personne qui parle : méridionale ou québécoise ?

MOT	SUD DE LA FRANCE	QUÉBEC
1. chose		
2. heureuse		
3. beurre		
4. lait		
5. chose		
6. sort		
7. heureuse		

VIII. Récapitulation

Exercice U

Comment trouver votre chemin dans ces voyelles ? C'est simple ! Parmi les mots suivants, retrouvez votre chemin en passant par les mots dont la syllabe finale suit la loi de position. Vous avez le choix entre la verticale et l'horizontale, mais vous ne pouvez pas faire de diagonale. Une fois le chemin trouvé, prononcez les mots trouvés.

DÉPART ▼				ARRIVÉE ▲
paroles	rose	émeute	heureuse	micro
vers	chanteur	chanter	rôle	clavier
mauve	chanteuse	mots	chantait	saxophone
mauvais	portée	trompette	forêt	orchestre
bon	bonne	succès	pause	jeune
autre	beau	belle	podium	scène

▶ Exercice V

Pourriez-vous être poète ou écrire des chansons ? Une des choses les plus importantes est de savoir faire rimer les mots. Écoutez donc la liste de mots et encerclez le mot qui rime avec le mot que vous entendez.

1. leur	sɔʁ	(kœʁ)	moʁ
2. lait	(sɛ)	te	nø
3. folle	vœl	e.pol	(mɔl)
4. bœufs	(sø)	so	sœl
5. rose	tʁ̥ɛz	kʁ̥øz	(oz)
6. les	vɛ	(te)	pø
7. vert	(tɛʁ)	lœʁ	kɔʁ
8. jaune	bɔn	(fon)	ʒøn
9. œil	vɛj	(kœj)	bɔj
10. prêt	by.ve	(fo.ʁɛ)	a.djø

Exercice W

Répondez aux questions suivantes.

1. Expliquez la loi de position.

   La loi de position veut dire qu'on trouve souvent les voyelles mi-fermées dans les syllabes ouvertes et les voyelles mi-ouvertes dans les syllabes fermées.

2. Donnez trois exemples de la loi de position.

   [ʃɛʁ] v [ʃe], [sø] v [sœʁ] et [no] v [nɔtʁ]

3. Indiquez si les environnements décrits ci-dessous suivent la loi de position ou sont des exceptions. Si ce sont des exceptions, donnez ce que la loi de position indiquerait et un exemple.

ENVIRONNEMENT	LOI OU EXCEPTION ?	LA LOI DIT…
[ɛ] en syllabe fermée	*loi*	
[o] en syllabe fermée	*exception*	*côte autre jaune*
[œ] en syllabe ouverte	*exception*	
[o] en syllabe ouverte	*loi*	
[e] en syllabe ouverte	*loi*	
[œ] en syllabe fermée	*loi*	

Exercice X

Transcrivez ces noms d'instruments de musique et autres mots liés à la musique.

1. la clarinette   *[la.kla.ʁi.nɛt]*
2. le hautbois   *[lə.o.bwa]*
3. le violoncelle   *[lə.vjɔ.lõ.sɛl]*
4. le saxophone   *[lə.sa.ksɔ.fon]*
5. la vièle   *[la.vjɛl]*
6. le trombone   *[lə.tʁõ.bɔn]*
7. le cor   *[lə.kɔʁ]*
8. le clavier   *[lə.kla.vje]*
9. la cloche   *[la.klɔʃ]*

10. la veuze (la cornemuse bretonne) [la.vœz]

11. le piano à queue [lə.pja.no.a.kø]

12. la grosse caisse [la.gʁos.kɛs]

13. la trompette [la.tʁõ.pɛt]

14. les percussions [le.pɛʁ.ky.sjõ]

15. le métronome [la.me.tʁo.nɔm]

16. la clé [la.kle]

17. la portée [la.pɔʁ.te]

18. la note [la.nɔt]

19. la pause [la.poz]

20. le chef d'orchestre [lə.ʃɛ.dɔʁ.kɛstʁ]

Exercice Y

Voici un texte sur la chanson française la plus célèbre : *La Marseillaise*. Transcrivez-le en orthographe conventionnelle. Ensuite, lisez-le à haute voix.

[la.ʃã.sõ.fʁ̥ã.sɛz.ki.e.pø.tɛ.tʁ̥ə.la.ply.ko.ny.dãl.mõ.→de.lim.nə.na.sjo.nal ↗‖ la.maʁ̥.se.jɛz ↗‖ də.nõ.bʁø.ʃã.tœʁ.(z)e.ʃã.tøz.fʁ̥ã.sɛ.#õ.ʁə.pʁi.set.ʃã.sõ.#a.vɛk̦. de.stil̦.to.tal.mã.di.fe.ʁã ↗‖ paʁ.mi.le.zɛ̃.teʁ.pʁ̥e.ta.sjõ.kl̦a.sik ↗‖ õ.pø.no.me ↗‖ ã.→tʁ̥otʁ̥ ↗‖ mi.ʃɛl̦.saʁ̥.du.e.mi.ʁɛj.ma.tjø ↘‖ med.nõ.bʁø.ʃã.tœʁ.#→ʁõ.(t)o. si.a.dap.te.set.ʃã.sõ ↘‖ la.dap.ta.sjõ.la.ply.ʁə.maʁ̥.ka.blə.dy.pwɛ̃d.vy.ʁit.mi.→ke. sɛʁ.tɛn.mã.lɛ̃.teʁ.pʁ̥e.ta.sjõd̦.sɛʁʒ.gɛ̃ʂ.buʁ ↗‖ o.zaʁ.#→mɛt.se.te.ʁa ⇨‖ sɔʁ.ti.ã. mil.nœf.sã.swa.sãț.diz.nœf ↘‖ dã.sɛt.ʃã.sõ ↗‖ i.→la.to.tal.mã.ʃã.ʒe.le.pa. ʁɔ.#→le.a.a.dɔp.te.ɛ̃.ʁit.mə.ʁe.ge ↘]

_____

_____

_____

_____

_____

_____

_____

_____

▶ **Exercice Z**

Transcrivez le texte suivant sur le renouveau de la chanson régionale.

La chanson régionale connaît récemment un regain d'intérêt, mais avec des musiques ou des thèmes modernes plutôt que traditionnels. Il existe des groupes qui chantent dans des langues régionales, comme le duo Cheops et le groupe Massilia Sound System en provençal ou encore la chanteuse Nolwenn Leroy qui chante en breton. En Corse, de nombreux groupes chantent les chants traditionnels qu'on appelle les polyphonies car les groupes sont formés de plusieurs personnes, en général des hommes, qui chantent a capella. Certains s'inspirent des thèmes ou des musiques traditionnelles et les adaptent à des rythmes modernes. C'est le cas de Manau qui chantait *La tribu de Dana* en 1998.

_____

_____

_____

_____

_____

_____

_____

_____

_____

_____

IX. Conversation

1. Regardez les paroles de *La Marseillaise* en ligne. Pourquoi y a-t-il autant de référence à la guerre et au combat, à votre avis ? Pensez-vous que cette chanson soit trop violente ?

2. Pensez-vous que *La Marseillaise* soit toujours appropriée dans la société française du vingt-et-unième siècle ? Ou pensez-vous que cela soit une bonne idée de changer les paroles ? Justifiez votre opinion. Vous pouvez chercher sur Internet les paroles alternatives proposées par Graeme Allwright et en discuter ensemble.

3. [kõ.pa.ʁe.le.pa.ʁɔl.də.la.maʁ̥.se.jɛ.→za.vɛk.l̥e.pa.ʁɔl.də.lim.→na.me.ʁi.kɛ̃ ↘‖
ɛ.skõ̥.na.bɔʁ.də.le.mɛm.tɛm ↗‖ kə.pɑ̃.se.vu.dy.ʁit.→mud.la.my.zik̥.de.dø.zimn ↘]

4. [pɑ̃.se.vu.kil̥.fo.ʁe.ak.tɥa.li.ze.lim.→na.me.ʁi.kɛ̃ ↗‖ puʁ̥.kwa ↘‖ si.vu.də.vje.
fɛʁ.de.ʃɑ̃ʒ.mɑ̃ ↗‖ kə.ʃɑ̃.ʒə.ʁje.vu ↘]

X. Matériel complémentaire

Chansons

- *Chanter pour ceux* de Lââm
- *Aux armes citoyennes* de Zazie
- *L'Effet papillon* de Bénabar
- *L'Été indien* de Joe Dassin
- *Tout* de Lara Fabian
- *La Fille qui m'accompagne* de Francis Cabrel
- *Saïd et Mohamed* de Francis Cabrel
- *Des mots qui sonnent* de Céline Dion

Films

- *On connaît la chanson* (1997)
- *Quand j'étais chanteur* (2006)
- *Sœur Sourire* (2009)
- *Incognito* (2009)
- *Cloclo* (2012)

14

Tu vis où ? Au Canada ?

I. Introduction

Ce chapitre va présenter quelques éléments de l'histoire du Canada et du français sur ce territoire, mais aussi de la situation actuelle. Cela permettra de pratiquer le reste des voyelles orales c'est-à-dire les voyelles ouvertes et fermées du français.

Questions de réflexion

Les voyelles

1. Quelles sont les quatre apertures que l'on utilise en français pour décrire les voyelles (sur l'axe vertical) ? Donnez des exemples de chacune.

2. Quelle est la voyelle ouverte que nous avons déjà étudiée ?

Le Canada

1. Pouvez-vous nommer les dix provinces du Canada ? Et les trois territoires ?

2. Connaissez-vous des choses sur l'histoire du Canada ? Par exemple, quelle est la ville la plus ancienne ? Qui a officiellement découvert le Canada ?

3. À votre avis, est-ce que le Canada est très différent des États-Unis ? Pourquoi ?

II. Compréhension orale

▶ **Exercice A**

Écoutez le texte suivant sur l'explorateur Jacques Cartier et l'origine du nom «Canada». Après cela, répondez aux questions qui suivent.

1. En quelle année est-ce que Jacques Cartier est arrivé au Québec ?

2. Que signifie le mot «kanata» ?

3. De la langue de quel peuple ce mot vient-il ?

4. Expliquez les régions que le mot «Canada» décrit selon les époques.

▶ **Exercice B**

Écoutez le texte encore une fois en le lisant. Entourez tous les mots dans lesquels vous entendez le son [a] et soulignez ceux avec le son [i].

[ã.mil̩.sẽ.sã.tʁ̥ãt.sɛk ⤴‖ ʒak.kaʁ̥.tje.a.bɔʁ.də.la.ʁe.ʒjõ.#u.stʁu.→vo.ʒuʁ.dɥi.la.vil. də.ke.bɛk ⤵‖ le̩.zẽ.djẽ.kil.vwa ⤴‖ də.la.tʁ̥i.by.de̩.zi.ʁo.kwa.dy.sẽ.lo.ʁã ⤴‖ y.ti. liz.lə.mo.ka.na.ta.puʁ.lẽ.vi.te.(ʁ)a.vi.zi.te.lœʁ.vi.laʒ ⤵‖ ẽ.te.li.ʒa.mã ⤴‖ ʒak.kaʁ̥. tje.pãs.kə.sel.nõd.lœʁ.vi.laʒ ⤵‖ me.se.(t)y.→ne.ʁœʁ.ka.→ʁil̩.sa.ʒi.dẽ.nõ.ko.mẽ. si.ɲi.fjã.vi.la.→ʒu.kãp.mã ⤵‖ lœʁ.vi.laʒ̥.sa.plɛ.(t)ã.fɛt.sta.da.ko.na ⤵‖ sə.si.ʁɛ. stə.la.pʁ̥ə.mjɛ.→ʁy.ti.li.za.sjõ.dy.mo.ka.na.da ⤴‖ me.sõ.sãʃ.va.bjẽ.to.se.tã.→dʁa. tut.l̩a.ʁe.ʒjõ ⤵‖ a.paʁ̥.tiʁ.dy.di.zɥi.tjem.sjɛkl̩ ⤴‖ lə.ka.na.da.e.di.vi.ze.ã.dø.paʁ̥.ti ⤴‖ lə.o.ka.na.da ⤴‖ ki.ko.ʁɛs.põ.(t)a.pø.pʁ̥ɛ.#a.lõ.ta.ʁjo.#ak.tɥɛl ⤴‖ e.lə.ba.ka. na.da ⤴‖ swa.lə.ke.bɛ.→kak.tɥɛl ⤵]

En 1535, Jacques Cartier aborde la région où se trouve aujourd'hui la ville de Québec. Les Indiens qu'il voit, de la tribu des Iroquois du Saint-Laurent, utilisent le mot «kanata» pour l'inviter à visiter leur village. Intelligemment, Jacques Cartier pense que c'est le nom de leur village. Mais c'est une erreur car il s'agit d'un nom commun signifiant «village» ou «campement». Leur village s'appelait en fait Stadacona. Ceci reste la première utilisation du mot «Canada», mais son sens va bientôt s'étendre à toute la région. À partir du dix-huitième siècle, le Canada est divisé en deux parties, le Haut Canada, qui correspond à peu près à l'Ontario actuel, et le Bas Canada, soit le Québec actuel.

1. Quelle est l'orthographe la plus fréquente des sons suivants ? Donnez cinq exemples venant du texte de chacun des sons.

[a] _____

[i] _____

2. Donnez deux autres orthographes du son [a] et un exemple de chacune.

_____

_____

3. Dans quels cas est-ce que la lettre <i> n'est pas prononcée [i] ? Donnez au moins trois prononciations différentes et les orthographes qui correspondent.

_____

_____

▶ **Exercice C**

Écoutez le texte suivant sur les premiers habitants du Québec, ou plutôt de la Nouvelle-France, comme on l'appelait à l'époque. Après cela, répondez aux questions qui suivent.

1. Quelle est la région d'origine de la plupart des colons ?

_____

2. Qu'est-ce qu'un coureur des bois ?

_____

3. Quels étaient les animaux chassés pour leur fourrure ?

_____

4. Quelle était la relation entre les coureurs des bois et les Indiens ?

_____

5. Quelle est la contribution des coureurs des bois à l'exploration du continent américain ?

_____

▶ **Exercice D**

Écoutez le texte encore une fois en le lisant. Entourez tous les mots dans lesquels vous entendez le son [y] et soulignez ceux avec le son [u].

319

[la.ma.ʒo.ʁi.te.de.ko.lõ.ki.sə.sõ.(t)ẽ.sta.le.(z)ã.nu.veḷ.fʁ̥ɑ̃s.və.nɛ.də.lwɛsṭ.də.la.
fʁ̥ɑ̃s ↘‖ sɛʁ̥.tẽ.dɑ̃.→tʁ̥ø.sõ.dəv.ny.de.ku.ʁœʁ.de.bwa ↘‖ sel.nõ.kõ.do.nɛ.(t)
o.ẓɔm.ki.paʁ̥.ku.ʁɛ.le.bwa.puʁ̥.tʁ̥u.ve.de.fu.ʁyʁ ↘‖ a.sɛ.→te.pɔk ↗‖ la.fu.
ʁy.→ʁe.tɛ.ḷ.pʁ̥ẽ.si.paḷ.pʁ̥o.dɥi.dɛk.spɔʁ̥.ta.sjõd.la.nu.veḷ.fʁ̥ɑ̃s.vɛʁ.la.fʁ̥ɑ̃s ↘‖
iḷ.sa.ʒi.sɛ.syʁ̥.tuḍ.fu.ʁyʁ.də.ka.stɔ.→ʁu.dʁa.my.ske ↘‖ pu.→ʁe.ta.bliʁ̥.sɛ.→tak.
ti.vi.te.ko.mɛʁ̥.sjal ↗‖ le.ku.ʁœʁ.de.bwa.#õ.(t)y.bə.zwẽd.la.ko.o.pe.ʁa.sjõ.de.zẽ.
djẽ ↘‖ se.puʁ̥.sḷaḳ.bo.ku.#õ.(t)a.pʁ̥i.le.lɑ̃g.(z)a.bo.ʁi.ʒɛ.#→nu.vi.vɛ.(t)a.vɛk.ḷe.zẽ.
djẽ.ki.le.ẓa.dɔp.tɛ.su.vɑ̃.kɔ.→me.tɑ̃.de.lœʁ ↘‖ se.ku.ʁœʁ.de.bwa.#õ.(t)o.si.sɛʁ.
vid.giḍ.puʁ.le.ẓɛk.spḷo.ʁa.tœʁ.dy.ʁɛ.stə.dy.kõ.ti.nɑ̃ ↘]

La majorité des colons qui se sont installés en Nouvelle-France venaient de l'Ouest de la France. Certains d'entre eux sont devenus des coureurs des bois. C'est le nom qu'on donnait aux hommes qui parcouraient les bois pour trouver des fourrures. À cette époque, la fourrure était le principal produit d'exportation de la Nouvelle-France vers la France. Il s'agissait surtout de fourrures de castor ou de rat musqué. Pour établir cette activité commerciale, les coureurs des bois ont eu besoin de la coopération des Indiens. C'est pour cela que beaucoup ont appris les langues aborigènes ou vivaient avec les Indiens qui les adoptaient souvent comme étant des leurs. Ces coureurs des bois ont aussi servi de guides pour les explorateurs du reste du continent.

1. Quelle est l'orthographe la plus fréquente des sons suivants ? Donnez cinq exemples venant du texte de chacun des sons.

   [u] _____

   [y] _____

2. Quelle est l'autre orthographe du son [y] ? Donnez un exemple du texte.

   _____

3. Dans quel cas est-ce que la combinaison <ou> n'est pas prononcée [u] ?

   _____

4. Dans quels cas est-ce que la lettre <u> n'est pas prononcée [y] ? Donnez au moins trois prononciations différentes et les orthographes qui correspondent.

   _____

   _____

   _____

   _____

III. Discrimination

▶ **Exercice E**

Le Québec et l'Acadie sont connus pour leurs musiques et chansons traditionnelles. Les paroles de la chanson suivante sont inspirées par ce thème. Écoutez-les
et indiquez avec quel mot chacun des vers rime.

MOTS	[sa]	[di]	[ly]	[su]
1.				
2.				
3.				
4.				
5.				
6.				
7.				
8.				

▶ **Exercice F**

À vous maintenant de vous préparer à écrire une chanson. Pour commencer, vous
devez trouver des mots qui riment. Écoutez la liste de mots et indiquez si les mots
que vous entendez contiennent le son [y] ou le son [u].

MOTS	[y]	[u]
1. eu	X	
2. pour		X
3. où		X
4. su	X	
5. nous		X

MOTS	[y]	[u]
6. dessous		X
7. sous		X
8. pur	X	
9. dessus	X	
10. doux		X

IV. Expansion

1. Le son [a]

Le [a] est une voyelle **ouverte, antérieure, non arrondie et orale**. C'est-à-dire que la bouche est ouverte, la langue est vers l'avant de la bouche, les lèvres ne sont pas arrondies, et la luette est en position haute pour bloquer la cavité nasale.

Le son [a] et la graphie

GRAPHIE	EXEMPLES
<a> seul	*Jacques* [ʒak], *Cartier* [kaʁ̥.tje], *appeler* [a.p̥le], *village* [vi.laʒ]
<à>	*à* [a], *là* [la], *déjà* [de.ʒa]
<â>	*château* [ʃa.to], *pâte* [pat], *tâche* [taʃ], *mâle* [mal]
<oi> correspond à [wa]	*voir* [vwaʁ], *Iroquois* [i.ʁo.kwa], *soit* [swa]

AUTRES ORTHOGRAPHES	EXEMPLES
<emm>	*femme* [fam] et les adverbes venant des adjectifs en *-ent*: *intelligemment* [ɛ̃.te.li.ʒa.mã], *prudemment* [pʁy̥.da.mã], *patiemment* [pa.sja.mã], etc.
<œ> dans	*moelle* [mwal] (*marrow*), *poêle* [pwal] (*le poêle* = *stove*, *la poêle* = *skillet*)

⚠ **Attention :**

* <an> est prononcé [ã], comme dans *manger* [mã.ʒe], *danser* [dã.se], etc.

* <ai> est prononcé [e] ou [ɛ], comme dans *aimer* [e.me], *aime* [ɛm], *lait* [lɛ], etc.

* <au> est souvent prononcé [o] ou parfois [ɔ], comme dans *autre* [otʁ̥], *jaune* [ʒon], *augmenter* [ɔg.mã.te], etc.

2. Le son [i]

Le [i] est une voyelle **fermée, antérieure, non arrondie et orale**. C'est-à-dire que la bouche est presque fermée avec la langue haute, la langue est vers l'avant de la bouche, les lèvres ne sont pas arrondies, et la luette est en position haute pour bloquer la cavité nasale.

La prononciation du son [i]

Le [i] est prononcé différemment en anglais et en français, en particulier à cause de la qualité de la voyelle. Alors qu'en anglais les mots comme *see* ou *read* ont une diphtongue, en français la qualité de la voyelle reste **stable**. Quand vous répétez les mots suivants, faites attention **à ne pas** diphtonguer la voyelle [i]. Concentrez-vous sur la stabilité du son [i].

Le son [i] et la graphie

GRAPHIE	EXEMPLES
<i> seul	*ville* [vil], *origine* [o.ʁi.ʒin], *Marie* [ma.ʁi], *aussi* [o.si], *colline* [ko.lin]
<î>	*île* [il]
<ï>	*maïs* [ma.is], *naïf* [na.if]
<y>	*y* [i], *lys* [lis], *Yvette* [i.vɛt]

⚠ Attention :

- <in> est prononcé [ɛ̃], comme dans *Indien* [ɛ̃.djɛ̃], *installer* [ɛ̃.sta.le], etc.

- <i + voyelle> est prononcé [j], comme dans *hier* [jeʁ], *région* [ʁe.ʒjõ], *Ontario* [õ.ta.ʁjo], etc.

- <ai> est prononcé [e] ou [ɛ], comme dans *aimer* [e.me], *aime* [ɛm], *lait* [lɛ], etc.

- <oi> est prononcé [wa], comme dans *bois* [bwa], *trois* [tʁ̥wa], etc.

3. Le son [y]

Le [y] est une voyelle **fermée, antérieure, arrondie et orale**. C'est-à-dire que la bouche est presque fermée avec la langue haute, la langue est vers l'avant de la bouche, les lèvres sont arrondies, et la luette est en position haute pour bloquer la cavité nasale.

La prononciation du son [y]

Le [y] est souvent un son difficile pour les anglophones. Pour bien prononcer le [y] il faut garder la langue dans la même position que pour le son [i] et arrondir les lèvres. N'hésitez pas à exagérer l'arrondissement les lèvres.

Le son [y] et la graphie

GRAPHIE	EXEMPLES
<u> seul	*plus* [pl̥y(s)], *culturelle* [ky̥.ty.ʁɛl], *sud* [syd], *unique* [y.nik]
⚠ **Attention :** Dans les mots en <gu> et <qu>, on ne prononce en général pas le <u>. Mais on prononce <gu> [gy] dans les mots *aigu* [e.gy], *aiguë* [e.gy], *ambigu* [ɑ̃.bi.gy], *ambiguë* [ɑ̃.bi.gy]	
<û>	*dû* [dy], *sûr* [syʁ], *mûr* [myʁ]
<eu> dans	le participe passé du verbe *avoir*, *eu* [y], et sa conjugaison au passé simple, *j'eus* [ʒy], *tu eus* [ty.y], etc.
<eû> dans	le passé simple *d'avoir* : *nous eûmes* [nu.zym], *vous eûtes* [vu.zyt]

⚠ Attention :

• <un/m> est prononcé [ɛ̃], comme dans *chacun* [ʃa.kɛ̃], *parfum* [paʁ.fɛ̃], etc.

• les mots latins en -*um* sont prononcés [ɔm] comme *album*, *maximum*, *minimum*, *aluminium*, etc.

• <u + voyelle> est prononcé [ɥ], comme dans *huit* [ɥit], *aujourd'hui* [o.ʒuʁ.dɥi], *nuage* [nɥaʒ], etc.

(suite)

- <au> est prononcé [o] ou [ɔ], comme dans *autre* [otʁ̥], *jaune* [ʒon], *augmenter* [ɔg.mɑ̃.te], etc.

- <eu> est en général prononcé [ø] ou [œ], comme dans *peu* [pø], *peur* [pœʁ], *heureuse* [ø.ʁøz].

- <ou> est prononcé [u], comme dans *nouvelle* [nu.vɛl], *sous* [su], etc.

- *Club* est prononcé [kl̥œb]

4. Le son [u]

Le [u] est une voyelle **fermée, postérieure, arrondie et orale**. C'est-à-dire que la bouche est presque fermée avec la langue haute, la langue est vers l'arrière de la bouche, les lèvres sont arrondies, et la luette est en position haute pour bloquer la cavité nasale.

La prononciation du son [u]

Il est important de bien faire la distinction entre [y] et [u]. La différence entre le son [y] et le son [u] est l'avancement de la langue. Il faut donc faire attention à positionner votre langue vers **l'avant pour** [y] et très **en arrière** pour [u].

Le son [u] et la graphie

GRAPHIE	EXEMPLES
<ou> seul	*nouvelle* [nu.vɛl], *coureur* [ku.ʁœʁ], *trouver* [tʁu.ve], *beaucoup* [bo.ku]
<où>	*où* [u]
<oû>	*goût* [gu], *coûter* [ku.te], *août* [ut], *saoûle* [sul]

⚠ Attention :

- <ou + voyelle> est prononcé [w], comme dans *ouest* [wɛst], *oui* [wi], *jouer* [ʒwe], etc.

V. Prononciation

▶ **Exercice G**

Répétez les mots suivants sur les villes et l'histoire de la province du Québec ainsi que sur Montréal. Concentrez-vous sur les sons [a] et [i]. Attention à la stabilité du [i].

1. Jacques Cartier	3. le village	5. Stadacona
2. aborder	4. intelligemment	6. le Canada
7. le Mont Royal	10. dominer	13. le stade olympique
8. la Basilique	11. la ville	14. la cuisine originale
9. Sainte-Marie	12. Saint-Denis	

▶ **Exercice H**

Voici maintenant quelques mots représentatifs du Québec. Quand vous prononcez le son [u] (dans les six premières expressions), n'oubliez pas de garder une qualité stable et constante pour la voyelle, comme vous avez appris à le faire pour [i] et à prononcer cette voyelle avec une articulation postérieure. Puis répétez les mots avec le son [y] (dans les six derniers).

1. la Nouvelle-France	7. les chutes de Montmorency
2. les coureurs des bois	8. l'UNESCO
3. les fourrures	9. une culture unique
4. je me souviens	10. les tribus aborigènes
5. le pouding chômeur	11. les musées
6. la poutine	12. le rat musqué

▶ **Exercice I**

Le Québec est célèbre pour ses contes et ses histoires traditionnelles qui ont parfois un élément magique ou fantastique. Voici quelques phrases qui parlent des choses qui peuvent arriver dans des contes. Répétez les mots soulignés en faisant attention à différencier les mots avec [u] et [y] : il ne faut pas diphtonguer la voyelle [u] et bien avoir une position postérieure de la langue mais une position antérieure pour [y]. Pour finir, répétez les phrases en faisant attention aux mots soulignés.

1. Étant enfant, j'ai <u>lu</u> des contes sur les <u>loups</u>.

2. <u>Tout</u> le monde disait : « <u>Tu</u> sais, les loups n'existent pas. »

3. Mais moi, j'avais <u>toujours</u> <u>su</u> qu'ils étaient <u>partout</u>, <u>surtout</u> <u>sous</u> mon lit.

4. <u>Pour</u> les <u>trouver</u>, je mettais ma chambre sens <u>dessus</u> <u>dessous</u>.

5. Et puis, il y avait la légende de la <u>roue</u> à tuer les <u>loups</u> qu'on a <u>trouvée</u> dans la <u>rue</u> de la <u>boule</u>.

6. <u>Beaucoup</u> de gens sont <u>venus</u> <u>pour</u> la voir et la <u>toucher</u>.

7. Le <u>mur</u> à côté de la <u>roue</u> est <u>doux</u> à cause <u>du</u> <u>toucher</u> de <u>tous</u> les gens.

8. Ils devraient la mettre dans un <u>musée</u> <u>pour</u> ne pas faire peur aux enfants qui passent.

▶ Exercice J

Maintenant que nous connaissons un peu mieux le Québec, explorons le reste du Canada. Voici la liste des provinces et des territoires. Lisez-les en faisant bien attention aux quatre voyelles de ce chapitre.

Terre-Neuve et le Labrador
L'Île du Prince Édouard
La Nouvelle-Écosse
Le Nouveau-Brunswick
Le Québec
L'Ontario
Le Manitoba

La Saskatchewan
L'Alberta
La Colombie-Britannique
Le Nunavut
Les Territoires du Nord-Ouest
Les Territoires de Yukon

▶ Exercice K

Voici maintenant un texte décrivant les couleurs des armoiries de la ville de Québec, que vous pouvez trouver sur le site : www.ville.quebec.qc.ca/logos/armoiries/index.aspx. Répétez-les en faisant attention aux quatre sons.

Les couleurs utilisées dans les armoiries de la ville de Québec ont les significations suivantes. L'or signifie la force, la foi, la justice, la richesse, la constance et l'éclat. L'argent symbolise l'humilité, la pureté, la charité, la vérité et la victoire. L'azur représente la souveraineté, la majesté, la sérénité, la bonne réputation, le savoir, la clarté et la loyauté. Le rouge exprime l'amour, la douleur, la grandeur, le courage, la générosité, la vaillance et l'intrépidité. Et pour finir, le sinople (vert) évoque l'espérance, le renouveau, l'abondance, la beauté, la liberté et la gaieté.

VI. Transcription

Exercice L

Le pouding chômeur est un dessert typiquement québécois. Transcrivez la liste des ingrédients dont vous avez besoin pour faire cette recette.

1. le sirop d'érable

2. la cassonade

3. l'eau bouillante

4. le beurre

5. la farine

6. la poudre à pâte

7. le sucre

8. le lait

Exercice M

Voici quelques faits sur le Canada. Transcrivez-les.

1. La capitale fédérale du Canada s'appelle Ottawa.

[la.ka.pi.tal.fe.de.ʁal. dy.ka.na.da.sa.pɛ→lo.ta.wa]

2. Chaque province et territoire a aussi une capitale provinciale.

[ʃak.pʁo.vɛ̃→se.tɛ.ʁi.twa.→ʁa.o.si. yn.ka.pi.tal.pʁo.vɛ̃.sjal]

3. Par exemple, la capitale de la Saskatchewan est Regina.

[pa.ʁɛ.gzɑ̃.pl ʔ ‖ la.ka.pi.tal.də.la.sa.ska.tʃø.wa.→ʁe.ʁø.ʒi.na]

4. Le Canada a été assez fréquemment le site des Jeux olympiques.

[lə.ka.na.da.a.e.te.a.se.fʁe.kø.mɑ̃.lə.sit.de.ʒø.zo.lɛ̃.pik]

5. La ville de Calgary a accueilli les Jeux olympiques en 1988.

[la.vil.də.kal.ga.ʁi.a.a.kœ.ji.le.ʒø.zo.lɛ̃.pi.kɑ̃.mil.nœf.sɑ̃. katʁ.vɛ̃.hyⁿt]

6. Si vous allez au Québec, vous devez goûter la poutine.

[si.vu.za.le.o.ke.bɛk ʔ ‖ vu.də.ve.gu.te.la.pu.tin]

7. Vous pourrez la trouver dans un restaurant tout à fait normal.

[vu.pu.ʁe.la.tʁu.ve.dɑ̃.zɛ̃.ʁe.sto.ʁɑ̃.tu.ta.fɛ.nɔʁ.mal]

8. Il ne faut pas aller dans un restaurant gourmet.

[il.nə.fo.pa.za.le.dɑ̃.ɛ̃.ʁe.sto.ʁɑ̃.guʁ.me]

9. C'est un plat délicieux, surtout s'il fait un peu froid.

[se.tɛ̃.pla.de.li.sjø//syʁ.tu.sil.fɛ.tɛ̃.pø.fʁwa]

10. La poutine ne coûte pas très cher et vous nourrit pour toute la journée!

[la.pu.tin.nə.kut.pa.tʁɛ.ʃɛ→ʁe.vu.nu.ʁi.puʁ.tut.la.ʒuʁ.ne]

☺ Exercice N

Lisez ce texte qui compare les villes de Montréal et de Québec et transcrivez-le en orthographe conventionnelle.

[la.vil.də.ke.bɛ.→ke.la.dø.zjem.plɥ.gʁɑ̃d.vil.də.la.pʁo.vɛ̃s.dy.ke.bɛ.→ke.#o.si.
sa.ka.pi.tal.po.li.tik ↘‖ paʁ.kõt ↗‖ mõ.ʁe.al.ʁest.la.ka.pi.ta.→le.ko.no.mi.→ke.
syʁ.tu.kyl.ty.ʁɛl.dy.ke.bɛk ↘‖ me.(z)õ.pø.diʁ.kə.ke.bɛ.→ke.la.ka.pi.ta.→li.sto.
ʁik.ka.→ʁe.→le.plɥ.zɑ̃.sjen.kə.mõ.ʁe.a.→le.#ɛ.→la.y.ɛ̃.pa.se.tʁe.ʁiʃ ↘‖ le.dø.vil.
sõ.(t)a.se.pʁɔʃ.pɥis.kə.mõ.ʁe.al.ne.ka.də.sɑ̃.sɛ̃.kɑ̃t.ki.lo.me.#→tʁɑ̃.vi.ʁõ.#o.
sy.→dɛst.də.ke.bɛk ↘]

▶ Exercice O

Voici maintenant des informations supplémentaires sur la ville de Québec, qui a donné son nom à la province. Transcrivez ce texte en phonétique.

Le nom de Québec vient de la géographie unique de la ville. En effet, le mot *kebec* est un mot algonquien qui signifie « endroit où la rivière devient plus étroite ». C'est en partie à cause de cette géographie que Québec a une histoire si riche. La ville de Québec est connue aussi pour le Château Frontenac, qui est un hôtel fabuleux. Juste à côté de Québec, on peut aussi visiter l'Île d'Orléans, la Basilique Sainte-Anne-de-Beaupré et les chutes de Montmorency.

_____

_____

_____

_____

_____

_____

_____

_____

_____

VII. Pour aller plus loin : l'accent québécois

Une des caractéristiques du français au Québec est la prononciation des voyelles fermées [i], [y] et [u]. Elles sont prononcées au Québec avec moins de tension musculaire que les voyelles de France et de façon un peu plus ouverte. Ainsi, on les transcrit avec un symbole différent : [ɪ], [ʏ] et [ʊ], respectivement. On trouve ces voyelles uniquement dans les syllabes fermées par une consonne autre que [ʁ].

Une autre particularité importante est le changement dans la prononciation des occlusives dentales devant les voyelles fermées antérieures. En effet, dans cet environnement, les occlusives ont tendance à devenir des affriquées, c'est-à-dire une combinaison d'une occlusive et d'une fricative. Regardez les mots suivants et écoutez-les en vous concentrant sur les occlusives et les voyelles hautes :

▶	FRANÇAIS DE FRANCE	FRANÇAIS DU QUÉBEC
mardi	[maʁdi]	[maʁdᶻi]
tu	[ty]	[tˢy]
poutine	[putin]	[putˢɪn]
timide	[timid]	[tˢimɪd]
chutes	[ʃyt]	[ʃʏt]

330

▶ **Exercice P**

Voici maintenant une liste de mots communs prononcés par un Québécois.
Pouvez-vous les reconnaître ?

ÉCOUTEZ	ÉCRIVEZ
1.	
2.	
3.	
4.	
5.	
6.	
7.	

VIII. Récapitulation

▶ **Exercice Q**

Écoutez les noms de villes au Québec et indiquez quelle(s) voyelle(s) vous entendez. Attention, certains noms contiennent plus d'une voyelle.

MOTS	[a]	[i]	[y]	[u]
1.				
2.				
3.				
4.				
5.				
6.				
7.				
8.				
9.				
10.				

Exercice R

Répondez aux questions suivantes.

1. Quelle est la différence articulatoire entre [i] et [y] ?

2. Quelle est la différence articulatoire entre [y] et [u] ?

3. Quelle est la différence articulatoire entre [a] et les trois autres voyelles de ce chapitre ?

4. À votre avis, pourquoi est-ce que la distinction entre [y] et [u] est si difficile pour les anglophones ?

5. Quelle est la différence entre le [i] en français et en anglais ?

6. Quelles sont les trois autres voyelles qui ont cette même différence ?

7. Quels sont les deux cas dans lesquels <u> n'est pas prononcé comme une voyelle ? Donnez des exemples.

Exercice S

Le français québécois est parfois différent du français de France. Essayez de trouver l'équivalent de France à ces expressions québécoises en écrivant la lettre correspondant à chaque chiffre. Pour finir, prononcez-les et transcrivez toutes les expressions comme elles seraient prononcées par un Français.

ex S

Français québécois

1. __b__ bienvenue [bjɛ̃.və.ny] 5. __ə__ une tuque [yn.tyk]
2. __f__ un char [ɛ̃.ʃaʁ] 6. __h__ barrer la porte [ba.ʁe.la.pɔʁt]
3. __g__ une broue [yn.bʁu] 7. __e__ magasiner [ma.ga.zi.ne]
4. __d__ une tabagie [yn.ta.ba.ʒi] 8. __c__ kiquer [ki.ke]

Français de France

a. un bonnet [ɛ̃.bɔ.ne]

b. de rien [də.ʁjɛ̃]

c. donner un coup de pied [dɔ.ne.ɛ̃.ku.də.pje]

d. un bureau de tabac [ɛ̃.by.ʁo.də.ta.bak]

e. faire des achats [fɛʁ.de.za.ʃa]

f. une voiture [yn.vwa.tyʁ]

g. une bière [yn.bjɛʁ]

h. fermer la porte à clé [fɛʁ.me.la.pɔʁ.ə.ta.kle]

Exercice T

Voici un texte nouveau sur la ville de Montréal. Lisez-le puis transcrivez-le.

[mõ.ʁe.a.→le.(t)o.ʒuʁ.dɥi.la.də.zjɛm.ply.gʁãd.vil.fʁã.ko.fɔn.dy.mõd ↗‖ a.pʁɛ.
pa.ʁi ↘‖ sɛʁ.tɛn.vil.(z)a.fʁi.kɛn ↗‖ kɔ.→ma.bid.ʒã.#u.ka.za.blã.ka ⇢‖ sõ.sɛʁ.tə.
ply.gʁã.#→dã.nõ.bʁə.da.bi.tã ↘‖ mɛ.kõ.tʁɛʁ.mã.(t)a.se.vil ↗‖ pʁɛ.skə.tu.le.za.
bi.tãd.mõ.ʁe.al.sõ.fʁã.ko.fɔn ↘‖ pɥis.kəl.fʁã.sɛ.#e.la.sœl.lã.→go.fi.sjɛ.→lo.ke.
bɛk ↗‖ lə.fʁã.sɛ.#e.pʁa.tik.mã.ly.nik.lãg.də.la.vil ↗‖ sof.dã.le.nõ.bʁø.kaʁ.tje.(z)
ɛt.nik ↗‖ tɛl.kəl.kaʁ.tje.ʃi.nwa.#u.la.pti.→ti.ta.li ↘]

_____

_____

_____

_____

_____

▶ **Exercice U**

Connaissez-vous les Acadiens ? Leur histoire est très triste, surtout telle qu'elle est racontée par Longfellow dans son poème *Evangéline*. Voici un court résumé. Transcrivez-le.

Les Acadiens sont des francophones du Canada qui ont été expulsés de leur région d'origine, l'Acadie, après le traité d'Utrecht. Dans le poème, Evangéline et Gabriel sont amoureux. Ils sont séparés à cause de la déportation, qu'on appelle aussi 'Le Grand dérangement'. Evangéline devient infirmière aux États-Unis. Un jour, par hasard, Gabriel est un des malades dont elle s'occupe. Malheureusement, Gabriel meurt dans les bras de sa bien-aimée. Cette histoire symbolise l'amour pur et éternel. Elle illustre un épisode historique cruel qu'on qualifie souvent de nettoyage ethnique.

▶ **Exercice V**

Voici un texte sur une activité typiquement canadienne, le hockey. Lisez-le puis transcrivez-le.

On ne peut évidemment pas parler du Canada sans parler du sport, et en particulier du hockey. L'équipe qui est peut-être la plus connue est celle de Montréal, qui s'appelle officiellement le Club de hockey Canadien. Cette équipe a beaucoup de surnoms, parmi lesquels Les Canadiens ou Le Canadien, Les Glorieux et Les Habitants. Cette équipe est la plus vieille qui existe encore puisqu'elle a été fondée en 1909, avant même la création de la LNH (la Ligue nationale de hockey). C'est l'unique équipe de hockey de la LNH de la province depuis que les Nordiques ont quitté Québec. Aujourd'hui, il existe à Montréal un musée du hockey et des Canadiens qui s'appelle le Temple de la renommée des Canadiens de Montréal. Ceci souligne le lien très fort qui existe au Québec entre le hockey et la religion. Dans cette même lignée, il existe aussi un livre intitulé La Religion du Canadien de Montréal écrit par un professeur de théologie et un prêtre.

IX. Conversation

1. Pensez-vous que la culture canadienne et la culture américaine soient différentes ou plutôt similaires ? Donnez des exemples précis. Est-ce que votre opinion a changé depuis le début de ce chapitre ?

2. Pensez-vous qu'il faille protéger et défendre le français au Québec ? Pourquoi ?

3. [kɛl.sõ.vo.spɔʁ.pʁe.fe.ʁe ↘‖ le.pʁa.ti.ke.vu ↗‖ u.e.me.vu.ply.to.leʁ.gaʁ.de.(ʁ) a.la.te.le ↘]

4. [kə.pã.se.vud.li.stwaʁ.de.vã.ʒe.li.→ne.ga.bʁi.jɛl ↘‖ lə.gu.vɛʁ.nə.mã.bʁi. ta.ni.→ka.vɛ.til.lə.dʁwad.ʃa.se.le.za.ka.djẽ ↗‖ le.za.ka.djẽ.#o.ʁe.til.dy.ṣba.tʁə. puʁ.ʁɛ.ste ↗]

X. Matériel complémentaire

Chanteurs québécois :

- *L'Hymne au printemps* de Félix Leclerc
- *Mon pays* de Gilles Vigneault
- *Je reviendrai à Montréal* de Robert Charlebois
- *Ma Nouvelle-France* de Céline Dion
- *Seul* de Garou
- *Jolie Louise* d'Isabelle Boulay
- *Ne t'en va pas* Linda Lemay

Films sur le Québec :

- *Gaz Bar Blues* (2003)
- *La Grande séduction* (2003)
- *Père et fils* (2003)
- *Les Invasions barbares* (2003)
- *C.R.A.Z.Y.* (2005)
- *Bon cop, bad cop* (2006)
- *De père en flic* (2009)
- *Le Bonheur de Pierre* (2009)
- *Monsieur Lazhar* (2011)

15

Il fait nuit, il fait noir … Attention! On va vous éblouir les yeux et les oreilles

I. Introduction

Dans ce chapitre, tout en apprenant plus sur les comédies musicales francophones qui rencontrent de plus en plus de succès, nous allons étudier les trois semi-voyelles du français [j], [ɥ] et [w] qui n'ont généralement pas d'orthographes uniques leur correspondant.

Questions de réflexion

Les semi-voyelles

1. Que savez-vous sur les voyelles [i], [y] et [u]? Donnez autant d'informations que possible.

2. Qu'évoque pour vous le mot « semi-voyelle »? Essayez de deviner les caractéristiques de ces sons d'après leur appellation.

Les comédies musicales

1. Qu'est-ce qu'une comédie musicale? En quoi est-ce que cela diffère d'une pièce de théâtre? d'un opéra?

2. Les aimez-vous? Pourquoi ou pourquoi pas?

3. À votre avis, pourquoi ce genre de spectacle rencontre-t-il un fort succès à travers le monde?

II. Compréhension orale

▶ **Exercice A**

Le texte que vous allez entendre explique brièvement l'histoire des comédies musicales et présente les spectacles francophones les plus populaires. Écoutez-le puis répondez aux questions de compréhension suivantes.

1. Les comédies musicales ont pour origine le ballet et l'opéra.   Vrai   Faux

2. Ce sont des spectacles humoristiques.   Vrai   Faux

3. Elles ont toujours été populaires au vingtième siècle.   Vrai   Faux

4. Elles sont souvent basées sur des scénarios originaux.   Vrai   Faux

5. Le spectacle *Starmania* a été monté en 1969.   Vrai   Faux

▶ **Exercice B**

Maintenant réécoutez le texte en lisant la transcription phonétique, puis la transcription orthographique.

[yn.ko.me.di.my.zi.ka.→le.(t)ɛ̃.ʒɑ̃ʁ.te.a.tʁal.me.lɑ̃.ʒɑ̃.ko.me.di ↗‖ dɑ̃s ↗‖ ʃɑ̃.#e.
my.zik ↗‖ ɑ̃.ʒe.ne.ʁa.→lɑ̃.di.ʁɛkt.mɛ.(z)o.si.paʁ.fwa.o.si.ne.ma ↘‖ la.ko.me.
di.my.zi.kal̩.tɛl̩.kõ.la.ko.nɛ.#o.ʒuʁ.dɥi.e.də.pɥi.lə.vɛ̃.tjɛm.sjɛkl̩ ↗‖ e.le.ʁi.tjɛʁ.
dy.ma.ʁja.→ʒɑ̃.tʁɛl̩.te.a.→tʁe.la.my.zik̩.de.sjɛ.kl̩ə.pʁe.se.dɑ̃ ↗‖ tɛl̩.kəl.ba.le.#e.
lo.pe.ʁa ↘‖ lɑ̃.pl̩wa.dy.mo.ko.me.di.e.(t)a.pʁɑ̃.→dʁo.sɑ̃s.laʁʒ.kaʁ.se.la.de.zi.ɲa.
sjõ.dɛ̃.spɛk.ta.kl̩ə.ʒwe.syʁ̩.sɛn ↘‖ dɑ̃.le.‿za.ne.mil.nœf.sɑ̃.vɛ̃.mil.nœf.sɑ̃.tʁɑ̃t ↗‖
la.ko.me.di.my.zi.ka.↘ la.ko.ny.sõ.‿nœʁ.də.glwaʁ ↗‖ pɥi.(z)ɛ.→la.ɑ̃.sɥit.ʁɑ̃.kõ.
tʁe.ɛ̃.ja.tys.də.lõg.dy.ʁe.ɑ̃.fʁɑ̃s ↗‖ a.vɑ̃.dʁe.a.pa.ʁe.tʁə.dɑ̃.le.‿za.ne.mil.nœf.sɑ̃.
ka.tʁə.vɛ̃.dis.paʁ.lə.bje.da.dap.ta.sjõ.di.stwaʁ.de.ʒa.bjɛ̃.ko.ny ↘‖ mɛ.si.nɔ.tʁə.dam.
də.pa.ʁi.#u.ʁo.me.o.e.ʒy.ljɛ.→tõ.fa.sil.mɑ̃.tʁu.ve.ɛ̃.py.bli.→kɑ̃.ʒwe ↗‖ bo.ku.#
õ.ko.ny.ɛ̃.kʁy.ɛ.→le.ʃɛk ↗‖ ki.pø.(t)ɛ.→tʁɑ̃.paʁ.ti.a.tʁi.bɥe.a.de.pʁo.dyk.sjõ.tʁo.
ʃɛʁ ↘‖ do.tʁə.ko.me.di.my.zi.kal̩.fʁɑ̃.ko.fɔn.se.lɛ.bʁə.sõ.staʁ.ma.nja ↗‖ mil.nœf.
sɑ̃.swa.sɑ̃t.diz.nœf ⇒‖ le.mi.ze.ʁabl ↗‖ mil.nœf.sɑ̃.ka.tʁə.vɛ̃.#ɛ̃ ↘‖ lə.pə.ti.pʁɛ̃s
↗‖ dø.mil.tʁwa ⇒‖ lə.ʁwa.so.lej ↗‖ dø.mil.sɛk ⇒‖ mo.zaʁ ↗‖ dø.mil.nœf ⇒‖
e.mil.sɛt.sɑ̃.ka.tʁə.vɛ̃.nœf ↗‖ le.za.mɑ̃.də.la.ba.stij ↗‖ dø.mil.duz ↘]

Une comédie musicale est un genre théâtral mélangeant comédie, danse, chant et musique, en général en direct mais aussi parfois au cinéma. La comédie musicale telle qu'on la connaît aujourd'hui, et depuis le vingtième siècle, est l'héritière du mariage entre le théâtre et la musique des siècles précédents, tel que le ballet et l'opéra. L'emploi du mot *comédie* est à prendre au sens large car c'est la désignation d'un spectacle joué sur scène. Dans les années 1920–1930, la comédie musicale a connu son heure de gloire, puis elle a ensuite rencontré un hiatus de longue durée en France avant de réapparaître dans les années 1990 par le biais d'adaptations d'histoires déjà bien connues. Mais si *Notre-Dame de Paris* ou *Roméo et Juliette* ont facilement trouvé un public enjoué, beaucoup ont connu un cruel échec, qui peut être en partie attribué à des productions trop chères. D'autres comédies musicales francophones célèbres sont *Starmania* (1979), *Les Misérables* (1980), *Le Petit prince* (2003), *Le Roi Soleil* (2005), *Mozart* (2009) et *1789: Les Amants de la Bastille* (2012).

1. Entourez quatre mots qui contiennent [j].

2. Entourez-en quatre qui contiennent [ɥ].

3. Entourez-en quatre qui contiennent [w].

4. Ensuite, expliquez à quelle orthographe chaque semi-voyelle correspond.

_____

_____

5. Quelle catégorie de son les suit? Essayez de formuler une règle de correspondance entre les sons et les graphèmes.

_____

III. Discrimination

▶ **Exercice C**

Écoutez ces mots tirés des chansons de la comédie musicale québécoise *Starmania* (1979) et indiquez si vous entendez une semi-voyelle et/ou une voyelle.

MOTS	[j]	[i]
1.		
2.		
3.		
4.		

MOTS	[w]	[u]
1.		
2.		
3.		
4.		

MOTS	[ɥ]	[y]
1.		
2.		
3.		
4.		

▶ Exercice D

Dites si les mots suivants tirés des chansons de la comédie musicale *Le Petit Prince* (2003) contiennent une semi-voyelle ou non. Si oui, notez laquelle.

MOTS	SEMI-VOYELLE ?
1.	
2.	
3.	
4.	
5.	
6.	

▶ Exercice E

Dites si les mots suivants tirés des chansons des comédies musicales *Le Roi Soleil* (2006) et *Dracula* (2006) contiennent la semi-voyelle [ɥ], la semi-voyelle [w] ou pas de semi-voyelle.

MOTS	[ɥ]	[w]	X
1. lui			
2. ouverture			
3. requiem			
4. Louis			
5. cruelle			
6. loin			

Exercice F

Travaillez avec un partenaire pour inventer des titres de comédies musicales. Tout d'abord, l'étudiant A choisit l'un des mots proposés parmi les paires suivantes, et l'étudiant B entoure ce qu'il entend. Vérifiez les réponses ensemble, puis inversez les rôles. Ensuite, créez un titre avec chaque paire de mots. Vos titres seront des titres pour de nouveaux spectacles!

1. mouette   muette

2. fille   fit

3. Louis   lui

4. biais   billet

5. enfouir   enfuir

IV. Expansion

1. Les semi-voyelles

Le français utilise trois semi-voyelles : [j], [w] et [ɥ]. Ces trois semi-voyelles sont respectivement dérivées des voyelles [i], [u] et [y] et leur ressemblent. Lorsqu'on prononce une semi-voyelle, il faut faire attention à ne pas prononcer la voyelle correspondante, mais plutôt une **version très courte** et rapide de cette voyelle.

Exemples :

Le mot *science* [sjãs] en français contient une semi-voyelle suivie d'une voyelle. Ce mot est donc **monosyllabique**, alors qu'en anglais il peut être divisé en deux syllabes. Il en est de même pour *nuit* [nɥi] et *jouer* [ʒwe].

Le son [j] et la graphie

GRAPHIE	EXEMPLES
<i> + voyelle (glissement)	*parolier* [pa.ʁo.lje], *première* [pʁ̥ə.mjɛʁ], *devient* [də.vjɛ̃], *société* [so.sje.te]
<y> + voyelle	*yaourt* [ja.uʁt], *voyager* [vwa.ja.ʒe]

(*suite*)	
voyelle + <il> en fin de mot	*travail* [tʁa.vaj], *accueil* [a.kœj], *œil* [œj], *soleil* [so.lɛj]
<ill>	*brouillard* [bʁu.jaʁ], *vieillir* [vje.jiʁ], *famille* [fa.mij], *billet* [bi.je], *ratatouille* [ʁa.ta.tuj]

⚠ Attention :

• Si l'orthographe ne contient que la voyelle <i> avant <ll>, on garde le [i] devant [j] : *famille* [fa.mij], *billet* [bi.je], *fille* [fij].

• On prononce [l] dans les mots *mille* [mil], *ville* [vil], *tranquille* [tʁã.kil], *Achille* [a.ʃil] et tous leurs dérivés : *village, million, tranquillement*, etc.

2. Le glissement

A. Définition

Vous avez maintenant remarqué que quand les voyelles <i>, <u> et <ou> sont suivies d'une autre voyelle, elles sont prononcées comme des semi-voyelles. La transformation de voyelles en semi-voyelles est ce qu'on appelle le **glissement**. En d'autres termes, la voyelle devient glissante pour aller vers la voyelle qui la suit. Du coup, la semi-voyelle et la voyelle qui la suit forment une seule syllabe.

Exemples :

<i> → [j] dans *vingtième* [vẽ.tjɛm]

<u> → [ɥ] dans *depuis* [də.pɥi]

<ou> et <o> → [w] dans *enjoué* [ã.ʒwe] et *roi* [ʁwa]

B. Formule récapitulative du glissement

<i> ou <u> ou <ou> + V alors <i> <u> <ou> se prononcent respectivement [j] [ɥ] [w]

3. Le glissement partiel

A. Définition

Quand une consonne (C) est suivie d'une liquide (L), puis du graphème <i> et ensuite d'une autre voyelle (V), alors le glissement s'applique mais le son [i] reste présent. En d'autres termes, le glissement a lieu mais comme la voyelle de départ ne tombe pas, on appelle cela **glissement partiel**.

Exemples:

oublier [u.bli.je], *février* [fe.vʁi.je], *tablier* [ta.bli.je], *bouclier* [bu.kl̥i.je]

B. Formule récapitulative du glissement partiel

C + L + <i> + V alors <i> est prononcé [i] mais la syllabe qui suit commence par la semi-voyelle [j]

Le son [w] et la graphie

GRAPHIE	EXEMPLES
<ou> + voyelle (glissement)	*Ouali* [wa.li], *Louis* [lwi], *inavoué* [i.na.vwe], *souhaiter* [swe.te]
<w> + voyelle	*week-end* [wi.kɛnd], *mégawatt* [me.ga.wat]
<oi> / <oy>	*roi* [ʁwa], *voyait* [vwa.jɛ], *histoire* [is.twaʁ], *moins* [mwɛ̃], *trois* [tʁ̥wa], *voyager* [vwa.ja.ʒe]

⚠ Attention :

- Le mot *wagon* est souvent prononcé [va.gɔ̃] parfois [wa.gɔ̃].

- <ou> suivi de <ill> est prononcé [uj] comme dans *brouillard* [bʁu.jaʁ], *grenouille* [gʁə.nuj].

- Les trémas indiquent que deux voyelles accolées font partie de deux syllabes différentes. Ainsi, la graphie V + <ï> correspond à deux syllabes comme dans *coïncider* [ko.ɛ̃.si.de] ou *l'ouïe* [lu.i].

343

Le son [ɥ] et la graphie

GRAPHIE	EXEMPLES
<u> + voyelle (glissement)	*lui* [lɥi], *fructueux* [fʁ̥yk.tɥø], *sueur* [sɥœʁ], *duel* [dɥɛl], *nuage* [nɥaʒ], *requiem* [ʁe.kyi.jɛm]

4. La lettre <y>

Souvent, la lettre <y> entre deux voyelles est en quelque sorte **l'équivalent de deux <i>**. Ainsi, le mot *voyage* peut-être analysé comme *voi-iage*, d'où sa prononciation [vwa.jaʒ]. De même, *crayon* s'interprète comme *crai-ion* [kʁ̥e.jõ], *bruyant* comme *brui-iant* [bʁɥi.jã], *ennuyeux* comme *ennui-ieux* [ã.nɥi.jø], *pays* comme *pai-i* [pe.i], etc.

⚠ Attention :

Le mot *gruyère* se prononce généralement [gʁy.jɛʁ], tout comme *bruyère* [bʁy.jɛʁ].

La lettre <y> correspond aussi au pronom *y*. Quand le pronom *y* est suivi d'un mot qui commence par une consonne, on le prononce [i]. Quand le pronom *y* est suivi d'un mot qui commence par une voyelle, on le prononce [j] et il devient alors l'attaque de ce mot.

Exemples :

j'y vais [ʒi.vɛ], *tu y cours* [ty.i.kuʁ]
il y a [i.→lja], *il en avait* [i.→ljã.na.vɛ]

Notez que dans la prononciation familière, on laisse tomber *il* dans l'expression *il y a* et ses dérivés. Ainsi, *il y a* se prononce généralement [ja].

☺ Exemples :

Il y a encore des places ? [ja.ã.kɔʁ.de.pl̥as ↗]

Il y en a combien ? [jã.na.kõ.bjɛ̃ ↘]

Il y avait plus de place ce soir. [ja.vɛ.plyd̥.pl̥as.sə.swaʁ ↘]

5. Le hiatus

A. Définition

Quand une consonne (C) est suivie d'une liquide (L), puis des graphèmes <u> ou <ou> et ensuite d'une autre voyelle (V), alors **le glissement ne s'applique pas**. On parle ici de **hiatus** qui indique la présence de deux voyelles côte à côte dans deux syllabes différentes.

Exemples:

cruel [kʁy.ɛl], *flouer* [flu.e], *éblouissante* [e.blu.i.sɑ̃t]

B. Formule récapitulative du glissement partiel

C + L + <u> ou <ou> + V alors <u> est prononcé [y] et <ou> est prononcé [u] comme d'habitude, et V est dans la syllabe suivante.

C. Exception

Lorsque l'orthographe contient **C + L + <ui>**, il n'y a pas de hiatus. On trouve donc un cas de glissement:

fruit [fʁ̥ɥi], *bruit* [bʁɥi], *bruine* [bʁɥin]

Notez que <oi> dans l'orthographe correspond toujours à [wa], même s'il se trouve après une consonne et une liquide: *froid* [fʁ̥wa], *trois* [tʁ̥wa], *droite* [dʁwat], *croire* [kʁ̥waʁ].

6. Le cas des <u> après <q> et <g>

Dans certains mots, la séquence <qua> se prononce [kwa] comme dans *aquarelle* [a.kwa.ʁɛl], *aquarium* [a.kwa.ʁjɔm], *équateur* [e.kwa.tœʁ], *quadrilatère* [kwa.dʁi.la.tɛʁ], parmi d'autres.

<gua> se prononce [gwa] dans certains mots comme *iguane* [i.gwan], *Guadeloupe* [gwad.lup], etc.

Dans certains mots, la séquence <qui> se prononce [kɥi], comme dans *équidistant* [e.kɥi.dis.tɑ̃], *équilatéral* [e.kɥi.la.te.ʁal], *ubiquité* [y.bi.kɥi.te], *requiem* [ʁe.kɥi.jem]. Dans certains mots étrangers, <qui> se prononce [kwi]: *Quick* [kwik].

Dans certains mots avec <gui>, le <u> est prononcé [ɥ] comme dans *linguistique* [lɛ̃.gɥis.tik], *aiguille* [e.gɥij], etc. Dans les autres mots, le <u> ne se prononce pas.

345

V. Prononciation

▶ Exercice G

Parmi les opéras suivants, lesquels illustrent le glissement ? Le glissement partiel ? Après avoir vérifié vos réponses avec un partenaire, prononcez-les.

1. *Le Barbier de Séville* (de Rossini, 1816) _____

2. *Le Mariage de Figaro* (de Mozart, 1786) _____

3. *La Juive* (de Halévy, 1835) _____

4. *La Traviata* (de Verdi, 1853) _____

5. *Adriana Lecouvreur* (de Cilea, 1902) _____

6. *Ariane et Barbe-bleue* (de Dukas, 1907) _____

7. *Louise* (de Charpentier, 1900) _____

▶ Exercice H

Parmi les films musicaux suivants, lesquels illustrent le glissement ? L'exception au hiatus ? Après avoir vérifié vos réponses avec un partenaire, prononcez-les. Ensuite inventez un titre de comédie musicale qui pourrait contenir un hiatus.

1. *Le Magicien d'Oz* (1939) _____

2. *Fantasia* (1940) _____

3. *Chantons sous la pluie* (1952) _____

4. *Les Parapluies de Cherbourg* (1964) _____

5. *La Kermesse de l'Ouest* (1969) _____

6. *Victor Victoria* (1982) _____

7. *Huit femmes* (2002) _____

▶ Exercice I

Lisez la biographie de Thierry Amiel, qui interprète le rôle titre d'Adam dans la comédie musicale *Adam et Ève* (2011). Avant de lire à haute voix, identifiez toutes les semi-voyelles prononcées.

1. Thierry Amiel est né en 1982 à Marseille.

2. À 13 ans, il devient membre du chœur d'enfants de l'Opéra de Marseille.

3. Puis il se décide à suivre des cours de piano et de violon.

4. Avec le soutien de sa famille, Thierry participe à divers concours et se présente à ses premiers castings.

5. À 20 ans il prend la décision d'arrêter ses études pour renouer entièrement avec la musique.

6. Son frère lui conseille en 2003 de se présenter au casting de la première édition de l'émission télévisuelle *À la Recherche de la Nouvelle Star*.

7. Révélé au public, il poursuit une brillante carrière solo.

VI. Transcription

Exercice J

Voici la biographie sur une comédie française. Puis organisez les mots soulignés en trois catégories : les mots avec glissement, les mots avec glissement partiel et ceux avec hiatus. Les exceptions au hiatus iront dans la catégorie *glissement*. Ensuite, transcrivez-les. Enfin, prononcez-les.

Je m'voyais déjà est la première comédie musicale écrite par Laurent Ruquier, un humoriste français très connu, qui, à l'inverse de Kamel Ouali, n'est pas expert en musique. Le titre fait référence à une chanson du chanteur et parolier Charles Aznavour, car le spectacle lui rend hommage. Ce spectacle ne retrace pas la vie du chanteur, mais construit une histoire éblouissante à partir du répertoire fructueux de ce géant de la chanson française. Comme Charles Aznavour à ses débuts, six jeunes artistes, rejetés à la suite de nombreux castings sans qu'on leur dise pourquoi, décident eux aussi de se battre à la sueur de leur front et de faire du bruit. Ce spectacle drôle et émouvant évoque le droit à une seconde chance. *Je m'voyais déjà* attire l'affluence : à l'affiche du Théâtre du Gymnase à Paris en 2008 et 2009 avec Diane Tell en vedette, il a été prolongé en février, mars, et avril au Théâtre Comédia. Après une pause en mai, juin, juillet et août, il n'a pas été oublié ; il est parti en tournée en région, en Belgique, en Suisse, puis au Canada.

GLISSEMENT	GLISSEMENT PARTIEL	HIATUS
voyais [vwa.jɛ] première [pʁə.mjɛʁ] Ouali [wa.li]	février [fe.vʁi.je] oublié [u.bli.je]	Ruquier [ʁy.ki.e] éblouissante [e.blu.i.sɑ̃t] affluence [a.fly.ɑ̃s]

Suisse [sɥis]

Diane [djan]

Comédia [ko.me.dja]

juin [ʒɥɛ̃]

juillet [ʒɥ.ije]

région [ʁe.ʒjõ]

puis [pɥi]

parolier [pa.ʁo.lje]		
lui [lɥi]		
construit [kõ.stʁɥi]		
suite [sɥit]		
pourquoi [puʁ.kwa]		
bruit [bʁɥi]		
sueur [sɥœʁ]		
droit [dʁwa]		
fructueux [fʁyk.tɥø]		

Exercice K

Transcrivez le portrait que Pascal Obispo, auteur-compositeur-interprète français et créateur de la comédie musicale *Adam et Ève*, fait de l'acteur Thierry Amiel.

1. J'ai toujours suivi et aimé ses chansons, sa voix unique, son style dandy.

_____

_____

2. Tout chez Thierry Amiel me rappelle un peu David Bowie.

_____

3. Thierry donne à mes chansons l'émotion que je souhaitais.

_____

4. Quand il a chanté pour la première fois *Rien ne se finit*, j'ai su tout de suite que c'était lui.

_____

_____

5. Il n'y a pas en France d'autre artiste pour incarner l'Adam du spectacle.

_____

_____

6. Cet Adam-là est séduisant, rempli d'émotion dans la voix, et de charme dans son allure toujours classieuse.

_____

_____

Exercice L

Lisez le texte sur la comédie musicale *Le Roi Soleil*. Écrivez-le avec l'orthographe conventionnelle et trouvez deux exemples de glissement, ainsi que deux exemples de hiatus.

[lə.ʁwa.so.lɛ.→ja.e.te.kõ.sy.paʁ̥.ka.mɛl.wa.li ↘‖ sə.spɛk.ta.kḷə.ʁa.kõ̯t.də.ma. njɛ.→ʁe.blu.i.sɑ̃t.la̯.vi.a.mu.ʁøz.dy.ʁwa.fa.vo.ʁi.de.fʁ̥ɑ̃.sɛ ↘‖ lwi.ka.tɔʁ.→ze.tɛ. ti.ʁa.je.ɑ̃.tʁ̥ə.la.ʁe.zõ.de.ta ↗‖ sõ̯.nɛ̃.kõ.stɑ̃.→se.li.maʒ̊.kə.tul.mõd.vwa.jɛ ↘‖ la.vid.lwi.ka.tɔʁ.zə.lɛs.pød.pḷa.→sa.la.se.dyk.sjõ.#e.#o̯.zɛ̃.tʁ̥i.→g(z)a.mu.ʁøz ↘‖ i.→laʃ.tɛ.le.fam.kil.de.zi.ʁe ↗‖ e.fḷu.ɛ.sɛḷ.kil.nə.de.zi.ʁɛ.pḷy ↘]

_____

_____

_____

_____

_____

_____

▶ Exercice M

Transcrivez la fin du texte sur *Le Roi Soleil* en API.

Le règne de Louis XIV est présenté dans Le Roi Soleil comme un épisode de l'histoire dépouillé de relief. Les aspects positifs de son bilan tels que le soutien des arts et des sciences, les grandes constructions, la modernisation du pays, sont laissés de côté. C'est aussi le cas des épisodes moins favorables qui restent inavoués, comme la ruine du pays par les guerres qui ont troué les caisses de l'État, la révocation de l'Édit de Nantes, l'institutionnalisation de l'esclavagisme. La vie de cour coïncide plutôt avec un destin tranquille dans ce scénario.

_____

_____

_____

_____

_____

_____

_____

_____

_____

VII. Pour aller plus loin : le glissement facultatif

Les règles du glissement ne s'appliquent pas de manière systématique, surtout en ce qui concerne les graphèmes <u> et <ou>. Ainsi, beaucoup de locuteurs natifs préfèrent dire *nuage* ou *jouer* en deux syllabes, sans semi-voyelle. C'est une question de style et de région, et peut-être également de vitesse de parole. On peut aussi choisir de faire ou d'omettre le glissement dans les noms de villes comme *Lyon* ou *Rouen*. Par ailleurs, certaines règles strictes en français standard ne s'appliquent pas dans d'autres régions francophones du monde. Par exemple, les mots *million* et *milliard* sont produites avec une semi-voyelle en Suisse romande : [mi.jõ], [mi.jaʁ].

▶ **Exercice N**

Écoutez les mots suivants qui peuvent être prononcés avec ou sans glissement selon les locuteurs. Décidez si les mots, tels qu'ils sont prononcés, contiennent ou non une semi-voyelle.

MOTS	SEMI-VOYELLE ?
1. nuage	
2. tatouage	
3. jouer	
4. alouette	
5. éboueur	
6. suer	

VIII. Récapitulation

▶ Exercice O

Dove Attia, un des producteurs de comédies musicales les plus connus en France, prépare un nouveau spectacle. Vous et votre partenaire voulez passer une audition pour les rôles principaux. Vous devez bien prononcer les paroles de chaque chanson. Tout d'abord, l'étudiant A prononce l'un des mots proposés parmi les paires suivantes et l'étudiant B entoure ce qu'il entend. Vérifiez les réponses ensemble, puis inversez les rôles. Enfin, écoutez les réponses et répétez.

1. l'alouette	la luette		5. loueur	lueur
2. juillet	joaillier		6. tuer	tu es
3. buée	bouée		7. moi	mua
4. juin	joint		8. aurait	oreilles

Exercice P

Voici une liste de théâtres à Paris. Ils contiennent tous une semi-voyelle, sauf deux. Faites-en la transcription puis prononcez-les.

1. Comédia   [kɔ.me.dja]
2. La Bruyère   [la.bʁɥi.jɛʁ]
3. Atelier   [a.tɛl.je]
4. Aquarium   [a.kwa.rjɔem]
5. Confluences   [kõ.fly.ãs]
6. Michaudière   [mi.ʃo.djɛʁ]
7. Montorgueil   [mõ.tɔʁ.gøij]
8. Parc de la Villette   [paʁk.də.la.vi.lɛt]
9. Variétés   [va.ʁje.te]
10. Studio des Champs-Elysées   [sty.djo.de.ʃã.ze.li.ze]
11. Palais Royal   [pa.lɛ.ʁwa.jal]
12. Olympia   [o.lim.pja]
13. Opéra Bastille   [o.pe.ʁa.ba.stij]
14. Bouffes Parisiens   [buf.pa.ʁi.sjɛ̃]

Exercice Q

Répondez aux questions suivantes.

1. Qu'est-ce qu'une semi-voyelle ?

2. À quelles orthographes correspond le son [j] ? Donnez un exemple de chaque orthographe.

3. Qu'est-ce que « mille », « ville » et « tranquille » ont en commun ? Donnez des mots dérivés qui suivent la même règle.

4. À quelles orthographes correspond le son [ɥ] ? Donnez un exemple de chaque orthographe.

5. À quelles orthographes correspond le son [w] ? Donnez un exemple de chaque orthographe.

6. Qu'est-ce que le glissement ? Illustrez avec deux exemples.

7. Qu'est-ce que le glissement partiel ? Illustrez avec deux exemples.

8. Qu'est-ce que le hiatus ? Illustrez avec deux exemples.

9. Donnez deux exceptions au hiatus et expliquez la règle.

Exercice R

Écrivez le texte suivant sur la comédie musicale *Starmania* en orthographe. Il contient beaucoup de noms propres que voici : Luc Plamandon, Michel Berger, Monopolis, Johnny Rockfort, Zéro Janvier, Marie-Jeanne, Stella Spotlight.

[staʁ.ma.nja.ɛ.(t)ɛ̃.no.pe.ʁa.ʁɔk.ned.la.ko.o.pe.ʁa.sjõ.dy.pa.ʁo.lje.ke.be.kwa.lyk.
pla.mõ.dõ.#e.dy.kõ.po.zi.tœʁ̥.fʁ̥ɑ̃.sɛ.mi.ʃɛl.bɛʁ.ʒe ↘‖ li.stwa.→ʁɛ.fy.ty.ʁi.ste.
pe.si.mist ↘‖mo.no.po.lis ↗‖ pʁ̥ə.mjɛʁ.vil.də.lɔk.si.dɑ̃ ↗‖ ɛ.te.ʁo.ʁi.ze.paʁ.le.ze.
twal.nwaʁ ↗‖ yn.bɑ̃.→de.jɑ̃.puʁ̥.ʃɛf.dʒo.ni.ʁɔk.fɔʁ ↘‖ od̥.sy.de.su.te.ʁɛ̃.#e.dy.
bʁu.jaʁ.se.lɛv.la.tuʁ.do.ʁe ↗‖ ɛ̃.ni.mœ.blə.gʁɑ̃.djo.→zo.so.mɛ.dy.kɛl̥.sə.si.tyl.
by.ʁod.ze.ʁo.ʒɑ̃.vje ↗‖ mi.ljaʁ.dɛ.→ʁe.fʁ̥i.jɑ̃d̥.pu.vwaʁ ↗‖ kid.vjɛ̃.kɑ̃.di.da.#a.
la.pʁ̥e.zi.dɑ̃s̬.də.lɔk.si.dɑ̃ ↘‖ sɛ.dɑ̃.skõ.tɛk.stə.kas.nu.ɛ̃.tʁ̥i.jo.di.stwaʁ.da.muʁ.pa.
ʁa.lɛl ↗‖ sə.lɥi.ɛ̃.po.si.blə.də.ma.ʁi.ʒan.puʁ.zi.gi ↗‖ sɥid.ʒɑ̃.vje.puʁ̥.ste.la.spɔt.
l̥ajt ↗‖ e.sɥid.ʁɔk.fɔʁ̥.puʁ̥.kʁ̥i.stal ↘]

▶ **Exercice S**

La comédie musicale *Notre-Dame de Paris*, produite en 1998, a relancé ce genre de spectacles en France. Elle est basée sur l'œuvre de Victor Hugo. Voici un extrait du roman original. Transcrivez puis lisez-le.

> [...] c'était en effet l'archidiacre Claude Frollo. Nos lecteurs n'ont pas oublié la cellule mystérieuse que l'archidiacre s'était réservée dans cette tour. [...] Un bruit de tambourin et de castagnettes était arrivé à son oreille. Il était là, grave, immobile, absorbé dans un regard et dans une pensée. Tout Paris était sous ses pieds, avec les mille flèches de ses édifices et son circulaire horizon de molles collines [...], avec le nuage de ses fumées, avec la chaîne montueuse de ses toits qui presse Notre-Dame de ses mailles redoublées. Mais dans toute cette ville, l'archidiacre ne regardait qu'un point du pavé : la place du parvis ; dans toute cette foule, qu'une figure : la bohémienne.

IX. Conversation

1. Quelle comédie musicale ou film musical francophone aimeriez-vous voir ? Ce spectacle pourrait-il connaître un succès aux États-Unis ? Pourquoi ?

2. Si on transformait votre vie en comédie musicale, quel en serait le ton ? Serait-elle plutôt drôle ou plutôt sérieuse ? Quelles chansons ou quels artistes seraient les plus appropriés ?

3. [la.my.zi.→ka.tɛ.→lyn.pl̥a.→sɛ̃.pɔʁ.tɑ̃t̪.dɑ̃.vɔ.tʁə.vi ↗‖ dɑ̃.kɛl̥.si.tɥa.sjõ.#ɑ̃.nɛ. ku.te.vul.pl̥ys ↘]

4. [sɔʁ.te.vu.su.vɑ̃.#o.te.atʁ ↗‖ o.kõ.sɛʁ ↗‖ o.si.ne.ma ↗‖ de.kʁi.ve.lə.spɛk. ta.kl̥ə.lə.pl̥y.di.vɛʁ.ti.sɑ̃.kə.vu_ze.je.vy ↘]

X. Matériel complémentaire

Chansons

- *Quand on arrive en ville* de Daniel Balavoine (extrait de *Starmania*)
- *Le Trublion* de Mikelangelo Loconte (extrait de *Mozart*)
- *Rien ne se finit* (extrait de *Adam et Ève*)
- *La nuit m'appelle* (extrait de *1789 : Les Amants de la Bastille*)
- *Il jouait du piano debout* de France Gall
- *Chanter pour ceux* de Michel Berger, repris par Lââm
- *Sarbacane* de Francis Cabrel

Films

- *Les Parapluies de Cherbourg* (1964)
- *Jeanne et le garçon formidable* (1998)
- *Huit femmes* (2002)
- *Les Chansons d'amour* (2007)

Appendice
Les symboles phonétiques du français

Les consonnes

Symbole	COMME DANS LES MOTS		
	Position initiale	Position médiale	Position finale
[p]	Pointe-à-Pitre père, pire, peau	Quimper rapide, appelle, répéter	Gap stop, nappe, handicap
[b]	Bayeux boire, beau, bu	Cherbourg ambigu, embrasser	Tarbes club, web, snob
[t]	Toulouse temps, tout, thé	Poitiers matin, mouton, partir	Sète maths, chute, vite
[d]	Dunkerque deux, dans, doux	Verdun média, addition, lundi	Lourdes mode, parade, rapide
[k]	Carcassonne classe, croire, comme	Dunkerque paquet, record, ridicule	Mauriac truc, sac, musique
[g]	Grenoble garder, goûter, gris	Aigues-Mortes égal, régulier, second	Bergues langue, longue, gag
[f]	Fort-de-France faux, fille, pharmacie	Belfort enfant, offrir, alphabet	Châteauneuf chef, actif, carafe
[v]	Vannes vie, vent, veut	Nevers nouveau, lever, rivière	Megève mauve, élève, active
[s]	Saint-Étienne sœur, ces, sur	Valenciennes passer, dessert, poisson	Nice sens, maïs, basse
[z]	Zincourt zéro, zoo, zèbre	Azur poison, dixième, douzaine	Mulhouse rose, gaz, heureuse

(suite)

[ʃ]	Chartres **ch**anter, **ch**er, **ch**ou	Le Mont Saint-Mi**ch**el mé**ch**ant, cher**ch**er, pê**ch**er	Illkir**ch** pê**ch**e, ri**ch**e, blan**ch**e
[ʒ]	Juran**ç**on **j**e, **j**aune, **g**entil	Di**j**on ma**g**ie, re**j**eter, a**j**outer	Limo**g**es pla**g**e, sa**g**e, bei**g**e
[m]	**M**arseille **m**ère, **m**on, **m**ille	Col**m**ar co**mm**ande, de**m**i, ai**m**er	Angoulê**m**e co**mm**e, rhu**m**e, pau**m**e
[n]	**N**ouméa **n**euf, **n**ouveau, **n**ez	Epi**n**al con**n**aître, fe**n**être, an**n**ée	Saint-Étien**n**e bon**n**e, lai**n**e, automn**e**
[ɲ]	**gn**angnan	Perpi**gn**an ga**gn**er, ma**gn**ifique	Di**gn**e monta**gn**e, li**gn**e
[ŋ]			campi**ng**, shoppi**ng**, parki**ng**, marketi**ng**
[l]	**L**ille **l**ire, **l**ourd, **l**ait	Me**l**un a**l**ors, recu**l**er, ba**ll**on	Albertvi**ll**e seu**l**, paro**l**e, rée**l**
[ʁ]	**R**ennes **r**ire, **r**oux, **r**ond	Pa**r**is fo**r**êt, a**rr**iver, ent**r**er	Tou**r**s ba**rr**e, a**r**b**r**e, êt**r**e

Les voyelles

	COMME DANS LES MOTS	
Symbole	Syllabe non finale	Syllabe finale
[i]	**I**sère c**i**néma, d**i**riger, d**i**ction, f**i**nal	Alpes-Marit**i**mes myst**i**que, mus**i**que, am**i**, samed**i**
[e]	H**é**rault **é**té, **é**légant, **é**tudiant, ciném**a**	All**ier** libert**é**, mang**er**, pap**ier**, ass**ez**
[ɛ]	Ch**er** l**e**cture, p**er**du, m**er**credi, r**e**spect	Ard**e**nnes nouv**e**lle, apr**è**s, jam**ai**s, m**è**re
[a]	Ard**è**che s**a**von, m**a**man, t**a**rtine, s**a**medi	V**ar** **é**pinards, sén**a**t, nation**a**l, cathédr**a**le
[y]	J**u**ra l**u**mière, b**u**reau, s**u**rface, t**u**nnel	Vaucl**u**se architect**u**re, aig**u**, ambig**u**, s**ur**
[ø]	Deux-Sèvres h**eu**reuse, p**eu**t-être, j**eu**di, b**eu**rrer	M**eu**se ment**eu**se, ém**eu**te, nev**eu**, p**eu**

(suite)

[œ]	**Meu**rthe-et-Moselle s**eu**lement, h**eu**rter, m**eu**rtrier, feuilleton	**Eu**re meill**eu**r, aill**eu**rs, ment**eu**r, s**eu**le
[u]	**Bou**ches-du-Rhône b**ou**ton, t**ou**rner, c**ou**rir, n**ou**veau	D**ou**bs dess**ou**s, ress**ou**rce, kangour**ou**, bis**ou**
[o]	**Hau**tes-Alpes h**ô**pital, m**o**ment, **au**ssi, b**eau**coup	Rh**ô**ne haric**o**t, nouv**eau**, nation**au**x, p**au**me
[ɔ]	C**o**rse-du-Sud s**o**rtir, p**o**rter, s**o**nnerie	N**o**rd h**o**rloge, méth**o**de, par**o**le, p**o**mme
[ɛ̃]	**In**dre-et-Loire **in**clus, **im**possible, s**yn**thèse, l**un**di	Bas-Rh**in** ét**ein**dre, mat**in**, f**aim**, chac**un**, **un**
[õ]	Franche-C**om**té t**om**bé, m**on**dial, b**on**jour, c**om**pter	Gir**on**de quest**ion**, transcript**ion**, t**om**be, b**on**
[ã]	C**an**tal ch**am**pagne, r**em**pli, d**an**ger, g**en**til	M**an**che facil**em**ent, **en**fant, déf**en**se, bl**an**c
[ə]	Val-d**e**-Marne d**e**main, pr**e**mière, n**e**veu, m**e**rcredi	l**e**, m**e**, t**e**, s**e**, c**e**, n**e**, j**e**, d**e**, qu**e**

Les semi-voyelles

	COMME DANS LES MOTS		
Symbole	Position initiale	Position médiale	Position finale
[j]	**hi**er, mon**di**al, act**i**on **y**eux, **y**aourt	Réun**i**on, Ma**y**otte travai**ll**er, cra**y**on	pai**ll**e, trava**il**, nou**ill**e fi**ll**e, bi**ll**et
[ɥ]	G**u**yane h**u**it, fr**u**it, n**u**age		
[w]	G**u**adeloupe, **W**allis **ou**i, **oi**seau, l**oi**n	kil**ow**att	

Les auteures

Anne Violin-Wigent, née à Briançon (France), est Associate Professor of French à Michigan State University. Ses cours incluent la linguistique du français à tous les niveaux et la pédagogie pour les étudiants avancés et les futurs enseignants de français dans le secondaire. Elle a été directrice pédagogique pour les deux premières années des cours de langue à MSU. Sa recherche se concentre sur les variations régionales du français et l'influence de français standard sur une petite ville enclavée du sud de la France.

Jessica Miller, originaire de Strasbourg (France), est Associate Professor of French à l'Université du Wisconsin-Eau Claire. Elle enseigne des cours variés à des niveaux différents, avec une concentration sur la prononciation et la communication professionnelle. Elle supervise également les étudiants se destinant à l'enseignement, et est titulaire du certificat OPI pour évaluer les entretiens ACTFL. Sa recherche examine les méthodes d'enseignement du français parlé et l'acquisition par l'apprenant de la langue orale.

Frédérique Grim, de Dunkerque dans le nord de la France, est Associate Professor of French à Colorado State University. Elle est la co-directrice du programme des premières années des langues étrangères dans son département. Elle enseigne le français principalement sur le plan linguistique (grammaire française, syntaxe, phonétique, histoire du français) ainsi que les cours de méthodes d'enseignement pour les futurs enseignants et les étudiants de deuxième cycle. Elle est aussi conseillère pédagogique pour le programme d'enseignement K-12 et participe activement aux colloques liés à la didactique des langues. Ses intérêts de recherche sont principalement orientés sur la pédagogie, tel que le service communautaire, l'enseignement de la prononciation, l'intégration de leçons à contenu enrichi, l'usage de la première langue par les enseignants, etc.

Index

<h> aspiré, 155, 157

A
accent, 11, 55, 56, 140, 218
accent de base, 51, 55
accent d'émotion, 56
accent didactique, 56
accent phonétique, 46
accent principal, 55
accent secondaire, 56
accent tonique, 51, 55, 56
accentuation, 31, 55, 56, 62, 65, 194
affaiblissement, 89
affriquée, 330
alphabet, 7
alphabet orthographique, 1
alphabet phonétique, 7
alvéolaire, 79, 80, 90, 101, 104, 275, 285
alvéoles, 6, 79, 80, 101, 104, 127, 134, 210, 234, 275, 276
antérieure, 80, 183, 184, 186, 187, 188, 210, 219, 235, 298, 322, 323, 324
aperture, 182, 183, 184, 187, 195, 298, 299
API, 7, 14, 23, 278
arrondie, 184, 185, 186, 188, 210, 324, 325

arrondissement des lèvres, 184
assimilation, 81, 82, 278
attaque, 29, 30, 31, 32, 33, 34, 82, 242, 344
avancement de la langue, 183

B
bilabiale, 233
bouche, 1, 5, 6, 78, 79, 182, 183, 185, 186, 210, 254, 298, 322, 323, 324, 325

C
cavité buccale, 5, 185, 275, 276
cavité nasale, 5, 185, 233, 234, 235, 236, 322, 323, 324, 325
chiffre, 161
coda, 29, 30, 31, 32, 33, 242, 275, 276
comparaison avec l'anglais, 80, 187
consonne, 1, 5, 6, 7, 8, 29, 30, 31, 32, 33, 34, 72, 73, 74, 78, 79, 80, 81, 82, 89, 90, 95, 101, 103, 105, 114, 182, 227, 256, 257, 275, 276, 278, 357
consonne finale, 30, 33, 80, 106, 114, 148, 153, 160, 161, 296, 297, 300
consonne nasale, 5, 78, 203, 209, 227, 233, 234, 235, 236, 242, 243
consonne orale, 5
consonne prononcée, 72, 304

CPSIA information can be obtained
at www.ICGtesting.com
Printed in the USA
BVHW080349111219
566262BV00020B/291/P

9 781589 019713